Lebenskraft

ECON Lebenshorizonte

Anton und Marie-Luise Stangl

Lebenskraft

Selbstverwirklichung durch Eutonie und Zen

ETB
ECON Taschenbuch Verlag

Von Anton und Marie-Luise Stangl sind im
ECON Taschenbuch Verlag bereits erschienen:
Jede Minute sinnvoll leben (ETB 20015)
Die Welt der Chakren (ETB 20022)
Heilen aus geistiger Kraft (ETB 20029)
Hoffnung auf Heilung (ETB 20035)
Lebenskraft – Eutonie und Zen (ETB 20094)
Pendeln (ETB 20331)
Der Energiesensor (ETB 20409)
Die vergessene Welt der Gefühle (ETB 23001)
Wege in die Stille – Haikus (ETB 23012)
Das Buch der Verhandlungskunst (ETB 21008)
Verkaufen muß man können (ETB 21012)
Führen muß man können (ETB 21027)

CIP-Titelaufnahme der Deutschen Bibliothek

Stangl, Anton:
Lebenskraft: Selbstverwirklichung durch Eutonie und Zen /
Anton u. Marie-Luise Stangl. – 3. Aufl. – Düsseldorf : ECON-
Taschenbuch-Verl., 1989
(ETB ; 23040 : ECON-Lebenshorizonte)
ISBN 3-612-23040-9
NE: Stangl, Marie-Luise:; GT

Lizenzausgabe
3. Auflage 1989

Umschlaggestaltung: Ludwig Kaiser
Titelfoto: ZEFA, Düsseldorf
Druck und Bindearbeiten: Ebner Ulm
Printed in Germany
ISBN 3-612-23040-9

Inhalt

Vorwort des Verlags

Die erste Auflage dieses Buches unter dem Titel »Das Entspannungsprogramm – Ein praktischer Wegweiser zu innerer Ruhe und neuer Lebenskraft« hat eine sehr gute Aufnahme gefunden. In der Fachwelt ebenso wie bei allen interessierten Laien. So fiel der Entschluß nicht schwer, das bewährte Buch in einer zweiten überarbeiteten und ergänzten Auflage erneut zu veröffentlichen. In ihr sind die Erfahrungen eingearbeitet, die die Autoren in der Zwischenzeit in ihrem täglichen Umgang mit Menschen und besonders in ihren Seminaren gewinnen konnten. Der neue Titel wurde gewählt, weil er den Kern dessen, worum es in diesem Buch geht, noch klarer hervorhebt. Ist unsere Lebenskraft doch die Quelle unserer Lebensfähigkeit überhaupt!

Das vorliegende Buch soll nicht die Vielzahl von einschlägigen Titeln aller Richtungen und Schattierungen um ein weiteres vermehren. Dann hätte es kaum eine Daseinsberechtigung. Es bietet gleich in dreierlei Hinsicht etwas Neues:

1. Es stellt die jahrtausendealte chinesisch-japanische Spannungslehre Yin-Yang dar, die für die breite Öffentlichkeit im Westen neu ist. Sie geht von einem erstaunlich einfachen Grundzusammenhang aus und gibt die Richtschnur für die ganz konkrete Beurteilung einer jeden Technik ab, die direkt oder indirekt den Spannungszustand des Menschen beeinflußt. Wir wagen die Voraussage, daß sie in wenigen Jahren eine große Zahl von Anhängern gewinnen wird, die täglich Nutzen aus ihr ziehen werden.

2. Es stellt – systematisch aufgebaut – die neue Eutonielehre dar, die ebenfalls von den einfachen leibseelischen Grundgegebenheiten des Menschen ausgeht. Diese Lehre vom Spannungsausgleich hat sich in wenigen Jahren eine beachtliche Anhänger-

schaft schaffen können. Zweck dieser Veröffentlichung ist es, die bemerkenswerte Bereicherung der menschlichen Persönlichkeit durch die Eutonie breiten Schichten aufzuschließen.

3. Es predigt nicht eine ganz bestimmte Methode als das Heil schlechthin, sondern bringt eine Übersicht über die derzeit gebräuchlichen Techniken und würdigt sie kritisch nach den Grundeinsichten der allgemeingültigen Spannungslehre. Es zeigt in seltener Klarheit Plus und Minus, die Vorzüge und die Gefahren dieser Methoden. Der Leser erhält dadurch einen Wegweiser für *die Art* der Arbeit an sich selbst und der Entspannung, die sich für ihn persönlich am besten eignet.

Daneben zeigt es speziell die Technik der Zen-Meditation im einzelnen auf, die sich für uns westliche Menschen zur Wiedergewinnung der echten Persönlichkeitswerte als ganz besonders wertvoll erweist.

Die Autoren sind ein Ehepaar, das seit Jahren als Psychologe und als Praktiker mitten im pulsierenden Wirtschaftsleben steht. Als langjährige Seminarleiter haben sie gelernt, das zu beherzigen, was zwei bedeutende Persönlichkeiten der letzten hundert Jahre in den sich ergänzenden Sätzen formuliert haben: »Nichts ist leichter, als sich schwierig auszudrücken« (K. H. Waggerl) und »Es ist ein Beweis hoher Bildung, die größten Dinge auf die einfachste Art zu sagen« (R. W. Emerson). Gerade diese einfache Sprache, in der schwierige Zusammenhänge so souverän und klar dargelegt werden, wird diesem Buch viele Freunde schaffen und ihm die Verbreitung sichern, die ihm vom Inhalt her zukommt.

Econ Verlag

Einführung

Die Welt, in der wir heute leben, verlangt von uns ständig, alle unsere Kräfte auf die Auseinandersetzung mit dieser Welt und ihren Problemen zu konzentrieren. Besonders *die Überforderung* der Menschen in leitenden und in verantwortlichen Positionen ist sprichwörtlich. Ob es um Selbstbehauptung und Selbstdurchsetzung in politischer, in wirtschaftlicher oder in gesellschaftlich-sozialer Hinsicht geht, was macht das schon für einen Unterschied? Leistungsdruck und Leistungsstreben, Tempo, Lärm, Unruhe kennzeichnen das heutige Leben. Die unausbleiblichen Folgen sind Überkonzentration mit ihrer Verspannung und Überspanntheit. Das ist der eine Aspekt von größter Bedeutung.

Der zweite liegt in der *inneren Leere und Hilflosigkeit* des einzelnen: Was soll das Ganze, welcher Sinn steckt dahinter, wo steht der Mensch in dieser »überdrehten« Welt? So fragen sich mehr und mehr, und es sind nicht gerade die oberflächlich Empfindenden. Verschärft wird der Prozeß durch die Auflösung der alten Wertordnungen: Kaiser, König und Vaterland – wer setzte dafür noch sein Leben ein? –, Gott und die Religion; sie sind weitgehend zu immer inhaltsärmerer Organisationsform degradiert, die gefüllten Kirchen gehören der Geschichte an. Selbst die Familie ist im Zeichen der individualistischen Kleinfamilie für viele nur noch eine äußere Bindung, die sich leicht vollends abwerfen läßt. Was bleibt? Leere und Unausgefülltheit.

Und ein dritter, gern übersehener Gesichtspunkt: der Leistungsdruck, das einseitige Nach-außen-Lenken der Kraft, die Materialisierung der Welt und der menschlichen Beziehungen, die Anonymität des gesellschaftlichen Lebens, das Spezialistentum mit seinem Denken in ausschnitthaften Teilbereichen – alles das führt zu einer *gefährlichen Bewußtseinsverengung*. Sie muß ihrerseits das zersetzende Gefühl der Leere und Sinnlosigkeit weiter stärken. Denn das, was das Leben am Ende lebenswert macht: die Gefühlskräfte, die auf Glück, auf Befriedigung und Ausgefülltsein hinwirken, bleiben außer Betracht. In der verengten Persönlichkeit ist kein Platz für sie. Sie werden zum Störfaktor. Sie müssen unterdrückt werden. Und dagegen – revoltieren sie.

Eine Seite dieses Protestes ist die *Besinnung auf sich selbst. Der Mensch will wieder in den Mittelpunkt treten,* wo er hingehört, und nicht die Randfigur der sinnlos gewordenen Maschinerie des sogenannten modernen Lebens sein. Dazu braucht er als erstes ein wirklichkeitsgetreues Menschenbild, das ihm die überkommenen Wertordnungen der Welt von gestern nicht mehr bieten können. *Er will sich selbst erfahren*, als geistig selbständiges und aktives Wesen, ohne Gängelung durch irgendeinen »...ismus«. Er will sein Bewußtsein, seine Persönlichkeit in eben diesem Sinn erweitern. Dieser Drang hat alle Bevölkerungsschichten erfaßt.

Kein Wunder, daß heute so viele Menschen, besonders junge und im Herzen jung gebliebene, diesen Weg nach innen suchen. Wenn wir in der heutigen Welt beim rapiden Fortschritt in Wissenschaft und Technik mit seinem Segen und seinem Fluch nicht einem Chaos entgegengehen wollen, dann müssen wir uns in eben diesem Sinn weiterentwickeln. Wie der weithin bekannte israelische Wissenschaftler Feldenkrais so treffend sagt: Das Innesein wird ein neues Zeitalter in der Evolution des Menschen bewirken. Nicht umsonst hört man seit einiger Zeit immer mehr das Wort der *Bewußtseinserweiterung*. Immer steht im Hintergrund das bewußte oder unbewußte Suchen nach Ruhe, nach Sammlung, nach innerer Geborgenheit. Nach *Befreiung von Überforderung und Überspanntheit*. Man will von Grund auf geheilt werden von den Übeln unserer Zeit, die mit steigender Gewöhnung an die materiellen Segnungen immer drückender werden.

Damit sind wir beim *unmittelbaren Zweck dieses Buches*. Es will dem einzelnen Menschen, ausgehend von seiner Gesamtpersönlichkeit, erkennen helfen, wo er persönlich im Rahmen der naturgegebenen Spannungsskala steht. Wenn er das zunächst vielleicht nur in groben Umrissen, aber doch prinzipiell eindeutig erkennt, ist schon etwas Wesentliches erreicht. Es will ihm dann die Hilfsmittel der Persönlichkeitsbildung aufzeigen, die jedem von uns jeden Tag zur Verfügung stehen. Aber nicht in der einseitigen Sicht einer ganz bestimmten Technik, die verabsolutiert und zur Quelle des Heils schlechthin erklärt wird – sondern immer im Hinblick auf die individuellen Auswirkungen. Dabei werden ganz offen die möglichen Gefährdungen und die akuten Gefahrenpunkte herausgestellt.

Zu diesem Zweck wird die untrügliche Richtschnur einer Spannungslehre erarbeitet, die vom Wesen des Menschen ausgeht. Sie ist Jahrtausende altes asiatisches Geistesgut und in ihrem Grundansatz geradezu verblüffend einfach. Wer das Leben und die Menschen von diesem Ansatz her betrachtet, dem mag es wie den Verfassern dieses Buches gehen: Es fallen einem die Schuppen von den Augen. Von verschiedensten Seiten her werden uns heute vielerlei »Ent«-spannungstechniken angeboten. Wer sollte sich da noch zurechtfinden und die für seinen persönlichen Fall gerade bestgeeignete Methode erkennen? Jede ist für irgendwelche Menschen gut und hat da ihre Befürworter und begeisterten Anhänger. Und zugleich kann sie für andere wieder denkbar ungünstig, ja ausgesprochen schlecht sein. Das Erfassen dieser prinzipiellen Spannungslehre befreit uns aus dieser Schwierigkeit und Hilflosigkeit. Denn der individuelle Spannungszustand gibt uns das Kriterium ab, diese persönlichkeitsbildenden Techniken verschiedenster Art mit sicherem Blick für den Einzelfall in ihrem Wert und Unwert zu erfassen. Dazu sollen hier noch entsprechende Hilfen gegeben werden.

Ein zweiter unmittelbarer Zweck dieses Buches ist die Darstellung der Eutonie, erstmals für eine breite Leserschaft. Sie ist, wie sich in zahlreichen Kursen immer wieder zeigt, eine geradezu großartige Hilfe für unsere Zeit. Denn sie geht von der Wurzel der Persönlichkeit aus und kann dem Menschen von seinem Fundament her Werte vermitteln wie kaum eine andere Technik. Zumindest kann es keine andere so relativ rasch und mit so relativ wenig Gefährdung. Sie ist auch eine ideale Ergänzung zur Zen-Meditation, indem sie deren Wirkungen beträchtlich vertieft und ihr Eintreten beschleunigt. Da unter dem Begriff der Meditation heute ganz Verschiedenes angeboten wird, behandeln wir die uns im allgemeinen als einzig richtig erscheinende Zen-Meditation anschließend in einem eigenen Kapitel. Nur so werden Mißverständnisse vermieden, die sich sonst zwangsläufig einstellen müßten.

Aus all dem ergibt sich für dieses Buch *ein mittelbarer Zweck*, von dem später nicht mehr die Rede sein soll. Wer im Sinn der hier entwickelten Techniken an sich arbeitet, wird bald merken, wie er sich innerlich mehr und mehr vom äußeren Zwang des Tuns befreit, wie er sich in steigendem Maß über die Sache zu stellen vermag, wie sich seine Persönlichkeit von Grund auf harmonisiert, wie er gelassen wird, wie er mit sich selbst ins reine kommt. Und je mehr er das verspürt, um so mehr bekommt sein Leben wieder einen Sinn. Denn das, was er bisher vergeblich suchte, wächst ihm jetzt von allein zu: das richtige Gefühl seines Standorts in dieser Welt. In der kleinen seines alltäglichen Lebens, in der großen, die uns alle umfängt. Er beginnt, sich in seinem Dasein wieder geborgen zu fühlen. Auch wenn alle Darlegungen dieses Buches vorwiegend unter dem psychologischen Aspekt stehen, so führen sie in den Konsequenzen häufig zur echten Suche nach dem Lebenssinn und zu vertiefter Lebensbetrachtung. Schon ein kleiner Schritt vorwärts kann da viel bedeuten.

Im ersten und zweiten Teil des vorliegenden Buches werden die Grundlagen dafür erarbeitet, daß die folgenden mehr der Praxis gewidmeten Teile voll und ganz verstanden und vor allem in ihren weittragenden Konsequenzen für das Leben wirklich gewürdigt werden können. Es ist unerläßlich, sich zuerst diese Voraussetzungen für die Beurteilung der Arbeit an sich selbst zu schaffen. Sie liegen in der menschlichen Natur begründet. Gerade weil es an diesem vermeintlich nur theoretischen Rüstzeug vielfach fehlt, können sich manche Techniken verbreiten, die manchem auf lange Sicht gesehen mehr schaden als nützen. Das wird der kritische Leser bei der Lektüre dieses Buches rasch selber feststellen. Die Weiterentwicklung der Persönlichkeit kann und darf nicht auf einer zweifelhaften Grundlage aufgebaut sein.

Wir haben rund zehn Jahre gebraucht, bis wir uns von den ersten Überlegungen her entschlossen haben, dieses Buch zu schreiben. Bis wir uns subjektiv absolut sicher waren, in der grundsätzlichen Spannungslehre den richtigen Angelpunkt vor uns zu haben, und bis wir dies in vielen Hunderten von Einzelfällen bestätigt fanden. Wir sind aber weit davon entfernt, aus dieser Lehre ein Dogma machen zu wollen. Der kritische Leser ist aufgerufen, das, was in diesem Buch steht, in seinem Alltag zu beobachten, mitzuerleben und nachzuprüfen, um sich sein eigenes Urteil zu bilden. Nur durch eigenes Fühlen und durch selbständiges Denken kann man für sich selbst den richtigen Weg finden. Wir hoffen, daß dieser knappe Überblick über die für uns alle so wesentliche Problematik mithilft, die geradezu erschreckende Begrenztheit unserer einseitig naturwissenschaftlich orientierten Lebensbetrachtung aufzubrechen. Wenn wir dazu nur einen bescheidenen Beitrag leisten dürfen, dann ist schon viel erreicht.

Das Prinzip von Spannung und Lösung der Lebenskraft

»Im Krieg ist alles einfach.
Aber das Einfache ist oft äußerst schwierig.«
(Clausewitz)
Frei übersetzt: »Im Leben ist alles einfach.
Aber die einfachen Zusammenhänge zu sehen, ist das Schwierige.«

1. Der rhythmische Wechsel beherrscht unsere Welt

Haben Sie sich schon einmal Gedanken gemacht über die eigenartige Gegensätzlichkeit, die uns in dieser Welt und in diesem Leben auf Schritt und Tritt begegnet? Allüberall treffen wir an:

- Ein Oben und ein Unten
- ein Rechts und ein Links
- ein Vorn und ein Hinten
- ein Auf und ein Ab
- ein Innen und ein Außen
- Licht und Dunkelheit
- Tag und Nacht
- Sommer und Winter
- Sonnenauf- und -untergang
- Vollmond und Neumond
- Hitze und Kälte
- Steigen und Fallen
- Stärke und Schwäche
- Flut und Ebbe
- Plus und Minus
- Vorteil und Nachteil
- Vorderseite und Rückseite
- Kommen und Gehen
- ein Werden und Vergehen
- Anfang und Ende

Überall begegnet uns dieser Wechsel, der sich ständig in rhythmischer Folge vollzieht; nicht in maschinenhaft exakter Form, sondern mit den Schwankungen der Wiederkehr, die in der Natur alles kennzeichnet, was sich im Fluß und in der Bewegung befindet.

Alles auf dieser Welt ist relativ. Nichts ist absolut oder endgültig. Alles hat seine zwei Seiten. Das eine ist immer das Gegenstück zum anderen; sein Gegenspieler; sein Auslöscher und zugleich sein Wiedererwecker. Das eine ist ohne das andere nicht möglich. Und das Ganze umschließt immer beide Seiten. Man darf sich getrost des dialektischen Prinzips von Hegel erinnern, wonach erst die These und ihre Antithese zur Synthese führen können und wonach sich die Entwicklung in Gegensätzen vollzieht. Das Ganze trägt immer den Gegensatz in sich und ist doch vollendet.

Diesem geradezu erregenden rhythmischen Wechsel sind wir unentrinnbar preisgegeben. Es künden von ihm über die genannten Gegebenheiten hinaus

- Erde und Himmel
- Feuer und Wasser
- Sonne und Mond
- Leben und Tod
- Mann und Frau
- gut und schlecht
- schön und häßlich
- nützlich und schädlich
- Zuneigung und Abneigung
- Bejahung und Verneinung

Diesen Dualismus, dieses Prinzip der Polarität finden wir überall in dieser Welt, wenn wir unseren Blick dafür erst ein wenig geschärft haben. Ja man könnte sagen: Das ist das einzig Beständige in unserer unbeständigen Welt. Immer treffen wir diese zwei Faktoren oder Wirkungsrichtungen, diese zwei Seiten ein und derselben Kraft, die die Welt bewegt.

Das haben schon vor weit über viertausend Jahren asiatische Denker erfaßt. Sie nannten die beiden Seiten oder Kräfte Yang und Yin, und das überwölbende Ganze Tao.

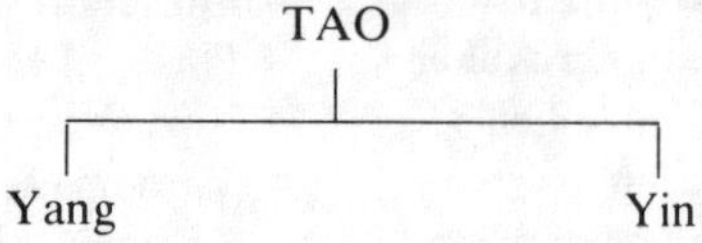

2. Speziell die Polarität der Lebenskraft

Alles das wird besonders deutlich, wenn wir das Leben in unserer Welt betrachten. Es wird ganz beherrscht von diesem rhythmischen Wechsel. Ohne ihn wäre das Leben so, wie wir es kennen, nicht möglich. Denken Sie bitte an das periodisch-rhythmische Sichablösen gegensätzlicher Wirkungskräfte, wie es sich von Anbeginn Tag für Tag immer wieder von neuem vollzieht:

- Aufbau und Abbau
- Frische und Müdigkeit
- Wachsein und Schlaf
- Tätigkeit und Ruhe
- Hunger und Sättigung
- Durst und Trinkunlust
- Wachsen und Welken
- Liebe und Haß
- Leben und Sterben
- Geburt und Tod

Das rhythmische Auf und Ab und Ab und Auf sehen wir in der unbelebten Welt wie in den Wellen des Meeres und der Dünen. In der belebten Welt begegnet es uns in den Getreidefeldern und Wäldern, die sich unter dem Wind biegen. Bei den Pflanzen in dem periodisch sich wiederholenden Heben und Senken der Blätter im Tagesverlauf. Im Flügelschlag der Vögel, in der Fortbewegung des schwimmenden Fisches, in den Bewegungen von Tier und Mensch. Zugrunde liegt immer das wechselweise periodische Anspannen und Entspannen der Muskeln, ohne die es keine Bewegung von Lebewesen, ja überhaupt kein höheres Leben gäbe.

Gerade der Muskel zeigt uns in vollendeter Form diesen im Kern so einfachen Zusammenhang. Wird er innerviert, also durch Nervenstrom in Tätigkeit versetzt, dann zieht er sich zusammen: Er wird gespannt. Die in ihm schlummernde Kraft wird gebunden, sie wird eingesetzt. Dieser Phase der Spannung folgt unweigerlich die Phase der Entspannung: Der Muskel dehnt sich wieder aus, er tritt in seine Ruheposition zurück. Die Kontraktion und die in ihr gebunden gewesene Kraft wird gelöst.

Dies ist das Schema von Spannung und Lösung. Die bewundernswerte freie Beweglichkeit der hochentwickelten erdgebundenen Wirbeltiere und vor allem des Menschen wird erst durch das ständig sich wiederholende Wechselspiel der Anspannung und Entspannung von Muskeln, z. B. eines Beugemuskels (Agonist) mit der Entspannung und Anspannung seines Gegenspielers, z. B. des zugehörigen Streckmuskels (Antagonist) ermöglicht.

Was für die Muskulatur ganz allgemein gilt, das gilt natürlich auch für den wichtigsten unserer Hunderte von Muskeln: für unser Herz. Es zieht sich mit größter Regelmäßigkeit zusammen und erschlafft anschließend wieder. Das heißt, es dehnt sich als Hohlmuskel wieder zu seinem natürlichen Ruhevolumen aus. Die Bewegungen der kräftigen Herzkammerwände fühlen und hören wir als unseren rhythmisch pulsierenden Herzschlag: Wenn wir etwa ruhig im Bett liegen und den Kopf auf ein Ohr gelegt haben. Dann können wir die lebendige Wirksamkeit des soeben beschriebenen Schemas des unaufhörlichen Wechselspiels von Spannung und Lösung dieses zentralen Muskels und der uns belebenden Energie voll miterleben. Solange, bis mit dem Ende seines rhythmischen Pulsierens eines Tages auch unser Leben erloschen sein wird.

Was uns im besonderen der Muskel – dieses wesentliche Element des höher entwickelten Lebens – in dieser vollendeten Klarheit zeigt, das gilt ganz allgemein für jegliche Lebenserscheinung in unserer Welt. Denken Sie bitte nur an die Polarität, in der sich die Lebenskraft, die vitale Energie in uns kundtut:
– das Füllen und Leeren der Lunge mit dem Ein- und Ausatmen
– die Tagesschwankungen in der Länge des Körpers

- die Tagesschwankungen im Körpergewicht
- der weibliche Zyklus mit dem Reifen und Abstoßen eines Eis
- das Gefühl der Kraft und das Gefühl von Schwäche
- An-sich-halten und Sich-irgendwie-gehenlassen
- Selbstbehauptung und Selbsthingebung
- Habenwollen und Verschenken
- eher statisch-haftende und fliehend-schweifende Gedanken
- klar bewußtes Denken und sich dem Unbewußten überlassen
- expansive Gehobenheit und beschauliche Selbstbesinnung
- Heiterkeit und Freude gegenüber Schwermut und Trauer

In einem weiteren Sinn dürfen wir das bipolare Wirken der Lebenskraft getrost in Gegensatzpaaren erkennen, die uns allen geläufig sind, wie z. B.:

- Kommen und Gehen
- Steigen und Fallen
- Sichnähern und Sichentfernen
- Sichfinden und Sichtrennen
- Aufnehmen und Von-sich-geben
- Aktivität und Passivität
- Freunderlebnis und Feinderlebnis
- Leichtigkeits- und Schwierigkeitsphasen
- Gesundheit und Krankheit
- Erfolg und Mißerfolg

Bewußt sei es hier wiederholt: Es ist ein geradezu erregender rhythmischer Wechsel, dem wir unentrinnbar anheimgegeben sind. Er macht in der Tat den Kern des Lebendigen aus. Das Leben wird geweckt und geboren, es wird erhalten und es geht unter, um immer wieder von neuem zu erstehen und zu vergehen. Alles strebt in unserer Welt der Gegensätze vom Anfang her seinem Ende zu und findet seine Bestätigung in ihm. Und in der Aufhebung liegt zugleich der Neubeginn. Das Wechselspiel von Kraft und Gegenkraft, vom Wachsen und vom Erlöschen, ist es, was unsere Welt beherrscht. Unsere persönliche Lebenskraft macht keine Ausnahme. Das Prinzip oder das Gesetz, das sich in diesem ewigen Dualismus äußert, steht über ihr.

3. Das Prinzip von Spannung und Lösung unserer Lebenskraft

Diese Jahrtausende alte asiatische Lehre ist im Kern denkbar einfach. Sie erscheint uns westlichen Menschen anfänglich kompliziert, und wir können uns zunächst nur schwer mit ihr befreunden. Wahrscheinlich weil sie unserem stets auf das Abstrahieren hin trainierten Verstand zu simpel vorkommt.

Hier nochmals der Kern dieser Betrachtungsweise: Das gesamte Universum ist gekennzeichnet durch die kosmische Harmonie. Sie beruht auf dem Gleichgewicht, das sich durch die polare Gegensätzlichkeit, durch die ständige Wechselwirkung zweier antagonistischer Wirkungsfaktoren oder Kräfte ein und derselben Grundenergie aufbaut: Yang und Yin. Oder: Spannung und Lösung. Sie erschaffen, zerstören und erschaffen von neuem alles, was es auf dieser Welt gibt. Wie überall, so kehren sie auch im Menschen wieder. Sie bestimmen in ihrem fortwährenden Wechselspiel Wesensart und Schicksal des einzelnen. Glücklich, leistungsfähig und gesund kann nur der sein, in dem sich diese beiden Faktoren im harmonischen Ausgleich befinden. Nur in ihrem Gleichgewicht kann auch der Mensch im Gleichgewicht sein. Mit der Störung ihres Gleichgewichts ist auch der Mensch gestört.

Der größte Meister dieser Lehre war Lao-Tse vor zweitausendfünfhundert Jahren. Prinzipiell ist sie monistisch, denn sie geht von der einzigen Kraft aus, die alles bewirkt, jedoch in der immerwährenden Gegensätzlichkeit von zwei Polen. Man kann auch vom einzigen Prinzip der Dialektik sprechen, wobei sich Yin und Yang als These und Antithese zur einheitlichen Ganzheit verbinden. Yang kann man als Zentripetalkraft und Yin als Zentrifugalkraft bezeichnen. Unsere deutschen Begriffe der Spannung (oder Bindung) und Lösung (oder Entspannung) der Kraft geben aber für unser Sprachgefühl das Wesentliche im allgemeinen viel treffender wieder. Deshalb gebrauchen wir sie hier in erster Linie.

Es stehen einander also zwei Wirkungsfaktoren polar gegenüber, die jedoch nichts anderes sind als die zwei Seiten oder Erscheinungsformen der gleichen alles bewegenden Kraft oder Energie. Immer ist es die Spannung dieser Kraft oder ihre Lösung. Jede Spannung verlangt nach Lösung. Und jede Lösung strebt auf die Spannung zu. Je nach der Ablaufphase ihrer Wirksamkeit und je nach der persönlichen Entwicklung und jeweiligen Zuständlichkeit des einzelnen Menschen steht die eine oder die andere Seite gerade im Vordergrund.

KRAFT oder ENERGIE

Spannung — Lösung

Sind Spannung und Lösung im Gleichgewicht, dann haben wir den Idealzustand des Spannungsausgleichs. Wir sagen dann: *Die Kräfte sind im Ausgleich.* Beim Menschen: Er ist im Gleichgewicht, er ist »im Lot«. Und dann ist für uns alles in der Ordnung.

LEBENSKRAFT

Spannung → Spannungsausgleich ← Lösung
(Yang) (Sattwa) (Yin)

Nach dem Gesetz der Ambivalenz (Doppelwertigkeit) aller psychologischen Grundgegebenheiten muß jede dieser zwei Erscheinungsformen der vitalen Energie ihre positive und ihre negative Seite haben. Wobei sich die negative aus der Übersteigerung der positiven herleitet (»Allzuviel ist ungesund«). Daraus ergibt sich die Übersicht, die viel klären kann:

SPANNUNGSZUSTAND DER LEBENSKRAFT

Spannung i. w. S. (Yang)		*Lösung i. w. S. (Yin)*	
–	+	+	–
Überspannung	Spannung	Lösung	Auflösung

Spannungsausgleich (Sattwa)

Es stehen einander also gegenüber: Spannung und Lösung (Yang und Yin) sowie ihre Übersteigerungen: Überspanntheit und Auflösung oder Zerlösung (Überyang und Überyin). Der Spannungsausgleich (Sattwa) wird jetzt treffender nicht mehr zwischen Spannung und Lösung angeordnet, wie auf der knapperen Übersicht zuvor, sondern so, daß er Spannung und Lösung einschließt. Denn ein wirkliches Gleichgewicht kann nur da vorliegen, wo die positiven Kräfte der Spannung und der Lösung vorhanden sind und sich in ständigem rhythmischen Wechsel in etwa die Waage halten. Ein Ausgleich ist von vornherein unmöglich, wenn die eine Seite entsprechend stärker ausgebildet ist als die andere. Die positive Spannung und die positive Lösung bedingen einander.

Im Prinzip ist das einfach und völlig klar. In der Praxis des Lebens mit seinen tausend Erscheinungsformen ist es jedoch nicht immer leicht, dieses im Kern so einfache Prinzip in seiner Wirksamkeit zu erkennen. Auch wenn jede Spannung grundsätzlich nach Entspannung, jede Gespanntheit nach ihrer Lösung verlangt, so gibt es doch alle denkbaren Zwischenzustände und Übergangsphasen, die unseren Blick trüben. Außerdem ist das Leben in immerwährendem Fluß und jeder Mensch bei seinen ständig wechselnden Eindrücken und deren Verarbeitung fortlaufend Spannungsschwankungen unterworfen. Sie nehmen uns gefangen und prägen unsere Stimmung. Sie lassen uns wohl oder unwohl, glücklich oder unglücklich fühlen. Und sie bestimmen in beachtlichem Maß, was wir denken und tun. Kein Wunder also, wenn unser Blick für das Erkennen dieses fundamentalen Grundgesetzes verstellt ist.

Der Begriff der Lösung kann leicht mißverstanden werden. Bei der Betrachtung des Muskels hatten wir darauf hingewiesen, daß der Phase der Spannung unweigerlich die Lösung der vorher gespannten Kraft folgt. Es wäre nun ein Irrtum anzunehmen, daß jetzt keine Kraft mehr da wäre. Auch im Zustand der Lösung ist die Kraft latent vorhanden, sie ist nur nicht zu einer aktuellen Kraftleistung mobilisiert, also gespannt. Aber sie ist da!

Während die körperliche Energie eines einzelnen Muskels naturgemäß im Augenblick immer nur gespannt oder gelöst sein (oder sich allenfalls in einem Zwischenstadium befinden) kann, ist die seelische oder die seelisch-geistige Energie eines Menschen diesem Entweder-oder in dieser Form nicht unterworfen. Sie ist ständig vorhanden, und zwar in dem Tonus (Spannungszustand), der für den betreffenden Menschen charakteristisch ist. Haben wir es z.B. mit jemandem zu tun, der seelisch-geistig über das durchschnittliche Maß hinaus gespannt ist, dann sprechen wir von einem gespannten, vielleicht schon von einem verspannten Menschen. Seine Körpermuskulatur wird es dann übrigens auch sein müssen und es dem Kundigen sofort anzeigen. Im gegenteiligen Fall sprechen wir von einer gelösten, vielleicht schon übermäßig gelösten, also schlaffen oder schlappen Natur. Auch dies kann man am Körper, d.h. am Spannungszustand der dafür wichtigen Muskeln, sofort erkennen. Doch soll hier nicht vorgegriffen werden. Für den vorliegenden Zusammenhang ist nur die Erkenntnis wichtig: Der Begriff der Lösung bedeutet nicht ein Nichts oder die Abwesenheit, das Nichtvorhandensein einer Kraft. Lösung bedeutet den Lösungszustand der Kraft oder die gelöste Kraft. Eben im Gegensatz zur gebundenen oder gespannten Kraft, wie sie im Zustand der Spannung vorliegt. Nicht umsonst unterscheiden wir schon in der Umgangssprache den gespannten Menschen vom gelösten. Und wir wissen alle, daß der gelöste Mensch sehr viel Kraft haben kann. Sie wird eben nur in frei gelöster Form eingesetzt.

Lebenskraft und das Verhältnis Spannung: Lösung sind also scharf auseinanderzuhalten. Oft wird Spannung gleichgesetzt mit vitalstark oder energiegeladen und Lösung mit vitalschwach oder energielos. Das muß dann zu völlig verfehlten Folgerungen und Urteilen führen. Das Verhältnis Spannung: Lösung kennzeichnet lediglich die Spannungszuständlichkeit der vorhandenen Kraft. Wieviel davon zur Verfügung steht – also ob diese Antriebskraft oder Energie oder Vitalität stark oder schwach ist –, ist eine andere Frage. Für jede individuelle Beurteilung ist die Beantwortung der Frage: Wieviel Vitalkraft ist überhaupt da? von der größten Bedeutung.

Was ist es nun eigentlich, was die sonst gelöste Kraft bindet oder spannt? Die Kraft, die Lebens- oder Vitalkraft, also die Summe der individuell vorhandenen Gefühlsantriebe oder die Energie, ist in der animalischen Grundschicht des Menschen in Gestalt seiner ursprünglichen Antriebskräfte zutiefst verankert. Man hat viel oder man hat wenig davon. Jeder hat sein persönliches Maß an Lebenskraft. Sie kann gebunden oder gespannt werden immer nur durch den Geist, die Ratio, den Willen, durch den geistigen Oberbau des Menschen, in welche Begriffe wir das immer fassen. Je gespannter ein Mensch, um so stärker sind seine körperlichen und seelischen Triebantriebe diesem rationalen Oberbau untergeordnet und von ihm beherrscht. Und umgekehrt: Je gelöster ein Mensch, desto mehr wird er unmittelbar beherrscht von seinen leiblichen Trieben und seinen Gefühlsantrieben, denen sich die geistigen Forderungen mehr oder minder unterordnen müssen. Es kommt dann neben seiner Instinktsicherheit ganz auf die Interessenlage und die Motivation des einzelnen an, ob er ein Spielball seiner Gefühlsantriebe wird oder ob sich seine Kraft in Richtung durchaus positiv zu beurteilender Ziele einsetzt. Das Verhältnis von Spannung und Lösung der Kraft gibt also Kunde von der Stärke der rationalen oder der Willensvorherrschaft eines Menschen über seine emotionalen Antriebskräfte.

In diesem Sinn hat übrigens der Philosoph und Ausdruckspsychologe Ludwig Klages (1872–1956) in unserem Kulturkreis den tiefen Sinn und die weittragende Bedeutung von Lösung und Bindung (= Spannung) der Antriebskräfte für die Erfassung und Beurteilung der menschlichen Individualität erkannt. Er ist dabei offensichtlich von der alten asiatischen Lehre von Yin und Yang nicht ausgegangen. Seine Charakterologie und seine Ausdruckspsychologie haben dadurch einen für die Praxis außerordentlich wichtigen Ansatzpunkt bekommen. Er hat sich in ungezählten Anwendungsfällen hervorragend bewährt. Für den Fachmann ist es geradezu faszinierend, den gleichen Kern dieser beiden grundlegenden Betrachtungsweisen zu sehen, die von so verschiedenen Gesichtspunkten ausgehen.

Spannung und Lösung dürfen nicht absolut gesehen werden, sondern nur relativ. Das heißt in Beziehung zu etwas. So ist das Leben Spannung im Verhältnis zum Tod, und der Tod ist Lösung im Verhältnis zum Leben. Der menschliche Rumpf kann im Rahmen des gesamten Körpers Lösung sein, in sich gesehen der

Rückenteil aber Spannung und der Bauchteil Lösung. Die beiden gegensätzlichen Wirkungsfaktoren der Spannung und der Lösung können jeder für sich zum gleichen äußeren Ergebnis führen, z.B. der Zerrüttung der Gesundheit. Vor allem dann, wenn sie im Übermaß wirksam werden. – Dabei darf nicht übersehen werden, daß sich in jedem Spannungszustand mindestens ein Rest des gegensätzlichen findet. So hat der in der Zerlösung seiner Persönlichkeit befindliche Mensch noch immer irgendwelche Spannung in sich. Und umgekehrt ist der Überspannte irgendwo noch gelöst. Sonst wären beide ja gar nicht mehr lebensfähig.

Ein treffendes Beispiel geben Mann und Frau ab. In ihrem Verhältnis zueinander sind sie – als Typen gesehen – Spannung und Lösung. Sie ergänzen sich wechselseitig biologisch und seelisch und bilden erst zusammen das Ganze: »den Menschen«. Die Asiaten sehen in der Frau gleichsam das Ur-Yin als den vergleichsweise mütterlichen und noch ungeformten Urgrund alles Lebens. Durch Yang, das vergleichsweise männliche Prinzip des Durchformens und der Ordnung, erwächst daraus unsere zur Entfaltung gekommene, gegliederte Welt. Dem eher männlichen Streben nach Selbstbehauptung (Spannung) steht das eher weibliche nach Selbsthingebung (Lösung) gegenüber. Diese Polarität nötigt Mann und Frau zu dem ebenso heiteren wie dramatischen Wechselspiel miteinander, das das Leben so interessant macht. Was wäre die Welt ohne diese Gegensätzlichkeit, ohne diesen ewigen rhythmischen Wechsel?

Werfen Sie bitte nochmals einen Blick auf die letzte Übersicht über die prinzipiellen vier Ausprägungen des Spannungszustandes. Der zu sehr gelöste Mann (»weibisch«) ist im allgemeinen ebenso unglücklich wie die zu sehr gespannte Frau (»vermännlicht«). Zu sehr gelöste Männer sind durchweg weniger glücklich als zu gespannte. Und zu gespannte Frauen sind durchweg weniger glücklich als zu gelöste. Findet sich aber ein zu sehr gelöster Mann mit einer zu gespannten Frau zusammen, dann sind beide – sonst gleiche Voraussetzungen angenommen – viel glücklicher, weil sie sich in ihrem Verhältnis zueinander eher im Ausgleich befinden. Natürlich sind das erst recht die vielen relativ glücklichen Paare, bei denen das normale Spannungsverhältnis vorliegt.

Oft werden einander Spannung und Auflösung gegenübergestellt, also die positiv zu wertende Spannung und die negativ zu wertende überstarke Lösung. Das ist falsch und die Quelle von verkehrten Urteilen. Die positive Spannung darf nur mit der positiven Lösung als ihrem ergänzenden Gegenstück verglichen werden. Auch die Lösung ist ja nicht nur negativ, wie es oft hingestellt wird. Sie ist eine der beiden Urzuständlichkeiten und von Grund auf auch positiv. Was wäre die Spannung schließlich ohne ihre Lösung? Als Gegenstück der Spannung darf also niemals die Auflösung oder Zerlösung eines Zusammenhangs oder einer Persönlichkeit betrachtet werden.

Auf dieser nun dargelegten Grundlage lassen sich folgende Gesetze aufstellen:

1. Die Spannung verlangt nach Lösung, und die Lösung verlangt nach Spannung, weil die Gegenkraft jeweils die natürliche Ergänzung darstellt. Oder: Spannung und Lösung ziehen einander an.
2. Die überstark ausgeprägte Lösung führt deshalb zwangsläufig zur Spannung hin, und die übermäßige Spannung zur Lösung. Oder: Die extreme Wirkungskraft weckt die Gegenkraft.
3. Spannung und Spannung sowie Lösung und Lösung streben voneinander weg. Oder: Die gleichartigen Wirkungskräfte stoßen einander ab.
4. Ist die Kraft der Lösung stärker als die der Spannung, dann geht die Spannung in der Lösung auf. Die Lösung behält die Oberhand. Und umgekehrt. Oder: Die stärkere Kraft setzt sich (zunächst) durch.
5. Vergleichsweise ist im äußeren Bereich und an der Oberfläche aller Dinge und Lebewesen immer Lösung, und in ihrem Innern und im Kern ist immer Spannung. Oder: Echte Spannungskraft kommt aus dem Inneren, aus der Tiefe.

Allgemein: Alles geschieht aus den beiden Grundkräften Spannung und Lösung. Scheinbar sind sie Gegensätze, in Wahrheit aber Ergänzungen. Denn beide zusammen bilden erst das Ganze.

Diesen Gesetzen unterliegt unsere gesamte Welt: die sogenannte tote Materie und alle Lebewesen, die materiell-physikalischen, die menschlich-psychologischen und die soziologischen Zusammenhänge und Wandlungen. Im privaten Bereich von Ehe und Familie und genauso im öffentlichen und politischen Leben. In der Innen- wie in der Außenpolitik.

Warum fallen die Menschen seit eh und je von einem Extrem ins andere? – Warum beherrschten zu allen Zeiten die Yang-Völker die Yin-Völker: also die, die in der Masse ihrer Menschen gespannter, konzentrierter, kerniger sind, diejenigen, die gelöster, unkonzentrierter, weicher sind? – Warum gibt es in unzähligen Ehen und Familien, Betrieben und Organisationen so viele Spannungen und Schwierigkeiten? – Warum bewundern und lieben die Menschen das, was sie anzieht? Und warum gehen sie, mit steigernder Hingabe daran um so sicherer, schließlich darin auf? Ja, warum werden sie von dem Extrem aufgesaugt, versklavt, vernichtet (offensichtlich ein unabänderliches Gesetz)? – Nehmen Sie irgendeinen kritischen Fall aus Ihrer eigenen Erfahrung, und gehen Sie ihm nach den hier aufgezeigten Zusammenhängen auf den Grund: Sie werden staunen, wie Sie immer und immer wieder auf die Wirksamkeit dieser Gesetze stoßen.

Es wäre äußerst reizvoll, die tausend Schwierigkeiten der Menschen im praktischen Leben daraufhin exakt durchzuprüfen. Und die unübersehbare Fülle an Stoff, die uns die Geschichte aller Völker und Zeiten liefert. Das kann nicht die Aufgabe dieser zusammenfassenden Darstellung sein. Es würde ein eigenes Werk von großem Umfang füllen. Der kritische Leser braucht sich nur die Ereignisse der jüngeren und jüngsten Geschichte vor Augen zu halten. Er wird von Mal zu Mal rascher und treffender die aufgezeigte Gesetzlichkeit am Werk sehen.

4. Der Spannungsausgleich ist das Wesentliche

Heute wird viel von *Ent*spannung geredet. Alle führen das Wort im Mund. Und viele sind sich nicht klar darüber, was es eigentlich bedeutet. Die zu Beginn des letzten Kapitels entwickelte Übersicht und die nächste im folgenden Kapitel weisen das Wesentliche in knappster Form auf. Die Bindung oder Spannung der Kraft im positiven Sinn und die Lösung der Kraft oder die Entspannung im gesunden Sinn bilden die Mitte. Sie stehen, wenn alles in Ordnung ist, in ständiger Wechselwirkung.

Von dieser Plusseite muß ganz scharf die Minusseite getrennt werden: die Überspannung oder Verspannung der Kraft mit ihren Stauungen und Verkrampfungen als die negative Steigerung der Spannung. Schließlich hat jede Spannung die Tendenz, sich zu verhärten. Und auf der anderen Seite ist die Auflösung der Kraft mit ihrer Zerlösung der Persönlichkeit im ungezügelten Sichgehenlassen die negative Steigerung der Lösung. Auch jede Lösung hat die Tendenz zur Auflösung hin, zum haltlosen Verfließen. Der Überspanntheit der Kraft steht also ihre Auflösung gegenüber.

Überspanntheit und Verkrampfung sind in der heutigen Welt, vor allem bei hochbelasteten Menschen im Berufsleben, an der Tagesordnung. Es kann niemals richtig sein, wenn die Entspannung nun auf die Zerlösung der Persönlichkeit in der völligen Ungehemmtheit abzielt. Dadurch wird das Hin- und Herschwanken zwischen den Extremen erst recht befördert und beschleunigt. Alles schreit heute nach Entspannung. Viele suchen sie auf jede nur mögliche Art; manchmal bis zur völligen Verausgabung der Kraft. Die Auflösung der Spannung kann letztlich jedoch nur den Ruin der Persönlichkeit bedeuten, der sich bei starker Vitalkraft und sonst günstigen Voraussetzungen nach außen hin vielleicht lange verbergen läßt, aber unausweichlich kommt.

Die richtige Entspannung kann nur darauf abzielen, die negative Überspannung durch ihre Reduzierung auf das individuell gesunde Spannungsmaß abzubauen. Und das ist nur durch die positive Lösung möglich. Dann stellen sich die rechte Spannung der Kraft und damit ihre ständige Verfügungsbereitschaft von allein ein. Das ist die einzig richtige Entspannung. Sie befreit von der Überspannung nicht kurzfristig – gleichsam ohne jeden Halt, sondern in der richtigen Form der Lösung, die in den späteren Kapiteln dieses Buches beschrieben wird. Das Ergebnis ist dann der echte Spannungsausgleich, auf den es allein ankommt.

Im europäisch-amerikanischen Kulturkreis finden wir heute besonders in den führenden Kreisen vielfach die typische Überspanntheit, wie sie sich aus der ständigen Überbetonung des bewußten Verstandes und Willens ergibt. Die seelische Wurzel liegt im verhärteten Willen nach Selbstbehauptung und Selbstdurchsetzung. Die zum Teil gnadenlose Leistungsgesellschaft sorgt dafür, daß er eher noch weiter gesteigert wird. Der Überspannte ist in seinem Ich gefangen. Er kann aus seinem Ich nicht heraustreten und kann deshalb oft auch nicht wirklich lieben. Lieben im wirklich tiefen Sinn des totalen Sichverschenkens an den geliebten Menschen. Denn er muß die echte Hingabe an einen anderen als Wertverlust empfinden. So bleibt er im Grund immer abgeschlossen und isoliert. Deshalb fehlt ihm auch die ursprüngliche Kontaktfähigkeit und -gewandtheit. Und er sucht sie durch gelernte Kontaktroutine zu ersetzen.

Diese seelische Überspanntheit zeigt sich in der körperlichen Verspannung: Der Überspannte wirkt immer irgendwie erstarrt oder mindestens verhärtet. Es mangelt ihm an der frischen Natürlichkeit und der fließenden Bewegung des sich frei und gelöst Gebenden. Oft erlebt man etwas geradezu Festgefahren-Unlebendiges an ihm. Speziell die hochgezogene Schulter- und die Kopfpartie zeigen es deutlich an.

Es sind die Menschen, die wir in ihrer psychosomatischen Einheit getrost als kopflastig bezeichnen dürfen. Der Schwerpunkt ihres Wesens ist aus der natürlichen Körpermitte in unnatürlicher Form nach oben, zum Kopf hin ausgewandert. Es sind auch diejenigen, die in ihrer einseitig-rationalistischen Wertbetrachtung das Triebhaft-Emotionale als wertwidrig empfinden. Als etwas Negativ-Animalisches, mit dem man eben irgendwie zurechtkommen muß. Oder aus dem es allenfalls noch ein Höchstmaß an körperlicher Sinneslust herauszuholen gibt, wenn es ansonsten doch nur eine ständige Störungsquelle ist. Wer von der in sich geschlossenen Ganzheit des Menschen ausgeht, der weiß sofort von der tiefverwurzelten Beschränktheit dieser Menschen als Persönlichkeiten. Und wenn sie noch soviel äußeren Erfolg zu bieten hätten. Im Spannungsausgleich, wirklich »glücklich«, sind sie ganz gewiß nicht.

Will sich der Überspannte *ent*spannen, will er zum einzig gesunden Spannungsausgleich kommen, dann muß er sich von seiner verhärteten Ich-Kraft lösen. Sonst wird er nie eine echte Entspannung erreichen. Er muß also die Schranken aufheben, die ihn in seinem eigenen Ich festhalten. Das ist schwer. Unmöglich ist es nicht. Wenn es ihm nur gelingt, sein Ich hinreichend zu »zermürben«. Darüber später vor allem im Zusammenhang der richtigen Meditation Genaueres.

Demgegenüber ist der übermäßig Gelöste der Welt sozusagen hemmungslos preisgegeben. Er ist abhängig von seinen Eindrükken, Gefühlsregungen und den Triebkräften. Da gibt es keine Distanz, keinen Widerstand, keine Haltung. Der Aufgelöst-Sichgehenlassende hat keinen Abstand von sich selbst: Er kann nicht über der Sache stehen und damit auch nicht über sich selbst. So muß es ihm an der inneren Freiheit fehlen. So kann er die Welt, in der er lebt, gewiß nicht nach seinen Vorstellungen formen und gestalten. So wird er zum Spielball der stärkeren Umwelt.

Dem entspricht die körperliche Saft- und Kraftlosigkeit. Der kraftlos zusammengefallene Körper läßt Durchformung vermissen. Seine Bewegungsweise erweckt oft den Eindruck, als fehlten ihm die Knochen. Als wäre er eine weiche, in alle Richtungen formbare Masse. Viele dem Rauschgift verfallene Jugendliche geben dieses Bild ab, je nach dem Grad ihrer Hingabe an das Rauschgift und der bereits eingetretenen Zerlösung ihrer Persönlichkeitskraft.

Die in Zerlösung begriffene Persönlichkeit sucht dann – außer im letzten Stadium der totalen Auflösung – ihre ständigen Minderwertigkeitserlebnisse in übermäßiger Form zu kompensieren. Durch gelegentliche Wutausbrüche und sonstige Aggressivitätshandlungen meist mehr oberflächlicher Art, also von Strohfeuercharakter. Eine andere Spielart findet eine gewisse Zuflucht in äußeren Formen, die ihr, obwohl wesensfremd, die nötigen Korsettstangen für ein Mindestmaß an äußerer Haltung abgeben. Und an der sie sich dann wie an einem Rettungsanker fast sklavisch oder verzweifelt festhält.

Finden wir in der westlichen Welt sooft die typische Überspanntheit des Kopflastigen, so in der asiatischen Welt jene schon in die Auflösung hineingehende Gelöstheit, wie sie zum Beispiel den indischen Subkontinent, auch die südöstlich davon gelegene Insel- und Halbinselwelt, zum Teil kennzeichnet. In Japan und weiten Teilen Chinas ist man jedoch schon seit altersher gegen die

Gefahr der übermäßigen Lösung angegangen. Bestimmte religiöse Richtungen wie der Zen-Buddhismus legen ein klares Zeugnis davon ab.

Will der überstark gelöste Mensch wieder in Ordnung kommen, so muß er die Elemente und Hilfsmittel ausnützen, die seine Kräfte binden und ihm auf diese Art langsam aber sicher zur rechten Spannung verhelfen. Durch die richtigen Übungen auf der Grundlage der Eutonie kann er mit dem Körperbewußtsein auch sein Selbstbewußtsein neu entdecken und stärken. Durch die für ihn geeignete Meditation wird er zu der inneren Spannung finden, die ihm seine Persönlichkeitswerte in vollem Umfang erschließt.

Wer sich im Extrem befindet, neigt nahezu zwangsläufig dazu, zwischendurch ins andere Extrem zu verfallen. Wenn jemand einseitig in der überforcierten Spannung lebt, dann müssen ihn seine überspannten Kräfte immer wieder einmal verlassen. Das vergewaltigte Bedürfnis nach Lösung muß die Oberhand bekommen und ihn mit sich fortreißen. Es ist der natürliche Gegenschlag des antagonistischen Wirkungsfaktors. Wir können es im Leben oft beobachten, wie der Betreffende aus seiner künstlich überhöhten Spannungsposition total wegsackt und sich völlig hemmungslos gehenläßt. Alkohol und Sexus bieten sich als die erforderlichen Vehikel dafür geradezu an. Und wie viele schütten ihr Herz dann in absolut unbeherrschter Form an der falschen Stelle aus! So lange, bis man sich dann von neuem in überforcierter Form zusammenreißt. Es ist sicher kein Zufall, sondern es hat hier seine einfache Begründung, daß gerade in *den* menschlichen Gemeinschaften solche Exzesse häufig vorkommen, die sich als besondere Elite empfinden. Denken Sie nur an das Offizierskorps in den früheren Zeiten des Standesdünkels, an die alten Burschenschaften, »hervorragend disziplinierte« Truppenteile zu allen Zeiten der Geschichte, gewisse elitäre NS-Organisationen, auch an Geistliche, die in der strengen kirchlichen Disziplin stehen, usw.

Und der in Auflösung begriffene Mensch, der sich im allgemeinen ungehemmt gehenläßt, reißt sich hin und wieder in krampfhaft übertriebener Form zusammen. Um sich und den anderen seinen Persönlichkeitswert (um den er in Restbeständen vergeblich ringt) zu beweisen. Und um anschließend um so tiefer herunterzufallen in seine Haltlosigkeit. Hier haben wir den gleichen, soeben beschriebenen psychologischen Prozeß vor uns, nur mit umgekehrter Wirkungskraft der beiden Erscheinungsformen der Energie.

Befindet sich der Mensch im Spannungsausgleich (»Sattwa«), dann ist er im richtigen Verhältnis zugleich gespannt und gelöst. Sowohl körperlich als auch seelisch. Er hat und er zeigt Haltung und zur rechten Zeit hochgespannte Aktivität. Auf der anderen Seite kann er sich voll und ganz »lassen«, ist also wahrhaft gelassen, völlig entspannt und innerlich frei. In aller seiner lebendigen Dynamik ist er doch ausgeglichen, befindet er sich im Gleichgewicht und im Vollbesitz seiner Kräfte und Persönlichkeitswerte. Er ist im Lot. Er strahlt innere Ruhe und Sicherheit aus. Auch schwere Schläge können ihn nicht erschüttern.

Die äußere Erscheinung spiegelt dann das unverstellte Leben wider. Im besonderen der lebendige, harmonische Fluß der Bewegungen und Gebärden. Sie sind locker-gespannt, also gekennzeichnet durch die typische Mischung von Spannkraft und Lokkerheit. Hat man seinen Blick dafür hinreichend geschärft, dann ist es geradezu ein Genuß, diese Menschen sich bewegen zu sehen.

Im Hinblick auf einen heute weitverbreiteten Irrtum muß deutlich gesagt werden: Der Spannungsausgleich kann niemals totale Entspannung sein. Denn sie bedeutet den Verlust jeglicher Spannung und damit die völlige Erschlaffung des Organismus. Spannungsausgleich bedeutet den mittleren Spannungszustand, der das normale Befinden des Menschen kennzeichnen muß. Also die geregelte Spannung, bei der sich die Agonisten und die Antagonisten in ausgewogenem Verhältnis befinden. Nur dieser in der Mitte ausgeglichene Tonus kann der gesunde Muskeltonus sein.

Im Ausgleich sein verlangt, auch das Negative im Leben zu akzeptieren: die kleinen und großen Schwierigkeiten des Alltags mit ihren Belastungen und Nöten. Widerwärtiges Verhalten anderer Menschen, sogenannte Unglücksfälle, materielle Sorgen, gesundheitliche Probleme, Niedergeschlagenheit: Alles das ist die Kehrseite dessen, was wir uns wünschen. Gäbe es die unschöne Kehrseite des Lebens nicht, dann könnte es auch nicht die schöne und anziehende Vorderseite geben, die wir uns alle so sehr wünschen. Also freundliches Verhalten der anderen, »Glück«, materielle Sicherheit in jeder Hinsicht, totale Gesundheit, nur frohe, gehobene Stimmung. Wir könnten gar nicht wissen, was all das ist. Da sind wir wieder bei unserem Grundgesetz der polaren Gegensätzlichkeiten. Wenn wir es hundertprozentig anerkennen, dann akzeptieren wir das Negative voll und ganz und nehmen es als ebenso notwendig an wie das, was wir uns wünschen und was wir nur zu gern annehmen. Nur über das Negative kommen wir zur vollen Erkenntnis und zum vollen Genuß des Positiven.

Menschen, die so weit gekommen sind, befinden sich im Gleichgewicht. Sie sind im Spannungsausgleich. Sie sind gereifte Persönlichkeiten. Nur im rhythmischen Wechsel von Spannung und Lösung kann die Persönlichkeit zu dieser ihrer optimalen Entwicklung hin wachsen und reifen. Der echte Spannungsausgleich ist der Schlüssel zum vollwertigen Leben und zur höchstmöglichen Wirkungskraft. Zu dem, was wir in einem tieferen Sinn das Glück nennen. Deshalb ist er das einzig Wesentliche. Er soll das Ziel aller Bemühungen sein. Die Techniken, unsere Spannungsschwankungen zu steuern, sie langsam aber sicher in den Griff zu bekommen, sind die entscheidenden Hilfsmittel dazu.

Zahllose führende Asiaten haben diesen Spannungsausgleich seit Tausenden von Jahren angestrebt und erreicht. Der alte chinesisch-japanische Kernbegriff »Hara« ist mit ihm weitgehend identisch. Sie haben alle darum gerungen, in ihrer Mitte zu leben und nicht gleichsam am Rande ihres Wesens. Und das ist das Geheimnis ihrer überragenden Persönlichkeit.

5. Spannung und Lösung unserer Kraft im einzelnen

Das Grundsätzliche dürfte jetzt klar sein. Was nun die Begriffe der Spannung und der Lösung im einzelnen ganz konkret bedeuten, das zeigt am einfachsten und klarsten die folgende Übersicht auf. Wer ihre Angaben im Hinblick auf seine Freunde und Bekannten, auch auf seine Familie, auch sich selbst gegenüber kritisch durchdenkt, wird in vielen Fällen rasch merken, welch hervorragendes Werkzeug zur Erfassung wesentlicher Zusammen-

SPANNUNGSZUSTAND DER LEBENSKRAFT

Spannung i. w. S. (Yang)		*Lösung i. w. S.* (Yin)	
–	+	+	–
überspannt, verkrampft	*gespannt, gebunden*	*gelöst, entspannt*	*aufgelöst oder zerlöst, ungehemmt*
gestaute	verhaltene	gelöste Kraft	aufgelöste
Spannkraft	Spannkraft	sich eher dem	Kraft
Verspannung	aktiv, immer	Geschehen	sich gehen-
verzwungen	auf dem	hingeben	lassen
krampfhaft	Sprung	eher Schick-	haltlos
forcierte	Wille, sich der	salsgläubigkeit	Mangel an
Selbstdisziplin	Welt zu be-	locker	Selbstbe-
Selbstüber-	mächtigen	natürlich	herrschung
windung	Selbstbe-	ursprünglich	undiszipliniert
Eigenwille	herrschung	echt	lasch
Trotz	Disziplin	aus sich her-	träge
Starrsinn	Festigkeit	ausgehend	weich
Mangel an Un-	Konzentra-	beweglich	schlaff
mittelbarkeit	tion	genießen	verführbar
befangen	(Geduld)	können	unbekümmert
verschlossen	Widerstands-	unmittelbar	wurstig
unnatürlich	kraft	ungezwungen	
gemacht	Zurückhaltung		
	gemessen		
	formell		

Spannungsausgleich
(»Sattwa«)

ausgeglichen: im Ausgleich, im Gleichgewicht, im Lot sein,
eutonischer Zustand
alles zur rechten Zeit: einmal voll gespannter Aktivität
und dann voll entspannt und frei
ausgewogen, geschlossen, harmonisch, stabil, gereift
(weitgehend identisch mit »Hara«: in seiner Mitte leben)

hänge für die richtige Menschenbeurteilung ihm hier zur Verfügung steht*.

Im grundlegenden Kapitel wurde schon darauf hingewiesen, daß der Begriff der Kraft (Lebenskraft, Vitalkraft, Antriebskraft, Energie, d. h. die Summe der Gefühlsantriebe) und das Verhältnis Spannung:Lösung scharf auseinandergehalten werden müssen. »Gespannt« wird in der Praxis von vielen Menschen gleichgesetzt mit kraftvoll oder vitalstark und ebenso »gelöst« mit kraftlos oder vitalschwach. Das ist eine folgenschwere Verwechslung. Sie hat ihre Ursache darin, daß man sich im allgemeinen Denken und Sprachgebrauch über die eminente Bedeutung der Vitalkraft nicht klar ist. Dabei stellt sie eine der wichtigsten Grundgegebenheiten für das menschliche Wesen dar..So kann es die vielgesuchte hohe Belastbarkeit nur bei ausgeprägt vitalstarken Naturen geben. Ebenso wie jene Disposition zur Gesundheit, die spielend mit Verursachungen der vielen kleinen Gesundheitsstörungen fertig wird, mit denen sich Vitalschwache dauernd herumschlagen müssen! Auch in führenden Kreisen des öffentlichen und wirtschaftlichen Lebens wird das bei der Auswahl leitender Persönlichkeiten nicht immer gesehen. Die Folgen können dann nicht ausbleiben. Deshalb noch die nächsten zwei Übersichten, die ganz konkret aufweisen, was Spannung und Lösung bei Vorliegen von viel und von wenig Vitalkraft bedeuten. Nochmals: Wieviel Vitalkraft zur Verfügung steht, ist die eine Frage. Ob sie gespannt oder gelöst ist, eine andere. Erst die Antwort auf beide Fragen erlaubt ein volles Urteil.

* Genaueres darüber siehe das Buch von Dr. Anton Stangl: »Die Sprache des Körpers – Menschenkenntnis für Alltag und Beruf.« 160 Seiten, 1977, Econ Verlag Düsseldorf und Wien.

SPANNUNGSZUSTAND DER LEBENSKRAFT SPEZIELL BEI STARKEN INNEREN KRÄFTEN (VIEL VITALKRAFT)

Durch und durch aktiver, dynamischer Mensch

Spannung i. w. S. Verhalten oder gestaut kraftvoller Mensch		*Lösung i. w. S.* Sich in vollen Zügen frei auslebender Mensch	
–	+	+	–
Überspannung	*Spannung*	*Lösung*	*Auflösung*
gestaute bis	beherrschte	natürliche, in-	unkontrollierte
verkrampfte	Dynamik	stinktiv gesteu-	Dynamik
Dynamik	nachhaltig	erte Dynamik	hemmungslos-
Verkrampfung	expansiv	frei fließende	intensives Sich-
stur	Willensstärke	Kraft	gehenlassen
unnachgiebig	fest	starke Gefühls-	unbeherrscht
uneinsichtig	entschieden	kräfte	kraftvoll-
verbissen	stet, beständig	überquellend	impulsiv
hartnäckig	beharrlich	überströmend	sich haltlos
ruhelos aus	ausdauernd	echte Lebhaf-	und doch aktiv
Überspannth.	zäh	tigkeit	verschwen-
Jähzorn aus	hohe Wider-	kann andere	dend
Überstauung	standskraft	Menschen	überschäu-
reizbar	Konsequenz	mitreißen	mend-ausge-
explosiv	starke Kon-	Schaffens-	lassen
Selbstzerflei-	zentration	freude	ruhelos aus
schung (bei	»Leistungs-	Gefühls- und	Haltlosigkeit
Introversion)	mensch« aus	Lebemenschen	maßlos
massive	Selbstbe-	»Leistungs-	zügellos
Selbstdurch-	hauptung	mensch« aus	heftige Affekte
setzung		Selbsthinge-	Jähzorn
gleichsam im-		bung (Interes-	ungestüm
ponierende		sen, Motivie-	launisch-halt-
Egozentrizität		rung!)	loser
rücksichtsloser			Lebemensch
Leistungs-			
mensch			

Spannungsausgleich
echte und starke Persönlichkeit
im Kern in sich ruhend
bei aller lebendigen Dynamik im großen doch ausgeglichen

Der sich in vollen Zügen frei auslebende Lösungsmensch ist relativ selten. Viel spricht dafür, daß es ihn im slawischen Volkstum viel häufiger gibt. Einige von Dostojewskis Figuren verkörpern diesen Menschentypus hervorragend. Die negative Variante führen uns gewisse Rauschgiftsüchtige, besonders Jugendliche, vor. Triebstarke und dabei zugleich triebsichere Naturen haben es in unserer so kompliziert gewordenen Welt schwer. Denn in ihr geht es kaum noch ohne die »Kontrolle« der Spannung, der Ratio. Jedenfalls sehr viel schwerer als noch vor wenigen Generationen, da die instinktive Ausrichtung der Persönlichkeit durch die Triebsicherheit noch eher eine Leitlinie abgeben konnte, die für die Lebenspraxis ausreichte.

Es ist hochinteressant festzustellen, daß die Kinder in Asien mit geöffneten, also gelösten Händchen den Mutterleib verlassen, während sie in Europa und Nordamerika mit geballten Fäustchen auf die Welt kommen, also im Zustand der inneren Gespanntheit. Das allein kann schon viel aussagen über die verschiedene Grunddisposition der durchschnittlichen Menschen hier und dort, die sich das ganze Leben hindurch tausendfältig auswirken muß.

An dieser Stelle noch eine weitere Bemerkung zur Bedeutung des individuellen Spannungszustands. Der Mensch ist in dieser Welt in seiner Entwicklung offensichtlich zur Reifung bestimmt, die es ohne echte Selbstentfaltung und Selbstverwirklichung schwerlich geben kann. Mit anderen Worten: Seine Entwicklung soll zu dem Grad an Vollkommenheit hinführen, die ihm in dieser Welt erreichbar ist. Jeder von uns kennt solche Menschen, die im Laufe ihres Lebens echt gereift sind. Das hat mit dem äußeren Bildungsstand nur wenig zu tun. Sie strahlen die innere Ruhe, die Gelassenheit, die Geschlossenheit, die Harmonie ihrer Persönlichkeit aus. Sie haben das Ziel ihres Lebens erreicht. Sie sind am Leben gereift. Wesentlich dafür ist in erster Linie nicht, ob sie viel oder wenig Lebenskraft in sich tragen, sondern die Frage des Ausgleichs zwischen Spannung und Lösung ihrer Kraft, also: ob sie im Gleichgewicht, im Lot, in der Mitte ihres Wesens sind.

Nun zur Übersicht über den Spannungszustand der Lebenskraft bei geringer Vitalstärke:

SPANNUNGSZUSTAND DER LEBENSKRAFT SPEZIELL BEI SCHWACHEN INNEREN KRÄFTEN (WENIG VITALKRAFT)

wenig echte Aktivität, undynamischer Mensch

Spannung i. w. S.	*Lösung i. w. S.*
eigenbezüglich, auf die eigene Person zurückgeworfen	an Eindrücke und Erlebnisse hingegeben und von ihnen abhängig

–	+	+	–
Überspannung	*Spannung*	*Lösung*	*Auflösung*
Mangel an Ursprünglichkeit	an sich haltend	leger	Willensschwäche
ängstlich	Zurückhaltung	unauffällig	Mangel an Tatkraft
mißtrauisch	Haltung	ungezwungen	unbeherrscht
engherzig	Distanz	friedfertig	Mangel an Selbstdisziplin
bedenklich	Distinguiertheit	versöhnlich	schlaff, schlapp
scheu	gemessen	nachgiebig	schwankendes Wesen
wortkarg	stets mit Maß und Ziel	konziliant	ohne Saft und Kraft
dünnblütig	gelassen	gefällig	zaghaft, unentschlossen
blaß		beeinflußbar	träge, untätig, passiv
farblos		lenkbar	Mangel an Konzentration und Durchsetzungskraft
enges Schemadenken		leicht zu führen	Mangel an Ausdauer
philisterhaft			leicht ablenkbar
pharisäerhaft			ständige Resignationsbereitschaft

Spannungsausgleich (Spannung + Lösung)

oft unauffälliger, in sich ruhender Mensch »ruhiger und friedlicher Bürger« »braver Arbeiter« im Rahmen von routinemäßigen Belastungen besonderen Belastungen nicht gewachsen

Wo steht nun der einzelne Mensch in dieser naturgegebenen Spannungsskala? Er braucht zum Beispiel – das nur als Anregung – bloß den Fragen nachzugehen:

– Wie er an die Bewältigung von größeren Aufgaben herangeht: aktiv, immer auf dem Sprung oder eher abwartend, was da auf ihn zukommt?
– Wie er sich bei auftauchenden Schwierigkeiten verhält: ausdauernd, zäh, stur, reizbar oder eher nachgiebig, zu konziliant, träge?
– Wie er auf andere Menschen wirkt: tatkräftig, drängend, befehlend, kraftvoll-verhalten oder eher passiv, zögernd, folgsam, weich?
– Wieweit er »entspannen«, alles einmal vergessen kann?
– Ob er sich einem glückspendenden Erlebnis ohne Reserve hinzugeben, ob er zu genießen versteht?

Und so weiter. Die Übersichten sind für den, der ihren Inhalt erfaßt hat, kaum auszuschöpfen.

Nach diesen eigentlich nur andeutungsweisen Bemerkungen zurück zu unserer Spannungslehre. Es ist noch ein Punkt von größter Bedeutung klarzustellen. Bei vielen Menschen wäre es *verfehlt, sie in naiver Weise nun schlicht als Spannungs- oder Lösungsmenschen* der positiven oder der negativen Richtung abzustempeln. Wohl gibt es solche, die einheitlich durch das eine oder das andere gekennzeichnet sind. Sie sind aber selten. Es liegt in seiner komplexen Natur begründet, daß sich bei ein und demselben Menschen Spannungs- und Lösungsbereiche überschneiden. Entscheidend dafür sind die immer wieder verschiedenen speziellen Antriebskräfte. Das heißt, die Interessenausrichtung des einzelnen bestimmt im wesentlichen, in welchen Bereichen er mehr gespannt und in welchen er mehr gelöst ist.

Je lebendiger nämlich die Interessen, um so rascher reagiert man bekanntlich (Ansprechen des Temperaments). Um so intensiver schießt die gefühlsmäßige Energie in die betreffende Richtung ein (vermeintliche Willensleistung). Und um so leichter lassen sich diese natürlichen Antriebskräfte zur echten Spannung binden (woraus dann auch wirkliche Willensleistungen erwachsen können). Sie kennen ganz gewiß Menschen, die beim Ansprechen ihres besonderen Interessengebietes hellwach werden und sich sofort aktiv und spannkräftig einsetzen (positive Spannung), während sie sich selbst in der einen oder anderen beruflichen Frage und zudem entgegen ihrer ausdrücklichen Pflicht nicht »zusammenreißen« können und hochgradig gehenlassen (negative Lösung).

Bei kritischer Selbst- und Fremdbeobachtung stellen wir alle immer wieder Widersprüchlichkeiten in der menschlichen Seele fest. Denken Sie zum Beispiel nur an Minderwertigkeitskomplexe, von denen kaum ein Mensch ganz frei sein kann: partiell begrenzte oder mehr komplexer Art, in relativ harmloser Form oder neurotisch fixiert. Diese Widersprüchlichkeiten sind schon in der individuellen Konstitution bedingt oder in der Entwicklung. Besonders in früher Kindheit oder durch Krisen, wie sie auch in der Pubertät aktuell sind oder sich ins spätere Leben verschleppen. Oder durch die mannigfachen Krisen des Erwachsenen und des Alterungsprozesses bis hin zur Senilität. Mögen sich einzelne Wesenszüge noch so sehr widersprechen; sie sind nun einmal nebeneinander da und prägen den betreffenden Menschen.

Man darf also die unendliche Vielfältigkeit der Charaktere nicht vergessen und glauben, sie ganz einfach so oder so in die prinzipiell vorgezeichnete schematische Kategorie einklassifizieren zu können. In dem einen Bereich kann man, wie wir gesehen haben, gespannt oder überspannt sein, in dem anderen übermäßig oder positiv gelöst. Das trifft in erster Linie für die übersteigerte negative Form, aber auch für die jeweilige positive Seite zu. Dadurch wird die Situation für jede Beurteilung natürlich mehr oder weniger verkompliziert. Und deshalb sollte man erst nach sorgfältiger Prüfung der individuellen Gesamtpersönlichkeit zu einem endgültigen Urteil kommen.

6. Gesundheit und Krankheit

Der Körper ist eine in sich geschlossene Ganzheit, die nicht aufgespalten werden kann in verschiedene »Teile« (wie es unsere sogenannte moderne Medizin mit der steigenden Zahl von Fachrichtungen leider tut). Es ist unstreitig, daß alle seine verschiedenen Elemente aufeinander ein- und im Sinn des Körperganzen zusammenwirken. Gesund – körperlich wie auch seelisch – kann der Mensch nur sein, wenn zwischen diesen Elementen das natürliche Gleichgewicht gebildet und erhalten, im Störungsfall so rasch wie möglich wiederhergestellt wird. Dieses Gleichgewicht drückt sich in erster Linie im Gleichgewicht von Spannung und Lösung der vitalen Grundenergie aus – also im Spannungsausgleich. Das mag bei genauerem Zusehen im Einzelfall kompliziert sein, wie es die Schlußgedanken des letzten Kapitels gezeigt haben. Dieses Gleichgewicht ist selbstverständlich auch ständig gefährdet. Aber das ändert nichts an der Tatsache: *Ist der Mensch im Spannungsausgleich, ist er gesund.* Und nur dann. Wird der Spannungsausgleich in Frage gestellt, bilden sich sofort krankheitsfördernde oder -erregende (pathogene) Verhältnisse. Geht er verloren, äußert sich das sofort in Krankheit.

Unser Körper stellt eine gigantische Organisation von Abermillionen von Zellen dar. Jede einzelne dieser Zellen wird als Mikrokosmos genauso wie der Makrokosmos durch die Wechselwirkung von Spannung und Lösung gekennzeichnet. Gerade für die Wachstumsperiode, also für den Säugling, das Kind und den Jugendlichen ist das von der größten Bedeutung. Für den Erwachsenen selbstverständlich nicht minder.

Es ist hochinteressant, als *medizinisches Beispiel* für die Richtigkeit der hier aufgezeigten Spannungslehre der Vitalkraft *das vegetative Nervensystem* mit seinen zwei gegensätzlichen Wirkungssystemen zu betrachten: dem Sympathikus und dem Parasympathikus. Der Sympathikus beschleunigt und verstärkt die Herzaktion. Er erweitert und entspannt die zusammengeballte oder gestaute Kraft des Herzmuskels. So reagiert er bekanntlich sofort auf seelische Reize wie Angst, Schrecken oder freudige Überraschung. Er ist also ein Lösungsfaktor (Yin). Überwiegt er bei der Steuerung unserer gesamten Organtätigkeiten, dann spricht der Mediziner von Sympathikotonie. Der Parasympathikus ist demgegenüber der Herzhemmungsnerv. Er setzt die Zahl der Schläge herab, ebenso regelt er die Intensität der Zusammenziehung. Er ist also der Zusammenzieher und damit ein Bindungs-

oder Spannungsfaktor (Yang). Überwiegt er bei der Steuerung unserer Organtätigkeiten, dann spricht der Mediziner von der Vagotonie. Diese beiden undurchsichtig erscheinenden Nervensysteme beleben und steuern alle unsere Organe, die dem Zugriff unseres bewußten Willens ganz oder nahezu ganz entzogen sind. Die Gesundheit dieser Organe stellt sich dann als nichts anderes dar als das Gleichgewicht zwischen diesen zwei Nervensystemen der Spannung und der Lösung. Krankheit bedeutet also nichts anderes als die *Störung dieses Ausgleichs,* sei sie vorübergehend oder dauernd. Bei dieser Betrachtung verliert das Zusammenspiel dieser beiden Nervensysteme sofort seine Undurchsichtigkeit, und es kann sehr viel klarer erfaßt werden.

Wenn sich die Spannkraft des Organismus auflöst, oder wenn der Mensch verspannt ist, wird er *unweigerlich krank.* Am Ort des geringsten Widerstandes – meist an seinem schwächsten Organ – wird es sich äußern. So gesehen, gibt es nicht viele einzelne Krankheiten, sondern nur eine einzige. So gesehen, ist die Heilung dann im Prinzip auch denkbar einfach. Mit der Wiederherstellung des Spannungsausgleichs wird der Kranke gesund werden müssen. In weiten Teilen Asiens heilten die Ärzte seit Jahrtausenden in diesem Sinn. Ohne allzuviel medizinische Detailkenntnisse. Und sie taten es nach allem, was wir wissen, mindestens so gut wie die abendländische Medizin. Bezeichnend, daß der Arzt im alten China sein Honorar nur bekam, wenn er seine Aufgabe erfüllte, die von ihm betreuten Menschen gesund zu erhalten. Nach der chinesischen Devise: Der gute Arzt heilt, bevor die Krankheit sichtbar wird! Brach sie erst aus, mußte der Arzt kostenlos tätig werden und heilen. Das ärztliche Instrument war im Kern die hoch ausgebildete Fähigkeit, Störungen im Spannungszustand schon im Frühstadium zu erkennen, selbstverständlich bei guter Kenntnis der Naturheilmittel.

Dieses Prinzip der Gesundheit gilt es, in seiner ganzen Bedeutung zu erfassen. Dadurch wird man von dem naiven Glauben befreit, daß einen der Arzt und – deus ex machina – die von ihm verordnete Tablette gesund machen könne. Dann weiß man, *daß man sich nur selbst gesund machen kann.* Allenfalls mit *der Hilfe* des Arztes, indem er durch die großartigen diagnostischen Möglichkeiten der modernen Medizin, durch seine Spezialkenntnisse und Erfahrungen den richtigen Weg dazu aufweist. Aber gehen muß man ihn selber. Allerdings ist es mühsamer, den verlorenen Spannungsausgleich wiederherzustellen (darüber später) als Tabletten zu nehmen.

So können wir *die physische Krankheit als Wegweiser* sehen, den die Natur im richtigen Augenblick für uns aufstellt. Er weist uns darauf hin, daß in unserem Organismus etwas nicht stimmt, weil das Spannungsgleichgewicht in uns gestört ist. Dies führt uns dann auf den Weg zur Gesundung. Die Gesundheit wird uns ja nicht so ohne weiteres geschenkt, wie die vielgebrauchte Redensart sagt. Wir müssen das unsere dazu tun. Es kann keinem Zweifel unterliegen, daß wir unsere Gesundheit und Krankheit mindestens zu einem großen Teil selber machen.

Bei dieser Betrachtung wird, um den Menschen gesund zu machen, demnach nicht von den Symptomen der Krankheit ausgegangen, sondern von ihrem Ursprung, von ihrer Grundursache. Das ist der fundamentale Unterschied zu *unserer symptomorientierten Medizin von heute.* (Unser sogenanntes Gesundheitswesen ist eigentlich doch nur ein Krankheitswesen: Statt in erster Linie an der Gesunderhaltung der Menschen zu arbeiten im Sinne der richtigen Prophylaxe, ist es nahezu total ausgerichtet auf das Flicken von »Löchern«, die sich am menschlichen Gehäuse zeigen, Therapie genannt.) Die meisten Kranken glauben, sie müssen ihre Krankheit heilen, indem sie das Krankheitssymptom beseitigen. Dabei vergessen sie, daß sie nur sich selbst, den kranken Menschen als Ganzheit heilen müssen und können. Denn wenn das gelingt, dann verschwindet das Krankheitssymptom von allein.

Die Devise sollte also lauten: *Nicht die Krankheitserscheinung, sondern den kranken Menschen heilen!* Das ist dann die Art der Heilung, die aus der psychosomatischen Ganzheit des Menschen heraus bewirkt wird. Sie ist letztlich der bloßen Symptombeseitigung weit überlegen. Sie setzt allerdings eines voraus: Die wirkliche Überzeugung von der Einheit dieser Welt und den in ihr wirksamen Lebensgesetzen mit unserem eigenen Leben in der Körperlichkeit des Leibes. Denn dort im großen wie hier im kleinen regiert die polare Gegensätzlichkeit von zwei Wirkungsfaktoren ein und derselben alles bewegenden Kraft.

Ein letztes Wort *zur üblichen Symptombekämpfung.* Es ist bei konsequenter Betrachtung der Zusammenhänge gar nicht möglich, bloß die physische Krankheit mit ihrem körperlichen Symptom zu heilen. Obwohl uns die einseitig naturwissenschaftlich orientierte Medizin der letzten Jahrhunderte in unserem Kulturkreis von klein auf zu diesem Glauben erzogen hat. Im Zeichen der Psychosomatik – für die Asiaten eine jahrtausendealte Binsenweisheit – bilden sich auch bei uns wenigstens erste gewichtige Ansätze für die Überwindung dieser totalen Fehlinterpretation des Lebens. Die physische Krankheit mit ihrem körperlichen Symptom – soll sie in absehbarer Zeit nicht wiederkommen – kann nur zusammen mit der seelischen Grundeinstellung des Menschen geheilt werden. Hat sich aber die seelische Grundeinstellung gewandelt, hat der Mensch das richtige Spannungsverhältnis hergestellt, dann ist der körperlichen Krankheit jeglicher Nährboden entzogen. Wie er in aller Regel in bewußten oder unbewußten Angstzuständen, in der Furcht, vom lebendigen Leben in irgendeiner Form ausgeschlossen zu sein, oder gar in einem frühen seelisch-geistigen Siechtum wirksam ist.

Es ist geradezu faszinierend festzustellen, daß sich die neueste russische Forschung in Anlehnung an die jahrtausendealte chinesische Akupunkturlehre und -praxis intensiv mit der Lebenskraft und dem Gesetz des Spannungsausgleichs zwischen ihren beiden Erscheinungsformen beschäftigt*. Hier wird versucht, einen zweifelsfreien wissenschaftlichen Beweis für die Richtigkeit der dargelegten Lehre der polar wirksamen Lebenskraft zu erbringen.

* Das Buch »PSI – Die wissenschaftliche Erforschung und praktische Nutzung übersinnlicher Kräfte des Geistes und der Seele im Ostblock«, von Sheila Ostrander/Lynn Schroeder (Scherz-Verlag), berichtet recht ausführlich darüber, besonders auf den Seiten 200 ff. Neuerdings weist eine steigende Zahl von Veröffentlichungen in die gleiche Richtung.

7. Hinwendung der Lebenskraft nach außen bzw. innen

Eine zweite grundsätzliche Betrachtungsweise, die wegen ihrer allgemeinen Bedeutung angefügt sei, läßt das Wesentliche von einer anderen Seite her wiederum deutlich erkennen. Sie betrifft ein wichtiges Moment der Grundeinstellung des Menschen zu seiner Welt: Speziell die Frage, in welche Richtung sich die Lebenskraft, die vitale Energie des einzelnen vorwiegend wendet, ob mehr nach außen oder mehr nach innen.

Nachdem der prinzipielle Aufbau der so bedeutungsvollen Übersichten über den Spannungszustand der Lebenskraft auf Seite 22 dargestellt wurde, bedarf das jetzt folgende Schema weiteren Begründung oder Erläuterung. Es spricht für jeden aufmerksamen Leser für sich selbst.

HINWENDUNG DER LEBENSKRAFT

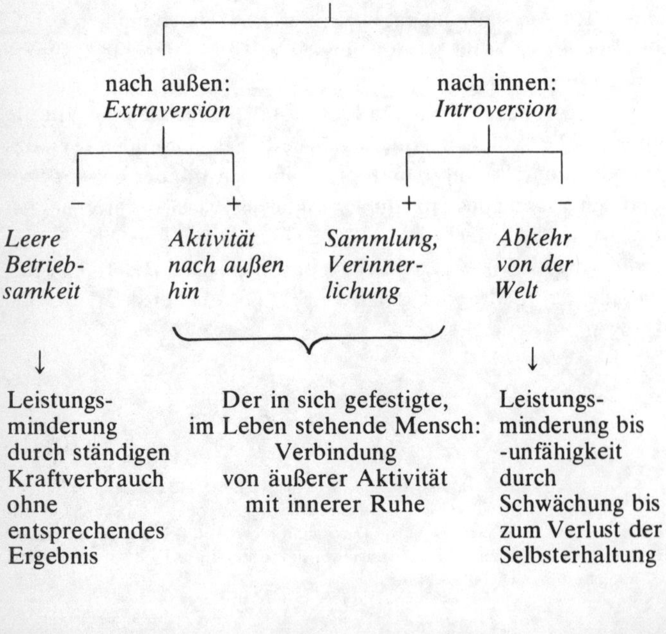

Der Mensch unseres Kulturbereichs, der im Regelfall hoch belastet ist, braucht in unserer Zeit ein Korrektiv seiner ständigen Konzentration und seines ständigen Wirkens nach außen hin im richtigen Wirken nach innen. Je bewußter er seiner selbst wird, je mehr er die in den folgenden Teilen dieses Buches geschilderten Techniken auch im vollen Bewußtsein seiner Körperlichkeit ausübt, um so sicherer findet der »Außer-sich-Geratene« zu sich selbst zurück. Um so wirkungsvoller findet er seine innere Ruhe, seine Festigung, ohne an der so nötigen Aktivität nach außen hin irgendwie einzubüßen. Ja, seine Lebenskraft steht ihm in einem tieferen Sinn noch intensiver und stoßkräftiger zur Verfügung. Denn der Mensch ist eine Ganzheit. Wir können Körper und Seele/Geist nicht voneinander trennen. Sie stehen in ständiger intensiver Wechselwirkung zueinander.

Die Einheit von Leib und Seele (Psychosomatik)

»Der größte Fehler bei der Behandlung von Kranken:
Leib und Seele werden allzu sehr getrennt, obwohl sie nicht
getrennt werden können. Deshalb übersehen die Ärzte so viel.
Sie sehen nicht das Ganze. Ihm sollten sie sich zuwenden.
Denn wo das Ganze übel daran ist, kann unmöglich
ein Teil davon gesund sein.«
(Plato 427–347 v.Chr.)

1. Die innige Wechselwirkung von Leib und Seele

Was heute noch viel mehr als zu seinen Lebzeiten vor bald zweieinhalbtausend Jahren beklagt wird, war offensichtlich schon für Plato ein Ärgernis. So alt ist also dieses moderne Problem in unserem Kulturkreis! Übrigens sehr im Gegensatz zu Asien. Dagegen haben unverbildete Menschen zu allen Zeiten auch bei uns gespürt, daß man die Seele nicht vom Körper und den Körper nicht von der Seele trennen kann. Das Verhältnis beider zueinander scheint uns am besten formuliert in den schlichten Worten des großen Philosophen und Psychologen Ludwig Klages: »Der Leib ist die Erscheinung der Seele, die Seele ist der Sinn des Leibes.« Man kann auch sagen: Der Körper ist der Ausdruck von Seele und Geist, und sie sind es, die den Körper mit Leben erfüllen.

Den innigen Zusammenhang zwischen seelischem Erleben und körperlichen Erscheinungen oder Auswirkungen kennen wir alle. Es ist nicht unsere Seele, die sich ärgert oder erregt, Freude, Angst oder Wut hat, sondern wir sind es in unserer Ganzheit. Also der ganze Mensch, Seele und Körper zugleich:

- Wir erröten vor Scham.
- Wir erbleichen vor Schreck.
- Wir zittern vor Zorn.
- Gewisse Erlebnisse lassen uns erschauern, und wir bekommen eine Gänsehaut.
- Ein widerliches Geräusch geht uns durch Mark und Bein.
- Der Ekel verschlägt uns den Appetit.
- Auf der anderen Seite läuft uns das Wasser im Mund zusammen, wenn wir etwas ganz Leckeres nur sehen. Manchmal, wenn wir nur daran denken.
- Wir finden etwas haarsträubend oder so atemberaubend, daß uns dabei die Luft wegbleibt.
- Da läuft uns etwas über die Leber, um uns anschließend auf dem Magen zu liegen.
- Viele drücken ein Auge zu, wenn sie etwas wahrnehmen, was ihnen gegen den Strich geht.
- Manchmal reißen wir uns ein Bein aus oder wünschen uns mehr Ellbogenfreiheit. Andere halten in der gleichen Lage ganz einfach still.

- Wenn einer kein Rückgrat hat oder weiche Knie bekommt, kann er im richtigen Moment nicht die Zähne zusammenbeißen.
- Manch einer muß seine Nase in alles hineinstecken, obwohl ihm eine Sache rasch auf den Magen schlägt, weil er eine dünne Haut hat.
- Der eine schwebt in den Wolken, während der andere mit beiden Beinen auf der Erde steht.
- Wie rasch hat einer die Hose voll, statt daß ihm die Galle überläuft und er dann Gift und Galle spuckt.
- Wenn uns etwas unter die Haut geht, dann kann es uns heiß und kalt den Rücken herunterlaufen oder uns die Kehle zuschnüren.

Solche Beispiele ließen sich seitenlang fortsetzen. Alle entwikkelten Sprachen sind voll von Redensarten, die seelische Vorgänge oder menschliche Verhaltensweisen durch Hinweise auf das Körperliche wiedergeben.

Haben Sie (im christlich-abendländischen Kulturkreis) jemals einen Trauerzug gesehen, bei dem die Trauernden anders als buchstäblich niedergedrückt – körperlich und seelisch zu verstehen – daherkamen? Trauer, Depression im Herzen und Bewegungsgehemmtheit, also verminderte Muskelinnervierung sind eins. Haben Sie jemals einen von einer echten Freude erfaßten Menschen gesehen, der nicht einen gesteigerten Bewegungsdrang gezeigt hätte? In Gestalt von raschen Schritten und Bewegungen, von sinnlos erscheinendem Gestikulieren des ganzen Körpers bis dahin, einem anderen Menschen um den Hals zu fallen? Freude im Herzen und Bewegungsgesteigertheit, also bis zu vermeintlicher Sinnlosigkeit gesteigerte Muskelinnervierung sind eins.

In der Tat: Menschen, die an sich arbeiten, wissen, wie sich durch körperliche Aktivität ein negativer seelischer Zustand wie Niedergestimmtheit, Arbeitsunlust, Depression rasch beheben läßt. An einem noch so drückend-heißen Sommertag macht einen ein erfrischendes Bad mit intensivem Schwimmen wie neugeboren. Und schon wenige Minuten flotter körperlicher Bewegung erreichen einen ganz ähnlichen Effekt. Sofort stellt sich ein Gefühl der Befreiung und des gesteigerten Selbstvertrauens ein: Die kritische Phase ist überwunden.

Speziell die Angst gibt uns ein treffliches Beispiel ab. Sie kann einen jähen Schweißausbruch bewirken, im besonderen kalten Schweiß auf die Stirn treiben, kalte Schauer den Rücken hinabjagen und die Glieder buchstäblich erstarren lassen, so daß ein lähmungsähnlicher Zustand eintritt. Oft ist dies mit einer eigenartigen Leere im Gehirn, einer Art Bewußtseinstrübung verbunden, denn die Angst verengt sofort die Blutgefäße bis hin zu den Kapillaren und bewirkt Stocken des Kreislaufs und des Atems. Jäh einsetzende Angst kann bekanntlich den sofortigen Tod herbeiführen. Welcher erfahrene und selbstkritische Autofahrer kennt nicht die sofortige Versteifung bzw. Verkrampfung seiner Bauchdeckenmuskulatur, wenn plötzlich eine echte oder vermeintliche Gefahrensituation auftaucht? Es braucht jemand nur von einer Situation zu erzählen, die ihn mit Angst oder Furcht erfüllte, und schon lassen sich solche und ähnliche Erscheinungen beobachten. Hierin liegt auch der tiefe Sinn, dem Feind vor dem Kampf zuerst gehörig Angst einzujagen – bis hin zu Cassius Clays Geschrei »I am the greatest«. (Natürlich spielt hier auf der anderen Seite noch die positive Auswirkung der Selbstsuggestion mit.) Die Geschichte zeigt uns, wie verheerend sich der Ruf der Unbesiegbarkeit einer Armee auf jeglichen Feind auswirken kann. Doch das nur am Rande.

Den innigen *Zusammenhang von Leib und Seele* kann der, der seine Augen davor nicht zumacht, tausendfältig beobachten und erleben. Nur noch wenige Hinweise auf *grundsätzlich wichtige Erscheinungsformen:*

- Die aufrechte Seele kann nur in einem (echt, nicht gemacht) aufrechten Körper wohnen.
- Nur das Stehen auf dem gesamten Fuß und nicht nur auf den Fersen gibt einen festen Stand, körperlich und seelisch-geistig (»Standfestigkeit«).
- Der Mensch mit Hohlkreuz oder mit krummem Rücken kann in seinem Selbstgefühl nicht verglichen werden mit dem, der einen geraden Rücken zeigt.
- Gewohnheitsmäßig hochgezogene Schultern künden von stän-

diger geistiger Abwehrhaltung aus Angst- oder Minderwertigkeitsgefühlen.

- Auch das Denken hängt, wie Feldenkrais zeigt, eng mit der körperlichen Motorik zusammen. Vor allem mit dem motorischen Sprechen, d.h. mit der Ausprägung der Worte durch die Sprechwerkzeuge. Besonders auch das Zählen und die Abstrahierung in der Zahl werden durch die körperliche Technik des Sprechens stark gefördert.
- Hochinteressant sind die zweifelsfreien Ergebnisse physiognomischer Forschungen, wobei sich der Münchner Psychologe Philipp Lersch durch seine systematischen Untersuchungsreihen bleibende Verdienste erworben hat. Um hier nur zwei ganz einfache Beispiele zu bringen: Heruntergezogene Mundwinkel zeigen unweigerlich eine unfrohe, traurige bzw. mißmutige Stimmungslage. Grund: Der risorius (Lachmuskel), der die Mundwinkel bei jedem Lachen in Richtung Ohren hinaufzieht, ist mangels Gebrauchs mehr oder minder verkümmert. Oder die von Lersch so genannte Empfindlerfalte, die sich durch ständiges Einnehmen der Unangenehmen-Geschmacksreaktion (Naserümpfen) im Laufe der Jahre unweigerlich an den Nasenflügeln eingräbt.
- Sexuelle Störungen, insbesondere die psychische Impotenz des Mannes: Wo ausschließlich die seelische Angst vor dem Versagen trotz verzweifelter Gegenwehr von Verstand und Wille das körperliche Versagen herbeiführt. Hier zerreißt gleichsam durch die Angst das komplizierte Netz von angeborenen und erworbenen Reflexen, das sonst den normalen körperlichen Verlauf der geschlechtlichen Erregung bewirkt. Deshalb kann sich eine Heilung auch nur durch das Ausräumen der Angst einstellen.
- Wie oft hat der unbändige Lebenswille, weil er auch die allerletzten Kraftreserven des Körpers mobilisierte, einen hoffnungslos schwerverwundeten Soldaten doch noch durchkommen lassen! Der Geist, die Seele kann dem Körper bei jedem Heilungsprozeß helfen – oder ihn hemmen, wenn nicht unmöglich machen.

Es kommt also auf den ganzen Menschen an. Noch immer glauben die meisten, der Mensch *habe* einen Körper. Und noch immer wollen viele nicht begreifen, daß der Mensch ein Körper *ist*. Ist sein Leib nicht mehr, ist der Mensch nicht mehr. Leib und Seele sind eins. Wenn der Mensch sich wandelt, wandelt sich der ganze Mensch. Dann wandelt er sich seelisch und körperlich zugleich. Zumeist fällt uns nur die eine Seite besonders auf, und darüber vergessen wir die andere. Der Mensch kann sich nur als Ganzes wandeln. Vielleicht vorwiegend von der seelisch-geistigen Seite oder vorwiegend von der körperlichen Seite her. Aber in jedem dieser beiden Fälle wird die Ganzheit des Menschen ergriffen. Es ist ein Unding zu glauben, daß er sich nur seelisch oder nur körperlich würde wandeln können.

Kluge, tüchtige Ärzte, die sich durch die »Symptomatologie« und durch ihren oft immensen Arbeitsdruck den Blick dafür nicht haben nehmen lassen, wissen, was ein vielleicht nur kurzes, aber echt menschliches Wort an den Patienten bewirken kann. Etwas echtes Interesse für ihn und Besorgnis zeigen, ein tröstendes und aufmunterndes Wort an ihn richten: Wie kann das beruhigen! Negative Spannung lösen. Seine vielleicht verzweifelte Stimmung wenden. Die Entspannung der Muskeln, des Herzens, der Atmung und den Schlaf fördern; Kleinmütigkeit und Angst verjagen – diese Ernährer der Krankheit. Die Bereitschaft, den Willen des Kranken zur Mitarbeit wecken. Seine aktiven Kräfte stärken, die sich nun auf die Bekämpfung der Krankheit konzentrieren können.

Den Kranken sich einmal einige Minuten lang aussprechen und seine echte oder vermeintliche Last von der Seele herunterreden lassen: Wie kann das erleichtern und beruhigen! Die Art, *wie* Erklärungen oder Anweisungen an den Patienten gegeben werden, ist so wichtig. Und es fordert keinerlei Extra-Zeit, sie in verständnisvoll-aufmunternder Art zu geben statt in unpersönlicher Weise. *Wie* Medikamente verschrieben werden, ist doch oft wichtiger, als *was* verschrieben wird. Leider macht der Teufel unserer Zeit, der den Menschen um sein bißchen Glück bringt: die Entpersönlichung und Versachlichung des vielgepriesenen modernen Lebens, auch vor dem ärztlichen Behandlungszimmer nicht halt. So wird der Patient mehr und mehr eine bloße Nummer, statt

Mensch sein zu dürfen. Er degeneriert zu einer bloßen Anhäufung von Knochen, Innereien, Nerven, Muskeln und allenfalls noch einem Gehirn. Eine Seele hat er keine. Wo ist sie auch lokalisiert? Das Seziermesser kann sie ja nicht finden. Also existiert sie nicht.

Viele Gefühlsregungen sind mit der Erweiterung oder Verengung der Blutgefäße verbunden. Das vegetative Nervensystem vergrößert oder verkleinert ihren Querschnitt. Die Ursache kann körperlich sein wie Wärme oder Kälte oder seelisch wie Scham (Erröten) oder Angst, Schrecken, Ekel (Erbleichen).

Seelische Verspannungen sind gekoppelt mit körperlichen Verspannungen. Bei nervöser Erregung steigt zum Beispiel sofort der Blutdruck, weil sich die Blutgefäße zusammenziehen. Dadurch wird die Durchblutung des Herzmuskels verringert, was zu dem gefürchteten Druck in der Herzgegend führt. Außerdem wird die Verdauung in Mitleidenschaft gezogen. Ebenso die Funktion der nach innen wirkenden Drüsen (des Endokrinums). Das ist durch zahlreiche Experimente zweifelsfrei erhärtet. Die Folge sind oder können sein: Kopfschmerz und Abgespanntheit, Durchblutungs- und Herzbeschwerden, Schlafschwierigkeiten, Verdauungsstörungen, krankhafte Veränderungen des Körpergewichts nach beiden Richtungen, Beklemmungen und Angstzustände, außerdem sexuelle Störungen und frühzeitiges Altern.

Auch die für unsere Zeit so typischen Krankheitssymptome von Magen-Leber-Galle gehören zum großen Teil hierher. Der enge Zusammenhang zwischen Streß und ständigem Ärger mit Magengeschwüren und Gallenerkrankungen ist ja sprichwörtlich. Neuerdings wurde an der Hals-, Nasen- und Ohrenklinik der Universität Wien nachgewiesen, daß auch viele der ständig zunehmenden Allergien psychisch ausgelöst sind. Zum Beispiel können Streit und seelischer Druck schnupfenähnliche Symptome hervorrufen.

So sind körperliche, also Muskelverspannungen oft die Begleiterscheinung von seelischen Verspannungen. Das kann zu Störungen in der Durchblutung des Herzens und schließlich zum Herzinfarkt oder zu Schädigungen am Knochenbau, vor allem an der lebenswichtigen und empfindlichen Wirbelsäule führen, weil die Muskelstruktur sich gemäß der seelischen Verspannung verändert. Der eine Muskel wird vom Bindegewebe durchsetzt, der andere wird kürzer und dicker, ein dritter in seinem Gewebe härter und bewegungsunfähig. So verändert sich z. B. die Körperhaltung bis zu ihrer Fixierung. Die freie Bewegungsmöglichkeit wird reduziert, körperlich und seelisch. Auch die seelische Reaktion wird eingeengt. Sie erstarrt zu einem begrenzten Verhaltensmuster.

Umgekehrt muß bei der innigen leib-seelischen Wechselwirkung die körperliche Entspannung natürlich auch zu seelischer Entspannung führen, sie mindestens in hohem Maß erleichtern. Jeder, der die tiefgreifend lockernde Wirkung einer guten Massage kennt, weiß das. Aber wie lange hält die seelische Entspannung dann vor? Gerade so lange, wie die körperliche reicht. Eben weil der Grund zur seelischen Verspannung dadurch nicht beseitigt wird! So ist ihre Wirkung immer nur von kurzer Dauer.

Demgegenüber ist der gesunde, normale Körper immer der, der sich im Spannungsausgleich befindet. Er bewegt sich mit einem Minimum an Kraftaufwand und einem Maximum an Leichtigkeit und Gelöstheit (»Eleganz«). Alle inneren Organe sind in der absolut richtigen Lage, es fehlt ihnen weder ihre natürliche Stützung noch sind sie irgendwie zusammengequetscht. Der Körper wird also nur im Mindestmaß abgenutzt: Er ist deshalb gesünder, »lebendiger«, elastischer, kräftiger und lebt länger.

2. Der Teufelskreis beim hochbelasteten Menschen

Die folgende schematische Darstellung zeigt in äußerster Kürze die Folgen des sprichwörtlichen Streß auf, d. h. die Summe der Störungsfaktoren des heutigen Lebens: Überforderung im Beruf, gar nicht so selten auch in der Familie, allerlei Sorgen und Ängste, Mißerfolg, menschliche Schwierigkeiten in der Ehe, mit Kindern oder mit Mitarbeitern. Oft verstärkt durch übermäßigen Konsum von Genußgiften, die anfänglich Hilfe zu bringen scheinen. Diese Überlastung geht mit gewissen Erschöpfungszuständen und mit einiger Nervosität einher. Sie führt zu seelischen Verspannungen, damit zu Entspannungsschwierigkeiten und Fehlhaltungen (die als Krankheiten in Erscheinung treten) und zum nervös bedingten Leistungsabfall, der seinerseits wieder die Überlastung verstärkt, so daß die seelischen Verspannungen noch schlimmer werden, und damit... haben wir ein Musterbeispiel von Teufelskreis vor uns, der in die Ausweglosigkeit und schließlich in den körperlichen und seelischen Ruin führen muß. Da es sich um einen sich ständig höherschraubenden Prozeß handelt, könnte man fast noch besser von einer Teufelsspirale sprechen.

Überlastung Nervosität Erschöpfung	→	*Verspannung* Entspannungsschwierigkeiten Überspanntheit Verkrampfung
↑		↓
Schwächung der Leistungskraft Nervös bedingte Leistungs-schwierigkeiten Tatsächlicher Leistungsabfall	←	*Psychosomatische Fehlhaltung* Krankheit, z.B. Kopfschmerzen, Schlaflosigkeit, Kreislaufstörung, Magengeschwür

Wie können wir diesen verderblichen Teufelskreis aufbrechen? Doch nur durch die Entkrampfung, d.h. durch die Lösung der übermäßig gespannten Kraft. Sie setzt die Überwindung der Entspannungsschwierigkeiten voraus. Das ist in erster Linie ein psychologisches Problem. Aus der Leib-Seele-Einheit des Menschen ergibt sich zwingend, daß die Entspannung sowohl von der seelischen als auch von der körperlichen Seite her erstrebt werden muß. Die Techniken, die diese Forderung in ganz natürlicher Weise erfüllen, werden in den folgenden Kapiteln dieses Buches behandelt.

Mit der fortschreitenden Entspannung in diesem Sinn, d.h. mit der steigenden Lösung der überspannten Kraft, muß sich die psychosomatische Fehlhaltung mit ihrem jeweiligen Krankheitsbild auflösen. Die Leistungskraft wird gestärkt, womit sich die Angst vor der Überlastung und diese selbst entsprechend mindern müssen. Denn: Selbst wenn die objektiven Leistungsanforderungen nicht sinken, wenn die Überlastungsfaktoren nicht beseitigt werden können, bildet sich mit der seelisch-körperlichen Entkrampfung die richtige innere Einstellung heraus. Der spätrömische Kaiser und Philosoph Mark Aurel sagt so treffend: »Unser Leben ist das, was unsere Gedanken aus ihm machen.« Man ist nicht mehr der Sklave der Anforderungen, man steht über ihnen. Man bekommt die gewisse Souveränität und Überlegenheit, die es von der Wurzel her leichter macht, mit ihnen fertig zu werden: Der seelische Druck bildet sich zurück und löst sich schließlich auf.

Mit der geänderten seelischen Einstellung können sich auch die körperlichen Krankheitssymptome bis zum voll entwickelten Magengeschwür hin auflösen. Der Organismus wird ohne einen schwerwiegenden physischen Eingriff wie zum Beispiel einer Operation wieder gesunden. Dafür gibt es viele überzeugende Beispiele. Ohne die Beseitigung der seelischen Wurzel des Übels bei bloßer körperlicher Behandlung mittels Medikamenten oder Eingriffen kann zwar eine vorübergehende Besserung erreicht werden, doch dann kommt unweigerlich der Rückfall, der noch stärkere Medikamente bzw. größere Eingriffe nötig macht.

3. Die Kraft der Vorstellung

Um viele Entspannungstechniken verstehen zu können, muß man die Kraft der Vorstellung erfaßt haben, die von der seelischen Seite her den Körper beeinflußt. Mit der rasch steigenden Erfahrung von der Entspannungswirkung stellt sich dann die unbewußte Erwartung dieser Wirkung ein, die sie ihrerseits noch beträchtlich verstärkt.

Jeder Mensch unterliegt der Kraft der Vorstellung. Das ist eine Tatsache, auch wenn sie von einem Rationalisten gelegentlich abgestritten wird. Zugrunde liegt die fundamentale psychologische Tatsache, daß *jedes Gefühl eine Stimmungsseite und eine Antriebsseite* hat:

- Die Stimmungsseite ist gekennzeichnet durch ein Bild, das wir in uns tragen, durch eine Vorstellung, die unser seelisch-geistiges Auge füllt.
- Die damit engstens verbundene Antriebsseite ist gekennzeichnet durch die Innervation ganz bestimmter Muskeln, die über

die Nervenzentren von der seelischen Seite her gesteuert werden, also durch Aktivität des Körpers.

Je nach der Art des Gefühls überwiegt die Stimmungs- oder die Antriebsseite, aber prinzipiell sind stets beide wirksam.

Hier liegt das sogenannte Geheimnis der Wirkungskraft von Bildern oder von Vorstellungen. Man spricht von der Psychomotorik. Man kann es treffend auch *das Gesetz des motorischen Miterlebens* nennen. Dafür eine Reihe von Beispielen:

- Der von seinen Ideen und Plänen Getriebene kann gar nicht anders als flott daherzuschreiten, während der Träumer gemächlich einen Schritt vor den anderen setzt. Der flotte Spaziergänger bleibt plötzlich stehen, wenn ihm das Gespräch mit seinem Freund höchste Konzentration auf einen ganz bestimmten Punkt abverlangt.
- Ein überzeugender Redner spricht mit allen Anzeichen der absoluten Entschlossenheit, im Interesse aller allen Schwierigkeiten zum Trotz entschieden zu handeln. Die Gesichter seiner ihm voll und ganz folgenden Zuhörer spiegeln diese Entschlossenheit ihrerseits sofort wider: in der Konzentrationsfalte zwischen den Augenbrauen, dem verbissenen Kiefer, dem konzentrierten Blick auf den Redner, darüber hinaus der angespannten Bauchmuskulatur usw.
- Der dem Fußballspiel gespannt Folgende sieht die einmalige Chance des Stürmers zum Torausgleich und tritt mit ihm zusammen mit aller Kraft den Ball ins gegnerische Tor – und landet mit seiner Fußspitze in der unschuldigen Wade seines Vordermanns.
- Wer ein total harmloses Scheinmedikament (»Placebo«) in der selbstverständlichen Überzeugung zu sich nimmt, es sei ein wirksames Schlafmittel, wird bald die erwartete Wirkung an sich verspüren und in tiefen Schlaf verfallen.
- Die Berührung durch einen Menschen, der höchsten Ekel erregt, kann durch die konzentrierte Vorstellung der Widerlichkeit an der Berührungsstelle rasch eine eitrig wirkende Blase hervorrufen.
- Die Haut eines Menschen, der sich in Hypnose befindet, wird

mit einer Bleistiftspitze angetippt, und gleichzeitig wird ihm gesagt, daß es ein glühender massiver Draht sei: Eine Brandblase an der Stelle der Berührung ist die Folge.

- Überhaupt bieten unter Hypnose stehende Menschen überzeugende Beispiele. Hier wirkt einzig und allein die durch nichts gehinderte Vorstellungskraft. Von ungezählten ähnlichen Versuchen hier nur ein einziger Bericht: Die Messung der Muskelkraft des Arms ergab bei einer Reihe von Versuchspersonen im Normalzustand durchschnittlich knapp über 100 Pfund. Durch die hypnotische Suggestion von Müdigkeit und Schwäche sank sie auf nur knapp 30 Pfund. Nach der Mitteilung, daß sie sich jetzt sehr gut fühlen würden und besonders stark seien, stieg sie indessen auf nahezu 150 Pfund.
- Bekannt ist die Durchführung von Operationen in der Hypnose, wobei der Operierte keinerlei Schmerzgefühl hat. Dabei muß gesagt werden, daß zuvor der gleiche Arzt diesen Patienten oftmals, bis zu mehrere dutzendmal, in tiefe Hypnose versetzt haben muß.
- In medizinischen Berichten ist gelegentlich von gewissen Scheinoperationen, z. B. einer Pseudotransplantation, zu lesen, wo unter allem chirurgischen Aufwand ein absolut harmloser Eingriff, der dieses Wort eigentlich gar nicht verdient, vorgenommen wird: Die Wirkung ist die gleiche wie beim echten operativen Eingriff.
- Der Yogi oder Fakir macht sich durch die Kraft seiner Gedanken unempfindlich gegen den Schmerz. Er kann über glühende Kohlen gehen oder ein glühendes Eisen ablecken, ohne sich zu verbrennen. Seine Vorstellung und absolute Überzeugung, daß ihm nichts geschehen *kann* oder daß es ein ganz normales Stück Eisen sei, bewahren ihn davor.
- Die Nonne erhält im religiösen Hochgefühl – so sagen die einen – oder im religiösen Wahn – so sagen die anderen – die Wundmale Christi. Ihre intensive Vorstellung der Details vom Leiden Christi bewirkt über die lokale Reaktion der Blutgefäße das Austreten der Blutflüssigkeit. Die meisten sogenannten religiösen Wunder haben hier ihre Erklärung.
- Auch die Medizinmänner und die Wunderdoktoren aller Zei-

ten profitieren von diesem psychologischen Zusammenhang. Das Wort der Bibel »Der Glaube kann Berge versetzen« hat hier die Quelle seiner Wahrheit.

Damit sind wir speziell bei der unermeßlichen *Bedeutung, welche die Kraft der Vorstellung für Gesundheit und Krankheit hat.* Jeder kritische Mensch kennt die Stärke des Einbildungsvorgangs bei Krankheiten. Dazu über die eben angeführten hinaus noch einige weitere Beispiele:

– Der Hypochonder braucht in seiner Wehleidigkeit nur den leisen Anflug einer körperlichen Störung zu spüren, und schon fühlt er sich todkrank.
– Man kann allein durch die Vorstellung krank werden. Hierzu ein bezeichnendes Erlebnis eines der beiden Verfasser: Während seiner Kriegsgefangenschaft vergiftete sich einmal ein hoher Prozentsatz der Lagerinsassen an einem Essig enthaltenden Kartoffelsalat, der in einer Zinkwanne zubereitet war. Die ruhrartige Epidemie ergriff nach ein bis zwei Tagen des Anschauungsunterrichts über ihre wenig appetitlichen Folgen auch eine Reihe von Leuten, die überhaupt keinen Kartoffelsalat zu sich genommen hatten.
– Ja, man kann aus Einbildung sterben. Etwa vor sachlich falschem, aber subjektiv tiefstgreifendem Schreck. So berichtet der Buchautor und Mediziner Dr. Eckart Wiesenhütter von einem Monteur, der bei der Reparatur einer Hochspannungsüberlandleitung auf der Stelle starb, als er versehentlich eine Leitung berührte. Er glaubte, sie stünde unter Strom, was aber tatsächlich gar nicht der Fall war. In der Literatur finden sich ähnliche Berichte aus ganz zweifelsfreier Quelle.
– Man kann durch absolute Gleichgültigkeit oder durch das Gefühl der absoluten subjektiven Sicherheit, nicht angesteckt zu werden, schwerster Ansteckungsgefahr entgehen. Das läßt sich schon bei fast jeder Grippeepidemie beobachten. Alte Chroniken, die über das fürchterliche Wüten der Pest berichten, beschreiben immer wieder solche Fälle.
– Umgekehrt führt die Angst vor Ansteckung sie fast zwangsläufig herbei. Und oft genug versagen dann alle rein physiologi-

schen Schutzmittel und Abwehrmaßnahmen. Auch das läßt sich bei jeder Grippewelle feststellen.

– Auf der anderen Seite kann man durch Einbildung von schwerer Krankheit genesen. Der berühmt gewordene französische Apotheker Emile Coué machte viele Kranke, darunter solche, die als unheilbar beurteilt waren, durch seine Methode der Selbstsuggestion wieder gesund. Er ließ sie von morgens bis abends positive Formeln aussprechen wie: »Es geht mir von Tag zu Tag besser«; »Meine Schmerzen sind heute schon geringer als gestern, morgen wird es noch besser sein«; »Ich werde wieder gesund«. Coué glaubte an die Kraft der unaufhörlich wiederholten Formel. Das Entscheidende: Die damit verbundene Vorstellung des Erfolgs mobilisiert sämtliche Kräfte des Organismus, die die Krankheit bekämpfen. Coué hat in vielen Variationen viele Nachfolger gefunden.

Ungezählte Beispiele dieser Art wären möglich. Die Lebenserfahrung zeigt es, und die Literatur berichtet über vielerlei Fälle. Der tiefsinnige Dichter Christian Morgenstern brachte das, worum es hier geht, in die extrem erscheinende und im Kern doch treffende Formulierung: »*Kein wahrhaft freier Mensch kann krank sein.*« Der wahrhaft freie Mensch steht über den Dingen, er ist im Spannungsausgleich. Er ist auch der Herr über seine Gedanken. Und die Gedanken sind eine starke Kraft. Über die Kraft der Vorstellung aktivieren sie den physischen Organismus in ihrem Sinn.

Sie brauchen nur die Menschen von durch und durch positiver Lebenseinstellung zu beobachten, die sich durch innere Ruhe und Gelassenheit, durch heiteres Wesen und Lebensbefriedigung auszeichnen. Dann wird sich Ihnen sofort bestätigen: Diese sind kaum je ernsthaft krank, und sie erbringen mit den ihnen gegebenen Kräften ein Optimum an Wirkung. Ihre seelische Hygiene (wie manche es nennen) ist der Schlüssel. Man darf etwas zugespitzt getrost sagen: Positive Lebenseinstellung (die im tieferen Sinn den echten Spannungsausgleich voraussetzt) und Gesundheit sind eins. Das wird sich in seinem psychosomatischen Zusammenhang im folgenden Kapitel noch deutlicher erweisen.

Übrigens *führt die Vorstellung sofort zu entsprechenden körperlichen Begleiterscheinungen.* Bei der Hinlenkung des Bewußtseins auf einen bestimmten Körperteil wie bei den eutonischen Kontaktübungen (3. Buchteil) ist es nicht anders. So erweitern sich auf der Stelle die Blutgefäße, was wiederum eine stärkere Durchblutung und damit zum Beispiel auch erhöhte Wärme des betreffenden Organs bewirkt. Diese körperlichen Begleiterscheinungen sind objektiv zu messen, etwa auch in Veränderungen im EKG und EEG. Das haben vielfache Untersuchungen eindeutig nachgewiesen.

4. Der reflektorische Ablauf im Nervensystem

Man unterscheidet in der Physiologie unbedingte oder angeborene Reflexe und bedingte oder erworbene. Die unbedingten Reflexreaktionen laufen zumeist über das Rückenmark. Sie laufen sozusagen vollautomatisch ab. Zu ihnen gehören z.B. der Pupillenreflex (bei Einfallen von Licht), der Würgreflex (bei Berührung des Rachens) oder der Patellarsehnenreflex (bei Klopfen auf eine bestimmte Stelle an der Kniescheibe). Die bedingten oder erworbenen Reflexe laufen demgegenüber über das Großhirn, das Steuerungsorgan für alle Bewußtseinstätigkeiten seelischer und geistiger Art. Bei diesen spricht also auch die Erfahrung des Menschen mit.

Für diese erworbenen Reflexe ein deutliches Beispiel, das Sie alle kennen. Unsere *Speicheldrüsen* unterliegen dem angeborenen Reflex, bei Nahrungsaufnahme zwangsläufig sofort Speichel abzusondern. Willkürlich, also auf bewußten Befehl hin, kann niemand den Speichelfluß bewirken. Sie wissen aber alle, daß Sie bestimmte Speisen, etwa ein besonders leckeres Mahl oder gar Ihre Lieblingsspeise, nur zu sehen, etwas davon zu riechen oder davon nur zu hören brauchen. Sie brauchen nur das Bild dieser Speise vor Ihr geistiges Auge zu bekommen, Sie brauchen sie sich nur vorzustellen (wie wir knapp und präzise dazu sagen). Und schon »läuft Ihnen das Wasser im Mund zusammen«, wie die bekannte Redensart sagt. Das heißt, schon stellt sich der Speichelfluß ein, auch wenn Sie tatsächlich gar nichts zu sich nehmen.

Das ist ein einfaches und treffliches Beispiel für die bedingte Reaktion des erworbenen reflektorischen Ablaufs in unserem Nervensystem und damit in unserem Organismus. In diesem Fall hat jeder von uns die Fähigkeit dazu schon in der frühen Lebenszeit erworben. Es ist uns nur nicht bewußt. Diese bedingten Reflexe entdeckte übrigens der berühmt gewordene russische Physiologe Iwan Pawlow, wofür er 1904 den Nobelpreis für Medizin erhielt.

Was also willkürlich und direkt nicht möglich ist, erreichen Sie automatisch auf dem *Umweg über die bildhafte Vorstellung,* die das vegetative Nervensystem (das die unbewußt verlaufenden Lebensprozesse steuert) auf der Stelle beeinflußt. Anders ausgedrückt: Während wir mit unserem Willen in das vegetative Nervensystem direkt nicht eingreifen können, können wir es doch indirekt über die Vorstellung, die wir als Großhirnfunktion sehr wohl bewußt einzusetzen vermögen. Der psychophysische Mechanismus: seelisch-geistige bildhafte Vorstellung – körperliche Reaktion bewirkt es. Ergebnis: Wenn wir uns die Kraft der willkürlichen Vorstellung zunutze machen, können wir ständig wirksame Reflexreaktionen erwerben und so in unwillkürlich ablaufende Lebensvorgänge eingreifen. Oder noch knapper formuliert: Jeder Mensch kann durch willkürliche Vorstellungen unwillkürlich ablaufende Körperfunktionen beeinflussen.

Nur einen kleinen Schritt weiter liegt die Erkenntnis, daß die *ständige Wiederholung der bildhaften Vorstellung mit ihren psychophysischen Folgen* die Einübung und Verfestigung dieses Prozesses bewirkt. Schließlich stellt sich der reflektorische Ablauf im Nervensystem bis zur Endphase geradezu zwangsläufig und automatisch ein. Eine bestimmte Vorstellung, also die Hinlenkung des Bewußtseins auf einen bestimmten Zusammenhang, führt dann, wenn sich dieser psychologische Prozeß gleichsam in feste Geleise eingegraben hat, auch nahezu mit Sicherheit zu einem ganz bestimmten Ergebnis. So ist zum Beispiel von Schiller bekannt, daß er fast immer angefaulte Äpfel in seinem Schreibtisch hatte. Er ging soweit zu behaupten, daß er nicht gut arbeiten könne, wenn er sie nicht riechen würde. Vermutlich hatte er schon in seiner Jugend einmal eine auffallend gute Idee oder Inspiration, während er den Geruch faulender Äpfel in der Nase hatte. Die »Erkenntnis« des Zusammenhangs zwischen diesem typischen Geruch und der geistigen Befruchtung endet dann nach einiger Zeit in diesem individuell erworbenen Reflex. Übrigens werden von Künstlern vielfach solche höchstpersönlichen reflektorischen Abläufe berichtet, die dann zuweilen einen gefährlich zwanghaften und manchmal schon tickartigen Charakter annehmen können.

Verschiedene Entspannungstechniken beruhen auf diesen bedingten oder erworbenen reflektorischen Verbindungen in unserem Nervensystem: So auch das Autogene Training*. Wesentlich ist dabei das ständige Üben der wichtigen Grundübungen, wobei die Zeitdauer immer kürzer werden kann. Aber die Abfolge der einzelnen Gedanken bzw. Vorstellungsbilder muß immer dieselbe sein. Durch diese ständige und konsequente Übung treten dann wie beschrieben sozusagen automatisch die entsprechenden körperlichen Folgen ein.

Ein treffliches Beispiel von erheblicher praktischer Bedeutung gibt eine bestimmte, im Kern sehr einfache *Technik des raschen Einschlafens* durch die Konzentration auf ein beruhigendes Vorstellungsbild. Die Leib-Seele-Einheit verlangt dabei das Einnehmen einer Körperhaltung, die eine totale oder annähernd totale Entspannung der Muskeln bewirkt. Man begibt sich also zuerst in eine derartige Position: entweder die Toten- oder Leichenstellung (die Sawasanahaltung des Yoga, ähnlich der im folgenden Teil dieses Buches auf Seite 106 beschriebenen) oder aus ganz praktischen Gründen auch die Kutschbockstellung (aus dem Autogenen Training von Prof. Schultz), wenngleich sie wegen des verkrümmten Oberkörpers ihre Nachteile hat. Hat sich das Ganze eingespielt, kann man auch jede andere als ausgesprochen bequem empfundene Haltung im Sessel, auf einer schmalen Couch oder dem Autositz einnehmen.

Dann konzentriert man sich gleichsam spielerisch – nicht forciert – auf ein durchaus beruhigendes Vorstellungsbild. Gewissermaßen klassische Arten davon sind:

* Im fünften Teil dieses Buches wird von diesen Entspannungstechniken die Rede sein.

1. Die Vorstellung, am Ufer eines Sees oder Flusses, am Strand des Meeres zu sitzen und auf die leichte Dünung des Wassers hinauszublicken. Wo immer man hinsieht: leichte gleichmäßige Wellen, die eine nach der anderen auf einen zulaufen, zum Beispiel auf den flachen Sandstrand auflaufen und unter dem Platzen kleiner Gischtblasen verlaufen. Im Ohr hat man nichts anderes als das immer wiederkehrende typische Geräusch dieses Vorgangs.
2. Die Vorstellung eines riesigen Getreidefeldes vor dem Schnitt: Der Wind streicht darüber hinweg und bewirkt das sanfte und nicht endende Wiegen und Wogen der unendlichen Fläche von schweren dunkelbraunen Ähren und Halmen. Vielleicht am fernen Horizont ein Bergzug. Rundum hochsommerliche Atmosphäre, Insektensummen, Stille.
3. Irgendeine Wiesen- oder Waldlandschaft von grüner Farbe, mehr oder minder hügelig, von harmonischem Charakter, bei nahezu totaler Stille, die höchstens dann und wann von einem Vogelruf durchbrochen wird.
4. Irgendeine beruhigende Landschaft, die einem aus der Jugendzeit oder von einem Urlaubserlebnis her ans Herz gewachsen ist, mit ähnlichen Eigenschaften wie unter Ziffer 3 geschildert.

Je mehr es einem gelingt, sich in der beschriebenen körperlichen Entspannungsposition dem Beruhigungsbild voll und ganz hinzugeben, um so rascher wird man in den Schlaf verfallen. Wer sich zu diesem Zweck immer das gleiche Bild vorstellt, mit immer dem gleichen Gedankenablauf, wird bald feststellen, wie sich dieser psychophysische Prozeß in ihm einspielt. Es bildet sich der reflektorische Ablauf mit der Wirkung aus, daß er immer rascher einschläft. Schließlich kann er gewiß sein, daß er auch bei unruhiger äußerer Umgebung in zwei bis drei Minuten einnickt. Das gleiche Verfahren hilft natürlich auch beim abendlichen oder nächtlichen Einschlafen.

Das eine Beispiel soll genügen. In allen Spielarten der *konsequenten Autosuggestion* spielt der »psychologische Mechanismus« des erworbenen Reflexes seine entscheidende Rolle. Die richtige Autosuggestion, die sich wohl am besten mit »gezielte Selbstbeeinflussung« übersetzen läßt, verlangt:

- die eindeutig immer nur positive Formulierung des Ziels (also nicht: »Ich habe keine Angst mehr«, sondern: »Ich bin ganz sicher und ruhig«),
- die geistige Vorwegnahme des erstrebten Ziels, des Erfolgs in der Vorstellung, und zwar in plastischen Einzelheiten, und damit die Aktivierung der Kraft, um den Organismus zu beeinflussen, und
- die hinreichend lange Übung: Erst sie sichert den Erfolg. Dieser Prozeß braucht seine geraume Zeit. Denn eine ausreichend lange, mindestens über mehrere Wochen gehende, tägliche konsequente Selbstbeeinflussung ist nötig, um die angestrebte Wirkung des reflektorisch gesicherten Ablaufs der inneren Vorgänge sicherzustellen.

Der erworbene Reflex ist für viele Entspannungs- und persönlichkeitsbildende Methoden wesentlich. Jedoch spielt er keine Rolle bei den Techniken, die im Hier und Jetzt wurzeln, die sich folglich stets an die Realität des Augenblicks halten. Dies ist der Fall bei der Eutonie und bei der Zen-Meditation, die im dritten und vierten Teil dieses Buches vorgestellt werden.

5. Die oberflächliche Rolle des bewußten Verstandes: Der Mensch als Gefühls- und Erlebniswesen

An dieser Stelle ist es für das Verständnis jeder Entspannungstechnik und jeder Spannungslehre unerläßlich, daß wir uns in einem psychologisch tieferen Sinn mit uns selbst beschäftigen, und uns den eigenartigen Aufbau der menschlichen Persönlichkeit mit seinen Gesetzlichkeiten klarzumachen versuchen, denen wir alle unterworfen sind. Die folgende Skizze veranschaulicht schematisch das Wesentliche.

Das *Wesen des Menschen* können wir uns symbolisch dargestellt denken in einem etwa gleichseitigen Dreieck. Es steht auf einer seiner drei Seiten massiv im Raum und verjüngt sich nach oben hin immer mehr zu seiner Spitze. Leider müssen wir sofort einen Trennungsstrich quer durch das Dreieck hindurchziehen,

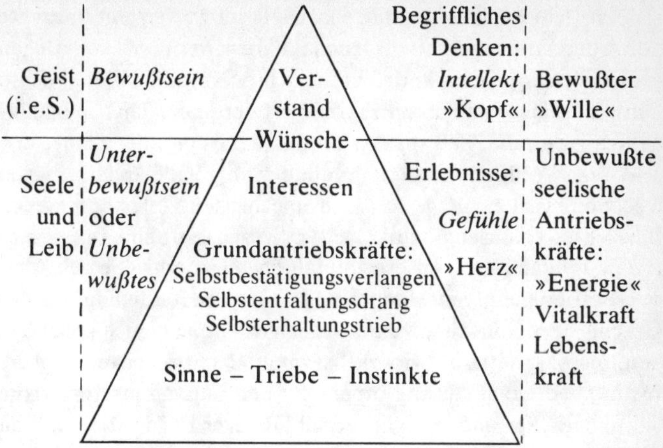

und zwar ein gehöriges Stück nach oben hinauf versetzt. Er bringt das zum Ausdruck, was Goethe im Faust in die berühmt gewordenen Worte kleidete:

»Zwei Seelen wohnen, ach, in meiner Brust!
Die eine will sich von der andern trennen…«

Jeder von uns kennt den Widerstreit dieser zwei Seelen in sich. Wir brauchen oberhalb dieses Trennungsstriches nur den Begriff des Bewußtseins zu setzen (Geist im engeren Sinn) und unterhalb den des Unterbewußten oder des Unbewußten (Seele und Leib), dann haben wir die psychologisch treffende Scheidelinie erfaßt. Alles was nicht in unserem ganz bewußten Auffassen der tausendfältigen Eindrücke unseres Lebens, was nicht in unserem ganz bewußten Denken, Disponieren, Berechnen, Vorausplanen, Wollen enthalten ist, befindet sich unterhalb dieses Trennungsstrichs.

Bauen wir den Menschen in seinen wesentlichen Schichten von unten her auf: In der tiefsten Tiefe unserer Natur liegt *die animalische Grundschicht*, die wir mit allen Lebewesen dieser Welt gemeinsam haben. Es sind zunächst unsere Sinne, die uns die Welt vermitteln. Sie sind die Basis unseres Erlebens und unseres Denkens. Was uns unsere Sinne nicht zuführen oder jemals zugeführt haben, das existiert nicht für uns! Wer etwa einen beschränkten

Farben- und Formensinn hat, für den ist diese Welt viel weniger schön und interessant als für jeden anderen, der ihm da überlegen ist. Sein einziges Glück: daß er es nicht weiß, nicht wissen kann. Darin liegt der fast unschätzbare Wert der demnächst zu behandelnden Eutonie, daß sie den fundamentalsten aller Sinne, den Tast- und Fühlsinn, und mit ihm in der Folge alle anderen Sinne weckt und verlebendigt. Das muß eine aus den Tiefen kommende Bereicherung unserer individuellen Wesensart bedeuten. – Natürlich sind hier auch unsere animalischen Grundtriebe beheimatet: Befriedigung von Hunger und Durst, Befriedigung unserer Geschlechtsbedürfnisse, ohne die sich das Leben, auch unser Leben, niemals hätte entwickeln können. Hier liegen auch unsere Instinkte, diese Steuerungsorgane für den Einsatz unserer Triebe in animalischer und in jeglicher sublimierter Form, wie sie beim Menschen hundertfach anzutreffen ist.

Unmittelbar über dieser tiefsten Grundschicht bauen sich *die entscheidenden Grundantriebskräfte des menschlichen Tuns und Lassens* auf. Wir dürfen sie getrost in drei Gruppen zusammenfassen:

- Die erste ist der Selbsterhaltungstrieb, der sich auch als Selbstbehauptungsdrang oder als Selbstdurchsetzungsverlangen in seinen vielen Spielarten äußert. Er hängt am engsten mit der Tatsache des animalischen Existierens in einer Welt zusammen, die nicht immer die freundlichste ist.
- Die zweite vielfach übersehene Gruppe von Antriebskräften baut sich um den Selbstentfaltungsdrang herum auf, für den wir auch Selbstverwirklichungsstreben sagen können. Jeder Mensch hat das Urbedürfnis, sich mit seinen ihm innewohnenden Kräften nach außen hin verwirklichen zu können. Beobachten Sie nur kritisch die Ehe, die Erziehung, das Zusammenleben und -arbeiten in irgendeiner menschlichen Gruppe oder die Menschenbeeinflussung bei Verkauf oder Verhandlung. Dann wissen Sie sofort von der fundamentalen Bedeutung dieses Selbstentfaltungsdrangs.
- Und die dritte ergibt sich aus dem tiefverwurzelten Selbstbestätigungsverlangen eines jeden Menschen in seinen beiden Seiten: Der negativen, an den anderen Leuten immer gesehen und

verurteilt, die wir Geltungsbedürfnis oder Eitelkeit nennen, mit ihren vielen Schattierungen. Und der positiven, die so oft mißachtet wird und für jede Beeinflussung von Menschen doch von unendlicher Bedeutung ist, dem schlichten Verlangen nach Anerkennung und Bejahung. Ohne die kaum irgend jemand ein auch nur halbwegs glückliches Leben führen kann.

Wann immer Spannungen zwischen Menschen auftauchen, führen sie am Ende auf die Mißachtung oder gar die Vergewaltigung dieser drei Grundantriebskräfte zurück. Sie brauchen es im praktischen Leben nur kurze Zeit konsequent zu beobachten, und Sie werden daraus rasch Ihre Folgerungen ziehen können. Sehr zum Glück und Vorteil von Ihnen selbst, ebenso wie der betroffenen Menschen.

In den Schichten, die sich in unserem Dreieck auf diesem Fundament unserer Persönlichkeit weiter nach oben hin aufbauen, machen sich nun *die vielfältigen Interessen* oder Strebungen, Neigungen, Triebfedern, Dränge – und wie wir sonst dafür sagen – bemerkbar. Es gibt eine Fülle von materiellen und sinnlichen, von gefühlsmäßigen und geistigen Interessen. Was sind sie anders als immer nur besondere Erscheinungsformen unserer soeben beschriebenen Grundantriebskräfte? In der *Welt unserer Wünsche*, die noch mehr aus dem Dunkel unseres Unterbewußten nach oben hin in das Licht der bewußten Erkenntnismöglichkeit gerückt ist, wird uns ein kleiner Teil dessen erkenntlich, was uns ständig bewegt und antreibt. Deshalb finden Sie das Wort in unserem Schema nur im obersten Teil der Buchstaben oberhalb jenes entscheidenden Trennungsstrichs. Der weitaus größte Teil wird uns nicht bewußt, was aber an der bewegenden Kraft dieser Wünsche nicht das Geringste ändert.

Alles das, was unterhalb des Querstriches liegt, der unsere Persönlichkeit aufspaltet, dürfen wir getrost unter dem Oberbegriff der *Gefühle* zusammenfassen. Immer wenn wir nicht wissen, was in uns vorgeht, warum wir etwas Bestimmtes denken oder empfinden oder möchten, sagen wir bezeichnenderweise: »Ich habe das Gefühl...«, – zum Beispiel –

– »...daß mein Chef seit einiger Zeit etwas gegen mich hat.«

– »...daß ein bestimmter Politiker von eloquentester Argumentation am Ende doch nur an seine Person denkt.«
– »...daß Herr X grundanständig und schwerbeweglich ist.«
– »...daß ich mich jetzt nur wenige Minuten flott bewegen müßte, dann wäre ich wieder ganz anders da.«
– »...daß ich jetzt eine ganz schwierige Sache anpacken sollte, und ich könnte sie schnell und gut erledigen.« usw.

Frage: Was spielt, wenn wir ein solches »Gefühl« haben, unser bewußtes Denken für eine Rolle? Die Antwort kann nur lauten: Gar keine oder höchstens eine ganz nebengeordnete. Das Gefühl gibt uns kund, was sich in unseren tieferen Schichten regt. Und die Auswirkung? Unser Verstand ist sofort im Sinn dieses Gefühls »vorprogrammiert«, wie man heute so treffend sagt.

In das kleine Dreieckchen oberhalb des Trennungsstrichs in unserem Schema, das dem breitgelagerten Gefühlsunterbau gleichsam nur aufgepfropft ist, gehört das hinein, worauf wir Menschen immer so stolz sind, und was wir heute im allgemeinen so maßlos überschätzen: *unser Verstand*. Genauer gesagt: unser bißchen Verstand. Denn gemessen an den Antriebskräften, die uns in Wahrheit bewegen, besitzen wir alle wahrhaftig nur ein bißchen Verstand! Die Sprache drückt es schon so treffend mit dem Begriff der *Leidenschaft* aus; diesem besonderen Wort für ein starkes und tiefes und nachhaltiges Gefühl. *Sie* beherrscht *uns,* sie reißt *uns* mit *sich* fort. In der Leidenschaft »erleiden« wir etwas. Da *tun* wir nicht, da *werden* wir getan! Es gibt so viele Leidenschaften, wie es echte Interessen und Antriebskräfte in uns gibt: Nicht nur die der Liebe oder des Sexus. Es gibt eine Leidenschaft des Sammelns, des Erkenntnistriebs, der Fürsorge, des Arbeitens, des Abenteuerns usw. usw. Wenn uns eine Leidenschaft gepackt hat, dann sind in diesem dunklen, reichlich geheimnisvollen Untergrund unseres Wesens, in den wir nicht hineinschauen können, unsere unterbewußten Antriebskräfte erwacht. Sie reißen *uns*, d. h. das bißchen bewußte Erkenntnis von uns selbst, mit *sich* fort. Unser Verstand ist dann von diesen Gefühlskräften gleichsam weggeschwemmt. Was hat er noch zu sagen, wenn sie in uns lebendig werden? Schiller läßt Wallenstein das Wort sprechen:

»Hab' ich des Menschen Kern erst untersucht,
so weiß ich auch sein Wollen und sein Handeln.«

Des *Menschen Kern sind seine Antriebskräfte*. Es ist niemals der Verstand. Wie kümmerlich sind doch dessen Wirkungsmöglichkeiten, wenn sich die Gefühle mit ihren starken Triebkräften, Wünschen und Sehnsüchten rühren! Wie schwach erweist sich in dem ständigen Widerstreit von Herz und Kopf der Kopf, wenn das Herz etwas zu erreichen strebt! Wie klein im Vergleich zu den starken inneren Antriebskräften, d. h. zu der vom bewußten Verstand zunächst noch ganz ungeregelten »Energie«, ist doch unser bewußter »Wille«! Er bedient sich dieser Energie, der Lebenskraft, und wird erst damit zur »Willenskraft«. Ja, Verstand und Wille sind auf weite Strecke doch nichts anderes als nur die Helfer, die Diener dessen, was wir »wollen«; das ausführende Organ. Präziser gesagt: Dessen, wozu wir aus unseren untergründigen Antriebsschichten heraus getrieben sind. Wenn das Herz etwas will, findet der Verstand schnell eine Begründung. Umgekehrt gelten gegen Gefühle keine Verstandesargumente. Hat man aber die Gefühle eines Menschen auf seiner Seite, dann kommt sein Verstand in aller Regel von selber nach.

Schlußfolgerung: Machen wir uns doch frei von der unseligen Überschätzung des Menschen als eines Verstandeswesens, als eines logischen Wesens. *Der Mensch ist kein Verstandeswesen*, keine Ausgeburt der Logik. Er ist ein *psycho*logisches Wesen: zu allererst ein Wesen aus Fleisch und Blut, ein Gefühlswesen, ein Erlebniswesen. Auf seine Gefühls- und Antriebsschichten, auf sein Herz kommt es oft weit mehr an als auf seinen Verstand. Was nützt der noch so perfekte einseitige, oft verbissene Kampf bloß um das Gehirn, um den Kopf eines anderen Menschen (der vielfach nur unnötige Spannungen herausfordert!)? Wer das Herz des anderen gewonnen hat, der hat ihn ganz und gar gewonnen. Der hat seinen Verstand von ganz allein mitgewonnen.

Schließlich liegen auch *die menschlichen Überzeugungen* nicht im Intellekt, nicht im Verstand begründet, sondern in der Tiefe des Gefühls. Wenn es wirklich echte, tiefverwurzelte Überzeugungen sind und nicht bloß als Überzeugung ausgegebene intellektuelle oder gar intellektualistische Ansichten. Sie kann man – wie die bekannte Redensart sagt – wechseln wie ein Hemd. Die echte Überzeugung aber gewiß nicht.

Wer diese vielleicht einseitig erscheinenden Ausführungen in ihrer Richtigkeit bezweifelt, der möge sich einen Augenblick auf die *Entwicklungsgeschichte des Menschen* besinnen. Die Forscher sind sich heute weitgehend darin einig, daß man von einem Menschen als einem selbständig denkenden Wesen (das etwa Werkzeuge zu schaffen in der Lage war) erst seit relativ kurzer Zeit sprechen kann. Sein Alter wird je nachdem auf sechshunderttausend bis wenige Millionen Jahre geschätzt. Was ist das für eine geradezu lächerlich kleine Zeitspanne gemessen an der Entwicklung des Lebens in unserer Welt, die man mit rund zweieinhalb Milliarden, also zweitausendfünfhundert Millionen Jahren veranschlagen kann! Von der der Mensch doch nur die höchste Entwicklungsstufe darstellt. Allein diese Überlegung sollte die letzten Zweifel daran schwinden lassen, daß der Kern des Menschen nicht das späte Entwicklungsprodukt »Verstand« sein kann. Daß dieser seinem wahren Wesen vergleichsweise wahrhaftig nur aufgepfropft ist, und daß er im Kern nach wie vor ein Gefühls- und Erlebniswesen sein muß, getrieben von seinen Antriebskräften.

Selbstverständlich *kommt die heutige Überschätzung des Verstandes nicht von ungefähr.* Sie ist in der Tat sehr verständlich, wird doch in unserem, dem christlich-abendländischen Kulturkreis seit Beginn der großen naturwissenschaftlichen Entdeckungen in steigender Form immer nur eines gefragt: Intellekt, Wille, Leistung. In unserer einseitig naturwissenschaftlich orientierten Welt von heute muß immer mehr Verstand in immer kleinere Denkbereiche investiert werden, um noch weitere Fortschritte zu erzielen. Also schauen wir alle mehr oder weniger fasziniert immer nur auf den Verstand. Und wenn irgend etwas bei der heutigen Ausbildung ganz systematisch geschult wird, dann ist er es. Man möchte fast sagen: Vom ersten bis zum letzten Tag des Lebens. Dabei sind die Gefühlsunterschichten, z.B. die Lebendigkeit der Sinne, die Basis auch für jegliches Denken. Ganz zu schweigen davon, daß sie, in erster Linie nur sie, das ausmachen, was wir das Wohlbefinden, das Glück des Menschen nennen.

Werden sie jemals irgendwo systematisch ausgebildet? Wenn überhaupt, dann allenfalls am Rand. Weshalb sollten sie auch ausgebildet werden? Sie stehen der Leistungsfähigkeit doch immer wieder im Weg. Sie sind ein Störungsfaktor! – Im Grund kann der westliche Mensch die Welt nur einseitig durch die Brille seines Verstandes sehen. Im Grunde *muß* er aus der Ausgewogenheit der Persönlichkeit, sozusagen aus der Mitte des Menschen herausgerissen, er *muß* »kopflastig« sein. Darf man sich dann auf der anderen Seite wundern über die steigende innere Unzufriedenheit des heutigen Menschen? Uns geht es materiell so gut wie noch nie, doch verspüren wir dabei das steigende Gefühl des Unbehagens.

Wenn für die meisten Menschen von heute der Verstand mit seiner Grundlage des begrifflichen, abstrakten Denkens die Krone des Menschseins darstellt, dann ist es höchste Zeit, sich über seine Grenzen schonungslos Klarheit zu verschaffen. *Innerhalb seiner Grenzen ist der Verstand* ein großartiges Werkzeug, und er bringt uns unendlichen Nutzen. *Wenn wir ihn aber ohne Schranken auf den Thron erheben,* machen wir uns zu seinem Sklaven. Wir werden von ihm in Fesseln gelegt und um unsere wahre menschliche Würde und Freiheit, um unser »Glück« gebracht. Wir werden an unserem Menschsein krank, und wir sind es in der Tat geworden. Der heute Lebende kann kaum noch die lebendige Schönheit der Natur, etwa einen selten schönen Sonnenuntergang, genießen: Fällt unser Auge zufällig auf einen in der Nähe vorbeifahrenden neuen Autotyp, dann sind Kopf und Herz bei der Technik. Fällt es auf einen im Abendrot dastehenden Wald, beginnen wir ein Selbstgespräch über den steigenden Preis von gutgewachsenem Holz. Selbst beim intimen Sexualerlebnis meldet sich sofort der alles beobachtende Verstand und »zersetzt« erfolgreich das tiefe Glücksgefühl der durch nichts eingeschränkten wechselseitigen Hingabe an den Partner. Der bewußte Verstand, das »Ich«, ist sofort zur Stelle und reißt das überwältigende Einssein auf zum bloßen Gebrauch zweier Körper. Instinktiv erfühlt man, daß man das Beste verloren hat. Dem jagt man dann durch häufigen Wechsel des beteiligten Körpers in der – vergeblichen – Hoffnung nach, es eines Tages doch zu finden.

So ist *der Mensch von heute zum Sklaven der von ihm selbst gemachten Weltordnung* geworden. Noch klarer gesagt: Er hat sich selbst dazu gemacht, ohne es zu ahnen, ohne es zu wissen. So degradiert er zum bloßen Funktionär einer Welt, die nur noch Zweck, oft nur Selbstzweck ist. Mit ihrer eigenständig gewordenen Gesetzlichkeit, der sich alles zu unterwerfen hat, in erster Linie der Mensch selber. Wir nennen sie jeweils Wirtschaftsordnung, Produktionsmethode, Unternehmen, Betrieb, Verband, Partei, Staat, Organisation. Über allem steht der omnipotente Begriff der Rationalität. Die starr von der Ratio, dem Intellekt, dem nüchternen Kalkül geprägten Ordnungen beherrschen uns.

Das Leben selbst wird »gemacht« und zu einer Art Gegenstand. Man kann es ja wie alle anderen Gegenstände auch mit berechnendem Verstand und mit »klarem, starken Willen« organisieren. So ist es heute, das Berufsleben allemal, weitgehend entpersönlicht, entmenschlicht und wird es im Zeichen der elektronischen Datenverarbeitung und der Computer oder Denkmaschinen immer mehr. Wo früher das persönliche Gespräch die Menschen miteinander verband, da herrscht heute das optische oder akustische Signal, die Kontrolluhr, ein Arbeitszettel, der automatische Zwang der Maschine oder des Fließbands, die abstrakte Zahl der Kennziffer. Der kalte Verstand, die seelenlose Rationalität herrscht in der Tat über den Menschen.

Und wenn er sich in seiner Individualität dem nicht beugt, dann stimmt eben an diesem Menschen etwas nicht. Dann muß man ihn zwingen oder – über ihn hinweggehen. Jetzt ist es ja seine »Schuld«. Warum kann oder will er sich auch der Gesellschaft und ihren notwendigen Forderungen nicht einfügen?! Wie sehr diese Welt, die wir uns geschaffen haben und auf die wir oft so stolz sind, eine unmenschliche Welt geworden ist, das merken wir zu unserem oberflächlichen Glück nur nicht mehr.

Unsere unbewußten Gefühlsbedürfnisse bleiben zutiefst unbefriedigt. Sie leiden an den seelisch unverdauten, sie gleichsam vergewaltigenden Erlebnissen des Alltags und revoltieren dagegen. Vergeblich sucht die unausgefüllte Seele nach Erfüllung, nach Glück und Geborgenheit, nach innerem Halt. Da sie das Gesuchte nirgends finden kann, täuscht sie sich im betriebsamen

Abwechslungsbedürfnis geflissentlich über die eigene innere Leere hinweg. Was der heutige Mensch insgeheim am meisten ersehnt, findet er fast nirgendwo. So werden Unzufriedenheit und Angst, genauer gesagt: viele Ängste, seine ständigen Begleiter.

Und das Fazit dieser wenig positiven Betrachtungen, zu denen uns der eigenartige Aufbau der menschlichen Persönlichkeit hingeführt hat? Es sind absolute Gesetzlichkeiten, denen wir alle unterworfen sind: Wenn wir uns vom Druck des heutigen Lebens befreien wollen, wenn wir im echten Sinn wieder Menschen werden wollen, dann müssen wir uns freimachen von dieser Kopflastigkeit unseres Wesens. Dann müssen wir, soweit das nur möglich ist, in die Harmonie des Persönlichkeitsaufbaus zurückfinden. Dann müssen wir in unsere unbewußten Gefühls- und Antriebsschichten im rechten Sinn hineinzuwirken lernen. Nur dann können wir in uns das ändern und besser machen, was uns bedrückt. Nur dann können wir unser Leben in einem tieferen Sinn wieder lebenswert machen. Indem wir die königliche innere Freiheit wiedergewinnen, die uns auch in unserer Welt von heute immer noch verbleiben kann und die uns von außen niemand und nichts nehmen kann.

6. Von der Überwindung der Kopflastigkeit oder: Die Stufen unseres Bewußtseins

Es kommt also in erster Linie darauf an, daß wir uns von unserer Kopflastigkeit befreien. Je mehr uns das gelingt, um so mehr werden wir wieder das Glück der vollen Persönlichkeit erleben dürfen. Das, worum es hier geht, wird sich uns am leichtesten aufschließen, wenn wir uns zunächst die verschiedenen Bewußtseinszustände des Menschen klarmachen. (Sollten dem einen oder anderen Leser die folgenden Darlegungen dieses Kapitels bei der ersten Lektüre nicht voll verständlich sein, so wird er sie nach der Beschäftigung mit den weiteren Buchteilen gewiß in ihrer ganzen Bedeutung erfassen können. Überhaupt sei empfohlen, gerade dieses Kapitel später nochmals aufmerksam zu lesen. Es wird sich sicherlich lohnen.)

Nach den Darlegungen des letzten Kapitels wird das keine besonderen Schwierigkeiten machen. Sofern wir uns nur an die Realität menschlichen Lebens halten und nicht der Gefahr verfallen, uns in unrealistische mystische Gedankengebäude zu verlieren. Leider geschieht das gar nicht selten. Es führt dann zu Überlegungen und oft zu reichlich intellektualistischen Konstruktionen, die uns für die Praxis des Lebens wenig oder nichts bieten. Bleiben wir also bei der im Kern einfachen psychologischen oder psychologisch-anthropologischen Methode, die wir schon seither angewendet haben. Sie wird uns alles bringen, was im Rahmen des hier behandelten Themas für unser praktisches Leben wesentlich ist. Dabei lehnen wir uns an die Gedankengänge Ouspenskys an*, die in hohem Maß die Ereignisse unserer eigenen jahrelangen Bemühungen um diese Hintergründigkeit der persönlichkeitsbildenden Techniken wiedergeben.

Zunächst eine Vorbemerkung: Gehen wir in Anlehnung an unser im einzelnen besprochenes Dreieck mit dem Trennungsstrich von den zumeist gebräuchlichen Bezeichnungen aus, dann können wir die zwei »Seelen«, die da, ach, in unserer Brust wohnen (Goethe), als das ICH und das ES (*Ich* handle. Aber *es* bildet sich ein Gefühl in mir.) kennzeichnen. Das bewußte ICH liegt oberhalb jener bedeutungsvollen Trennungslinie. Es umschließt, wie das Schema auf Seite 69 zeigt, Verstand und Wille, die aus der Fähigkeit des begrifflichen Denkens, des Abstandnehmens von sich selbst, erwachsen. Das unbewußte ES ist die Basis für das ICH. Es liegt unterhalb des Querstriches und umgreift die vielfältige Welt unserer Erlebnisse und Gefühle. Hier die denkbar einfachste Form der Darstellung:

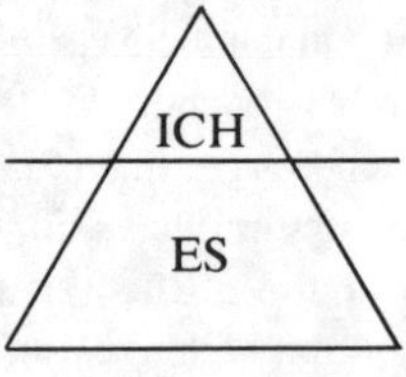

* P. D. Ouspensky: »Vom inneren Wachstum des Menschen – Der Mensch und seine mögliche Evolution, eine psychologische Studie.« Otto Wilhelm Barth-Verlag, Weilheim/Oberbayern 1965.

Nun *zum ersten und zu dem Bewußtseinszustand*, den wir als solchen kaum empfinden, weil er eine tägliche Selbstverständlichkeit unseres Lebens darstellt und als Bewußtseinszustand denkbar unproblematisch ist. Es ist der *Schlaf*, in dem unser bewußtes ICH ausgeschaltet ist. Wir sind ganz passiv und durch das ausgeschaltete Bewußtsein durch und durch ein subjektiv-animalisches Wesen. Allenfalls hinterlassen die regellosen Träume und die zufälligen Sinnesempfindungen bescheidene Spuren, die wir hier vergessen dürfen. Diesen Zustand gibt das folgende Schema wieder, bei dem der Trennungsstrich nach oben hin aus dem Dreieck verschwunden ist. Der ganze Mensch ist im Erleidenszustand des ES:

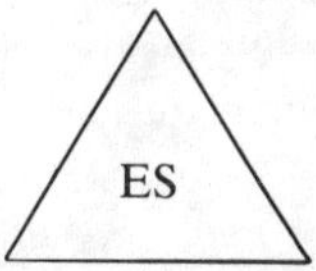

Im Wachzustand ist es in den Augenblicken – wahrhaftig nur Augenblicken – höchsten Glücksgefühls übrigens ganz ähnlich! Wie überhaupt die Höhe des Trennungsstriches selbstverständlich je nach Gefühlszustand und Verstandesbetonung beim einzelnen Menschen schwankt. Die individuell jeweils gewählte Höhe kann immer nur eine durchschnittlich gültige Angabe sein.

Zweitens gibt es den Zustand unseres Bewußtseins, den wir als den normalen empfinden: unser gewöhnlicher Wachzustand, zumeist Wachbewußtsein genannt. Hier unterscheiden wir, wie in der Vorbemerkung soeben ausgeführt, ICH und ES. Das ICH hat sich jetzt über das ES erhoben. Es ist ein selbständiger Faktor. Lesen Sie bitte den vorletzten Absatz noch einmal durch. Das Schema ist faktisch das gleiche wie dort:

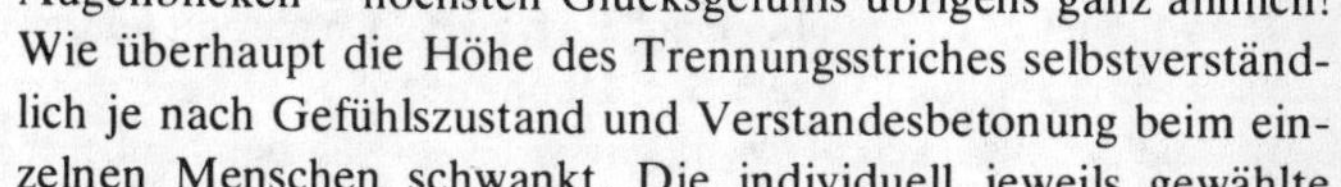

Es läßt sich indessen sofort um einen wesentlichen Schritt erweitern: Oberhalb des Trennungsstriches liegt die Welt der Gegenstände, die wir mit unserem Kopfbewußtsein erfassen. Unterhalb befindet sich sozusagen das natürliche Element des Lebens (auf dem der Geist in uns ja nur aufbaut), nämlich die Welt unserer Erlebnisse, denen wir preisgegeben sind. Unterhalb ist also unser Lebensgefühl, unser Lebens- oder Spür»bewußtsein«, um es so zu nennen. (Lediglich der Mangel am geeigneten Denkbegriff in unserer Sprache nötigt zum Gebrauch dieses an sich widersprüchlichen Wortes, das im Sinn des allgemeinen Sprachbrauchs aber wohl noch das geeignetste ist.) Kopfbewußtsein und Lebensgefühl zusammen bewirken unser normales Bewußtsein, zumeist – fälschlicherweise, wie wir gleich sehen werden – Wachbewußtsein genannt. Wir werden es treffender gleich als das subjektive Bewußtsein bezeichnen.

Jetzt ist nämlich *eine außerordentlich bedeutungsvolle Einschränkung* notwendig. Der durchschnittliche Mensch glaubt an sein Wachbewußtsein, das heißt daran, das *er* sein Leben bewußt lebe und sein Leben bewußt »mache«. Daß er in Wahrheit mindestens in einem hohen Maß aus dem Unbewußten heraus gesteuert wird, daß er also gelebt wird, das widerspricht dem äußeren Schein. Außerdem verträgt es sich nicht mit seiner vielzitierten Würde, und schon deshalb will er es nicht wahrhaben. Es ist hier nicht der Platz, die alte philosophische Streitfrage zu erörtern: Hat der Mensch wirklich einen freien Willen, oder bildet er sich das nur ein? Die Deterministen vertreten bekanntlich die Auffassung, daß die Willenshandlungen kausaldeterminiert, also dem Gesetz von Ursache und Wirkung unterworfen seien und daß demgemäß das Gefühl der Willensfreiheit nur eine Täuschung sei. Während die Indeterministen eben diese Willensfreiheit bejahen. Wir können dieser Streitfrage hier nicht im einzelnen nachgehen, und wir brauchen es auch gar nicht. Fest steht, daß mindestens ein sehr viel höherer Teil unserer sogenannten Willensentscheidungen, als man gemeinhin glaubt, aus unserer eigenen Wesensart (die sich aus der individuellen Anlage und der Summe der individuellen Verhaltensweisen ausbildet, wie sie die ständig Reaktionen fordernde Umwelt prägt) und aus den äußeren Lebensumständen »vorprogrammiert« ist. Darüber ist man sich wohl allgemein einig. Und das genügt für den vorliegenden Zusammenhang völlig.

Wenn das also so ist, dann wird der Mensch in der Tat mindestens in einem hohen Maß aus dem Unbewußten und damit *aus seinem subjektiven ES heraus gesteuert.* Er »wird« also zum Großteil »gelebt«. Deshalb finden Sie in dieser zweiten Bewußtseinsstufe sozusagen das kleine ICH verzeichnet, das im Kern noch subjektive ICH, das uns täuschende ICH. An dieser Erkenntnis führt für den, der sie nicht verdrängen will, kaum ein Weg vorbei. Jetzt erklären sich schlagartig die vielen inneren Widersprüche und Unausgewogenheiten im Menschen selbst und im äußeren Zusammenleben der Menschen. Anders und noch schärfer (in Anlehnung an Ouspensky) ausgedrückt: Der Mensch lebt und handelt gewissermaßen im Schlaf, er weiß nur nicht, daß er schläft. Deshalb nennt Ouspensky diesen zweiten Bewußtseinszustand auch den »wachen Schlaf« oder das »relative Bewußtsein«. Wir können ihn ebenso treffend auch das »subjektive Bewußtsein« nennen. Das Wichtigste: Bevor der Mensch das nicht erkannt hat, wird er niemals in den wirklichen Wachzustand kommen können.

Der dritte Bewußtseinszustand ist das Bewußtsein seiner selbst. In dieser Stufe hat man sich aus dem zweiten, dem subjektiven Zustand herausgehoben. ICH und ES sind nicht mehr durch eine starre durchgehende Trennungslinie voneinander getrennt. Die Trennungslinie ist durchlässig (»transparent«) und in unserem Schema daher nur noch gepunktet dargestellt. ICH und ES sind mehr oder minder integriert, sie durchdringen sich wechselseitig.

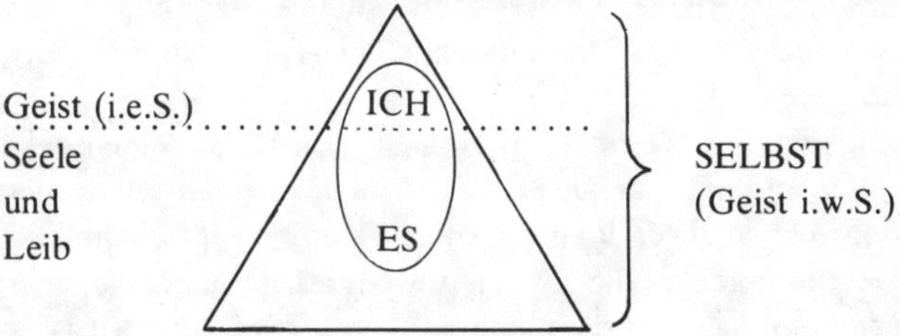

Das kleine ICH, das im Kern noch subjektive, uns täuschende ICH der zweiten Bewußtseinsstufe, ist jetzt nicht mehr vom ES getrennt. Es steht nicht mehr im Gegensatz zu ihm. Es steht nicht mehr das eine Mal erhaben über ihm, um es zu beherrschen und zu versklaven, und es wird das andere Mal nicht mehr von ihm weggeschwemmt, wenn die Leidenschaft dem ES die Kraft und den Schwung dazu gibt. Das ICH ist jetzt mit dem ES mehr oder weniger innig verbunden. Es bildet mit ihm viel eher eine Einheit, eine echte harmonische Einheit. Das Kopfbewußtsein wird von den elementaren Lebenskräften durchdrungen und dringt seinerseits tief in das Lebensgefühl ein, es »lebt« das Leben ungleich tiefer mit. Das ICH verbindet sich also mit dem ES zum SELBST, wenn wir diesen Ausdruck, der sich weitgehend dafür eingebürgert hat, auch hier gebrauchen wollen. Anders ausgedrückt: Das kleine ICH wird jetzt, indem es sich mit dem ES zur Einheit verbindet, sozusagen zum großen, zum echten, zum wahren ICH, das wir eben SELBST nennen. Der Geist im engeren Sinn als die Keimzelle des kleinen ICH geht jetzt auf im großen ICH, dem SELBST, dem Geist im weiteren Sinn.

Wenn im vorigen Kapitel so sehr die Tatsache herausgestellt wurde, daß der Mensch in Wahrheit *ein Gefühls- und Erlebniswesen* ist, so gewinnt diese Feststellung jetzt im Zeichen der dritten Bewußtseinsstufe eine *höhere Dimension*. Alles, was der Mensch erlebt, verwandelt ihn in irgendeiner Form. In der zweiten Bewußtseinsstufe sind dieses Erleben und diese Verwandlung oft mit den uns allen bekannten Konflikten zwischen dem ES (z.B. das Lebensgefühl oder -»bewußtsein«: »Wie schön!«) und dem ICH (z.B. das Kopfbewußtsein: »Du darfst nicht!«) verbunden. Jetzt aber gibt es kein aufgeblasenes, kein tyrannisches ICH mehr, das sich etwa zum Richter über das ES erhebt. Jetzt ist das ICH eingeschmolzen in das harmonische ICH-ES-Bewußtsein des SELBST.

Das Lebensgefühl oder Spürbewußtsein, das ja alles menschliche Leben und mit ihm auch das ICH trägt, wird befreit aus der Statistenrolle, in die es das überhebliche Kopfbewußtsein hineindrängte und hineinzwang. Es spielt wieder die Hauptrolle, aber ohne daß ihm das ICH deshalb gram sein müßte. Jetzt wird der

Mensch bewußt eins, eine geschlossene Einheit. Die Quellen seines Wesens und seiner Kraft können frei fließen und ihn zur höchsten Entfaltungsmöglichkeit seiner selbst wachsen lassen. Jetzt erst kann er tun, was er denkt; jetzt kann er denken, was er tut. Aber voll und ganz! Jetzt kann er seinen Geist (der die Gesamtpersönlichkeit durchdringt) auf *einen* Punkt sammeln, aber mit der gesammelten Kraft seiner gesamten Persönlichkeit, die restlos dahintersteht. Also das, was das Werkzeug der Zen-Meditation im Interesse der Persönlichkeitsbildung will. Und was sie zu einem guten Teil mit der Eutonie gemeinsam hat.

Hier noch kurz der Hinweis auf den *vierten und letzten Bewußtseinszustand*, der für den durchschnittlichen Menschen in dieser Welt faktisch nur von theoretischer Bedeutung ist: *das objektive Bewußtsein* (Ouspensky). Es hat das transparente, das durchgängig gewordene SELBST oder das objektive SELBST zur Voraussetzung. Seine Darstellung:

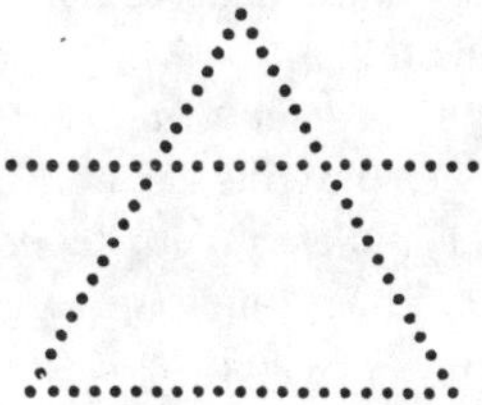

So wie in der dritten Bewußtseinsstufe die Trennungslinie zwischen ICH und ES durchgängig wird, so wird jetzt das ganze menschliche SELBST durchgängig zur Außenwelt hin. Es ist der Zustand der totalen Offenheit für die Welt und das Universum, in denen wir leben. Der Kontakt zur Welt der objektiven, realen Gegebenheiten ist ungehindert möglich. Die täuschenden Sinne und die subjektiven Gefühls- und Bewußtseinszustände, die den Blick dafür verbauen, sind verschwunden. Der Blick hinter die äußeren Fassaden unserer Welt wird frei. Diese vierte und allerhöchste Stufe überschreitet nach allem, was wir Menschen wissen, nahezu die Grenzen unseres Menschseins. In unserem Kulturkreis und in unserer Zeit ist es außerordentlich schwer, diesen Bewußtseinszustand jemals zu erreichen. Er käme einem gelebten Satori gleich (siehe unten unter Meditation): dem Einswerden des Individuums mit der Unendlichkeit des Universums. Selbst Anfänge davon mögen uns nur dann zuteil werden, wenn wir die dritte Stufe des Bewußtseins unseres SELBST in höchster Vollendung erreicht haben sollten. Ist doch schon das nahezu jenseits dessen, was Durchschnittsmenschen zu erreichen hoffen dürfen!

Was können wir nun tun, um auf den *richtigen Weg zur dritten Bewußtseinsstufe* zu gelangen und auf ihm Schritt für Schritt voranzukommen? Wir müssen bestrebt sein, unser ICH zu »zermürben«, d.h. in unsere Gesamtpersönlichkeit zu integrieren. Gleichzeitig müssen wir unserem ES die »Ketten wegnehmen«. Dann wird es uns viel leichter, ja erst möglich sein, unser wahres SELBST zu finden. Eine wertvolle Hilfe dazu ist die Meditation im richtigen Sinn, so wie sie im übernächsten Teil dieses Buches behandelt werden wird. Dieser Prozeß wird ganz wesentlich beschleunigt mit der Verlebendigung unserer Sinne und unseres Gefühlslebens durch die Techniken der Eutonie, die wir im nächsten Teil dieses Buches vorstellen.

Mit der steigenden *Einarbeitung des ICH/Befreiung des ES* in diesem Sinn entfaltet sich die volle Persönlichkeitskraft. Die Kraft des Menschen, der sich in dieser Welt, der er anheimgegeben und von der er Teil ist, trotz allem zutiefst geborgen fühlen darf. Denn er weiß: Was auch immer geschieht, es ist gut, und er darf sich ihm anvertrauen. Er bekommt größere Selbständigkeit und Sicherheit im Denken. Er ist weniger nach außen gerichtet in seinem Denken und Handeln. Er ruht in ganz anderer Weise in sich und gewinnt deshalb stark an echter innerer Autorität, die nach allen Seiten ausstrahlt. Der religiös Eingestellte kann sich von Grund auf neu beleben: Der Jesuit P. Lassalle sagt so schön, daß Zen-Meditation in der Tat sein Christentum durchblutet habe.

Er bleibt mit dem Schwerpunkt seines Wesens in seiner gesunden Mitte. Nur hier kann der Mensch seine wahren Kraftquellen haben. Beim Kopflastigen ist der Schwerpunkt aus der gesunden Mitte heraus ein gehöriges Stück zu weit nach oben ausgewandert. Der einseitig aufgeblähte Kopf bekommt viel zuviel Gewicht. Es fehlt ihm an tragendem Grund, am festen, massiven Fundament. Je mehr sich der Mensch von seiner Kopflastigkeit befreit, desto mehr kommt er zurück in seine Mitte.

Mit dieser Überwindung seiner Kopflastigkeit, mit der Rückkehr zu den wahren Quellen seiner Kraft findet auch der Mensch von heute wieder zurück zur vollen, zur fest fundierten Persönlichkeit und damit zur echten Gelassenheit. Denn *er* (im Sinn der Gesamtpersönlichkeit) kann *sich* (den Kopf) »lassen«, ohne deshalb von ihm verlassen zu sein. Weil er im Gleichgewicht, weil er im Lot ist. Er ist im Ausgleich von Spannung und Lösung seiner Kraft: hochgespannt, wo er den letzten Rest seiner Kraft einsetzen muß, und dann wieder voll gelöst in der Hingabe an seine Erlebnisse. Er ist aber nie im Wesen überspannt. In seine Mitte zurückzufinden bedeutet, von allein den gesunden Spannungsausgleich zu gewinnen.

Eutonie
(Die Lehre vom harmonischen Spannungszustand)

»Sei völlig wach in jedem Teil Deines Wesens.
Deine Gegenwart sollte beredter sein als Deine Worte.«
(Swami Sivananda)
Also das einzig Wesentliche ist:
Deine Gegenwart, Dein Da-Sein im Hier und Jetzt,
und zwar mit jeder Faser Deines ganzen Menschseins,
des körperlichen ebenso wie des seelisch-geistigen.

1. Wesen und Ziele der Eutonie

Eutonie (»Wohl-Gespanntheit«, Gegensatz zu Dystonie) ist etwas, was viele Menschen von alters her praktizierten, allerdings ohne sich dessen besonders bewußt zu sein. Als »Technik« wurde sie in jüngster Zeit erst richtig erfaßt. Gerda Alexander, Kopenhagen, hat in jahrzehntelanger Arbeit an Gesunden und Kranken, an Erwachsenen und Kindern die Eutonie zu einer eigenständigen Therapie entwickelt.

Der Einsichtige weiß, daß sich diese Persönlichkeitsarbeit nicht dogmatisch festlegen läßt, weil sie sich auf breiter Ebene ständig weiterentwickelt. In Deutschland kommt hier besonderes Verdienst Hannelore Scharing zu. Sie hat in langer Arbeit an kranken und gesunden Menschen zur Entwicklung dieser Lehre vom Spannungsgleichgewicht in spezieller Weise beigetragen. Dabei kamen ihr ihre hochgradige Einfühlsamkeit, der sichere Blick für den Menschen und die Kraft ihrer Persönlichkeit in gleicher Weise zu Hilfe. Ihr Beitrag kann dem modernen Menschen in seinen typischen Schwierigkeiten wesentlich zur Gesundung verhelfen. Wenn in diesem Buch von Eutonie die Rede ist, so ist immer die Lehre nach Hannelore Scharing gemeint.

Das Grundprinzip der Eutonie: Der Spannungsausgleich oder das Spannungsgleichgewicht (mittlerer Tonus) ist die Basis für die Gesundheit des Menschen in seiner Ganzheit und somit von weittragender Bedeutung. Deshalb wird die leib-seelische Grundspannung zur gesunden Mitte hin reguliert und damit normalisiert, und zwar organisch, ohne unmittelbar darauf hinzielenden Eingriff von außen. Das geschieht durch die Hinwendung des Bewußtseins auf die Haut und die äußeren Körperpartien, die die Umweltreize vermitteln, und auf die Innenräume des Körpers.

In dieser Grunderkenntnis des Spannungsausgleichs deckt sich die Eutonie, obwohl sie aus ganz anderen Wurzeln entsprang, in verblüffender Weise mit der jahrtausendealten asiatischen Yin-Yang-Lehre: also der im 1. Teil dieses Buches dargelegten Lehre von Spannung und Lösung der Lebenskraft des Menschen. Wie schon dort erklärt, ist die heute vielfach gelehrte Entspannung in Form der kritiklos ins Ungehemmte gehenden Ent-Spannung falsch. Denn sie führt zu nichts anderem als zur Erschlaffung des Menschen.

Das Ziel der Eutonie ist der ganzheitliche, der gesunde, der von seiner Lebenskraft frei durchlebte Mensch: dessen Organismus sich sowohl körperlich als auch seelisch-geistig in einer optimalen Verfassung befindet. Er ist im Spannungsausgleich, im ständigen rhythmischen Wechselspiel von Spannung und Lösung seiner Kraft. Ein gesunder Mensch ist auch nur der, der *jetzt*, in jedem Augenblick, empfinden und fühlen kann, der ein gut ausgeprägtes Körperbewußtsein (Körperbild) hat und der nicht zuletzt die Realität dieses Lebens voll und ganz anerkennt.

Es ist heute jedoch fast unmöglich, ohne ständige Arbeit an sich selbst in dieser ausgewogenen Spannung zu sein. Der moderne Mensch, der sich an die Leistungsgesellschaft, in der er lebt, anpaßt, ja anpassen muß, ist einer ständigen seelisch-geistigen Überforderung ausgesetzt. Der Streß, in dem er steht – ob als Schulkind, Hausfrau und Mutter oder als Berufstätiger –, ist ausgeprägt. Der Preis, den er bezahlen muß, ist hoch. Denn Überforderung, Streß, heißt doch nichts anderes, als daß dieser Mensch sich überanstrengt, überspannt, um der großen Forderung, der er ausgesetzt ist, zu genügen. Und Überspannung ist nichts anderes als ein großer Druck, der auf den gesamten Organismus wirkt. Der letztlich nur Krankheit, am Leib und an der Seele, zur Folge haben kann. – Es gilt, diese Überspannung zu lösen, ein Ventil für den Überdruck zu finden.

Zudem lebt der heutige Mensch fast nur noch nach *außen*. Es wird nicht von ihm verlangt, daß er sich inne ist, sondern daß er schnell reagiert, dynamisch ist, clever, daß er sich anpassen oder gegebenenfalls durchsetzen kann, daß er Erfolg hat. Kurzum, daß er funktioniert im Sinn der Gesellschaftsordnung, in der er lebt. Er ist wie von einem Sog nach außen erfaßt und ist deshalb mehr »außer sich« als »bei sich«. Es gilt, den Weg von außen nach innen wiederzufinden. Es geht also um ein Korrektiv für das Nach-außen-gerichtetsein, um das Innesein.

Zu dieser Überforderung und zu diesem Nur-nach-außen-leben kommt, daß der moderne Mensch oftmals sein Dasein hinter einer Maske verbringt. Er wagt nicht, seine eigenen Bedürfnisse auszudrücken, seine Wünsche und Hoffnungen. Er unterdrückt seine spontanen Gefühle. Er lebt hinter seiner selbstgefertigten Maske im Grunde gar nicht *sein* Leben, sondern oft nur eines, von dem er glaubt, daß es seiner Umwelt Eindruck macht. Ja, er flüchtet sich von der harten Realität seines Lebens, mit der er nicht fertig wird, in die Irrealität seiner Maske. Von der er allerdings kaum jemals erkennt, daß sie irreal ist. – Es gilt, die Realität des Daseins, das Hier und Jetzt, neu zu entdecken und anzunehmen.

Die Eutonie ist der Weg zum harmonischen Spannungsausgleich, zum Innesein und gleichzeitig zum Erfassen der Realität dieses Lebens. Denn die Eutonie will nichts anderes als den Menschen hinführen zu seinem ihm eigenen leib-seelischen Gleichgewicht. Da wir uns heute fast durchweg auf der Seite der Verspannung und Verkrampfung (mit allen Folgen) befinden, könnten wir auch sagen, daß die Eutonie aus dieser Verspannung hinführt zum Spannungsausgleich. Womit nicht gesagt ist, daß einem Menschen, dessen Kraft insgesamt zu gelöst ist, die Eutonie nicht auch eine Hilfe sein kann. Er braucht insoweit dann nur die richtigen Übungen für seine wahrscheinlich auch bei ihm vorhandene partielle Verspanntheit (s.S. 41).

Die Eutonie geht zunächst davon aus, daß die Haut unser größtes Sinnesorgan ist. Der Tast- und Fühlsinn ist ausgeprägt, lange bevor die anderen Sinne ausgebildet werden. Er hat also bei unserer Menschwerdung eine weit größere Bedeutung als alle anderen Sinne zusammen. Desmond Morris sagt dazu in seinem Buch »*Liebe geht durch die Haut*«: »Das erste, was wir als lebendes Wesen wahrnehmen, dürfte ein Gefühl innigsten körperlichen Kontakts sein, wenn wir in die schützende Gebärmutter eingebettet sind. In diesem Stadium bilden die wechselnden Berührungs-, Druck- und Bewegungsreize wohl die wichtigsten Signale an das sich entfaltende Nervensystem. Die gesamte Hautoberfläche des ungeborenen Kindes wird im warmen Fruchtwasser gebadet. Mit fortschreitendem Wachstum drückt sich der kleine Körper immer fester an das Gewebe der Mutter; der sanfte Druck des Mutterleibes wird allmählich stärker und steigert sich von Woche zu Woche. Dazu kommen noch die rhythmischen Bewegungen, die von der Lungentätigkeit der Mutter ausgehen, und das sanfte, gleichmäßige Schaukeln, wenn sie läuft.«

Man sollte nun annehmen, daß die Menschen die Bedeutung dieses Hautsinns erkannt und ihn systematisch für die Entwicklung des Kindes und Erwachsenen ausgenutzt hätten. Dadurch, daß sie ihn von klein auf stimulieren und pflegen würden. Leider im Gegenteil: Von allen Sinnen ist gerade die Fühlfähigkeit, der Tastsinn heute am meisten verkümmert, degeneriert. In einer Welt, deren Erziehung auf einseitigen Intellektualismus, auf äußeren Erfolg und auf Leistung ausgerichtet ist, kann das gar nicht wundern. Gefühle, Fühlsamkeit – das ist nicht gefragt.

Drei Beispiele dafür, wie verhängnisvoll sich mangelnde Fühlfähigkeit, mangelnder Körperkontakt auswirken können:

– Ein Säugling wird heute meist mit der Flasche aufgezogen. Es gibt sicher eine direkte Linie von der späteren Entwicklung eines Kindes, und wie es dann im Erwachsenenleben »da« ist, zurück zum Gestilltwerden an der Mutterbrust mit der Befriedigung seiner Urbedürfnisse nicht nur von körperlichem Hunger und Durst, sondern genauso nach körperlicher Nähe und nach seelischer Wärme, Geborgenheit, Liebe. Das Stillen ist heute nicht mehr die Regel. Das Schlimmste: Mütter, die einst als Kinder nicht gestillt wurden, können zumeist auch ihrerseits ihrem Kind die Zuwendung und Liebe, auch im taktilen Bereich, nicht geben, deren es so dringend bedarf*. So wird also schon hier mit dem fehlenden Hautkontakt zur Mutter die Basis für späteres Nichtfühlenkönnen gelegt. Wenn schon nicht gestillt werden kann, sollte ein mit der Flasche aufgezogener Säugling um so mehr Zuneigung bekommen und speziell körperlichen Kontakt mit der Mutter erleben dürfen. (Ein »modernes« Säuglingspflegebuch empfiehlt für das Flaschegeben, das Kind im Bettchen zu belassen und die Flasche auf einen Halter zu stecken. Das würde Zeit sparen und den Säugling nicht »verwöhnen«!)
– Ein Junge wird von seiner Mutter gebadet. Wenn sie ihn schon körperlich berühren muß, um ihn abzuseifen, so tut sie das betont rasch und sachlich, besonders bei der Genitalzone. Liebevolles Streicheln des gesamten Körpers, nackt, kommt nicht in

* Siehe Ashley Montagu: »Körperkontakt« (Literaturverzeichnis)!

Frage. Der Junge könnte ja »unmännlich« werden! Zwar hat der Junge sein Bedürfnis nach Zärtlichkeit. Er weiß aber schon, was von ihm erwartet wird: »Schmus doch nicht so, du bist doch ein Junge!« Er verdrängt sein Urbedürfnis nach körperlichem Kontakt. Und da es nicht befriedigt wird, kann er auch nur noch beschränkt fühlen.

– Ein Ehepaar hat Schwierigkeiten in seiner Ehe, die letztlich auf Mangel an körperlichem Kontakt zurückzuführen sind. Sie möchte gern gestreichelt und liebkost werden – er will mit ihr schlafen, ohne solche unwichtige Präliminarien. Er hat nie gelernt, daß zärtliches Streicheln der Haut außerordentlich stimulierend wirkt. Die berühmten amerikanischen Sexualforscher W.H. Masters und V.E. Johnson haben festgestellt, daß ganz einfaches zärtliches Berühren und Streicheln der Haut (nicht der Genitalzonen) sexuelle Störungen bis hin zur Frigidität der Frau und psychischen Impotenz des Mannes heilen kann.

Der Tast- und Fühlsinn ist also eminent wichtig. Er ist der elementarste aller unserer Sinne. Deshalb wird folgerichtig der Haut in der Eutonie der Platz zugemessen, den sie haben sollte. Da der Fühlsinn des Menschen verkümmert ist, muß er wiedererweckt und belebt werden. Durch sogenanntes Kontakttraining erfühlt der Körper sich über die Haut zu seiner Umwelt, z.B. zur Kleidung, zu Gegenständen, zu einem Partner. (Darüber später Genaueres.)

Der durchschnittliche moderne Mensch, dessen Fühlfähigkeit praktisch nie gefragt und deshalb hochgradig verkümmert ist, macht eine neue, manchmal für ihn umwerfende Erfahrung: Er kann durch diese einfache Hinwendung des Bewußtseins an die Haut wieder echt fühlen lernen. Schon allein diese Entdeckung – von allen anderen Wirkungen abgesehen, worüber später zu berichten sein wird – lohnt jede Bemühung. Ich hörte einmal bei einem Kurs (von drei Tagen Dauer) einen ca. 40jährigen Unternehmensberater sagen: »Das erste Mal seit 10 Jahren habe ich wieder etwas gefühlt. Ich bin ein neuer Mensch geworden!«

Und das ist sicher keine Übertreibung. Denn durch das Wecken und Entwickeln des Tastens und Fühlens als unseres elementarsten Sinns werden auch alle anderen Sinne aufgeschlossener. So geht eines ins andere: Wenn die Fühlfähigkeit neu aufgebaut wird, werden gleichzeitig alle unsere Sinne lebendiger. Nur sie vermitteln uns die Eindrücke dieser Welt. Und sie sind die Basis auch für jegliches Denken. Die Erlebnisfähigkeit vertieft sich, das gesamte seelisch-geistige Leben wird bereichert, das ES wird befreit. Wir kommen also, ohne den Verstand zu bemühen, über unsere wacher werdende Sensibilität zu besserem Denken. Das mag vielen im ersten Augenblick paradox klingen. Es kann aber gar nicht anders sein, da wir doch immer nur im Rahmen dessen denken können, was uns unsere Sinne zuvor jemals an Eindrücken zugeführt haben. Kein Wunder also, daß ein Mensch, der bisher überwiegend in seinem Verstand gelebt und die Welt praktisch nur von dort betrachtet hat, nach bereits drei Tagen Eutonie-Übungen sich »wie ein neuer Mensch« fühlt! Er wird sich bewußt, daß er bisher sein Erleben und sein Bewußtsein unnötig verengt hielt.

Hand in Hand mit der Weckung dieser mehr äußeren – so scheint es zunächst – Fühlfähigkeit geht die *Wiederbelebung des inneren Fühlsinns*, des sogenannten kinästhetischen Sinns. Er ist der sechste Sinn, in Ergänzung zu den bekannten fünf von Aristoteles, auch Muskelsinn genannt. Dieser innere Sinn ist lebenswichtig und vielleicht wichtiger als mancher andere. Durch ihn werden uns die Empfindungen vermittelt, die mit der Ausführung von körperlichen Bewegungen (von Muskeln, Sehnen, Gelenken usw.) in der Tiefe unseres Organismus verbunden sind. Ohne ihn könnten wir unsere Muskeln nicht richtig gebrauchen, könnten weder stehen noch gehen, nicht sprechen, hätten kein Gefühl für Raum und Zeit, für Schmerz, Rhythmus usw. Dieser »Schlüsselsinn« ist nicht etwa eine Art Suggestion. Er läßt sich vielmehr über seine körperlichen Wirkungen wissenschaftlich nachweisen. Wie wichtig es ist, daß auch dieser Sinn über die allgemeine Verlebendigung der Sinne mitbelebt wird, braucht wohl nicht genauer begründet zu werden.

Schon durch dieses Kontakttraining, durch diese Wiederbelebung der Haut als größtem Sinnesorgan *formt der Übende an seinem Körperbild*. Und damit sind wir an einem zentralen Punkt der

Eutonie. Zunächst: Was ist das Körperbild? Es ist (nach Dr. med. E. Wilms/Zürich) das »Bild vom eigenen Körper, das jeder Mensch, zumindest in groben Zügen, am Rande seines Bewußtseins hat«. Eine wahrhaft treffende Formulierung! Zwar hat jeder Mensch dieses Körperbewußtsein, sein ihm eigenes Körperbild. Aber nur am Rande seines Bewußtseins und dazu noch in reichlich groben Zügen. Dies ist in der heutigen Zeit auch kaum anders zu erwarten. Wo Fühlfähigkeit verschüttet und zugedeckt ist, kann auch kein ausgeprägtes Körperbild vorhanden sein!

Dabei ist gerade das Körperbild, das Bild, das ein Mensch von sich hat, von einer Wichtigkeit ohnegleichen. Ein Mensch mit schlecht ausgeprägtem Körperbewußtsein ist im Grunde ein körperlich und auch seelisch-geistig gestörter Mensch. Es ist ein Bruch in ihm. Er *kann* überhaupt nicht gesund sein, denn er nimmt sich doch nur in Teilen, in groben Zügen wahr. Nicht aber in seiner Ganzheit. Ein schlechtes Körperbild, Mangel an Körperbewußtsein ist immer gleichbedeutend mit Mangel an Empfinden und Fühlen, an körperlich-seelischer Ausgeglichenheit, an Leistungsfähigkeit. Nur wer ein gut ausgeprägtes Körperbild von sich hat, kann gesund sein, körperlich und seelisch. Nur er kann ein Maximum an Leistung mit einem Minimum an Energie vollbringen, ohne aus seiner Spannungsbalance zu fallen.

Das Körperbild ist jedoch nicht von den anatomischen Kenntnissen abhängig. Im Gegenteil: Genaue Kenntnisse von der Anatomie des Menschen vermitteln noch lange kein gutes Körperbild. Ärzte z.B. tun sich oft schwer mit ihrem eigenen Körperbild. Sie »wissen« zu viel über den Körper und seine Funktionen und werden dadurch geradezu in ihrem Fühlen gestört. Während es z.B. einem medizinischen Laien leichter fällt, an seinem Körperbild zu arbeiten. Das echte Bedürfnis, auch über die Anatomie des Körpers mehr zu wissen, kommt dann von ganz allein.

Einige Beispiele, die die Wichtigkeit des Körperbildes erhellen sollen:

– Durch seine Untersuchungen an Amputierten weiß Dr. E. Wilms, Zürich (»Die Körperbildleiden, das Leiden der chronisch Kranken«), daß ein amputiertes Glied vom Patienten als noch vorhanden empfunden wird. Es kann subjektiv mitwachsen, Schmerz fühlen (bezeichnenderweise wird dieser Schmerz in der Medizin »Phantomschmerz« genannt!) usw. Das heißt nichts anderes, als daß diese Empfindungen nicht etwa vom Körper her kommen, sondern von einem zentral gesteuerten Körperbild. Ähnliche Untersuchungen gibt es auch über Contergan-Kinder, die ihre nicht vorhandenen Finger zum Zählen mitbenutzen.

– Der Psychiater J. de Ajuriaguerra, Genf (»Méconnaissance et Hallucinations Corporelle«) berichtet dagegen, daß psychisch Kranke manche Körperteile (z. B. Arme oder Beine) als nicht existent betrachten, obwohl sie tatsächlich existieren.
– Ein aufgeschlossener, medizinisch gebildeter Lehrer sagt aus, daß 10 von seinen 30 Schülern (Alter etwa 8 Jahre) verhaltensgestört seien. Auf unser Nachfragen hin kam heraus, daß diese 10 Kinder im Turnunterricht praktisch kaum einen Fuß bewußt vor den anderen setzen können. Die Füße »fehlen« ihnen einfach in ihrem Körperbild! Wir gingen der Sache nach und stellten weiter fest, daß eben diese Kinder auch die mit den schlechtesten Leistungen in anderen Fächern waren. Und daß es gleichfalls die Kinder waren, die von zu Hause praktisch keine oder wenig Zuwendung (sprich Körperkontakt) hatten. Ein Junge sagte wörtlich: »Meine Mutter verhaut mich fast jeden Tag. Aber das ist besser als gar nichts.« – Was er damit sagen wollte, war: Wenn ich schon keine Zuneigung (Zärtlichkeit, Streicheln) haben kann, dann wenigstens das. Schläge als eine Art von Zuwendung! Auch das ein Körperkontakt!

Steigerung der Fühlfähigkeit und Körperbild hängen also eng zusammen. Je mehr ein Mensch lernt, seine Fühlfähigkeit zu steigern und damit seine ganze Persönlichkeit zu sensibilisieren, um so geformter und besser wird auch das Bild, das er von sich hat. Aus der Leib-Seele-Einheit ergibt sich, daß sich das menschliche Verhalten von der Seele und vom Körper her steuern läßt. Aber eine echte Veränderung kann nur eintreten, wenn Seele *und* Körper verändert werden. Und das ist nur dann möglich, wenn das Gefühl vom eigenen Körper und die Vorstellung des eigenen Körpers hinreichend ausgebildet sind.

Eutonie bedeutet hier zunächst einen Weg nach innen, einen Weg zum Innesein. Dann aber *letztlich auch einen Weg zum anderen*. Denn die Hinwendung des Bewußtseins z.B. auf die Haut (Kontakttraining) heißt ja, daß der Übende sich nicht mehr wie bisher »in seine Haut zurückzieht«, wie das heute fast jeder »normale« Mensch tut, und deshalb mehr oder weniger abgekapselt, isoliert und vereinsamt im Leben steht. Sondern daß er sein Kontaktorgan Haut »öffnet« für die Berührungen mit der Außenwelt. So kommt er durch die Arbeit an sich und an seinem Körperbild nicht nur mit sich selbst ins reine, sondern darüber hinaus auch mit den anderen. So gesehen, ist Eutonie ein Weg, der aus der Isolierung und Vereinsamung des modernen Menschen herauszuführen hilft.

Zurück zum leib-seelischen Spannungsgleichgewicht, das das Hauptziel der Eutonie ist. Nur wer Spannungen *erfühlt*, kann sie auch lösen. Nur wer Fehlhaltungen *erkennt*, kann sie auch korrigieren. Deshalb ist der »Umweg«, wie vielleicht manche meinen, über die Wiederbelebung der Haut als dem Tast- und Fühlsinn und damit Neubelebung aller Sinne überhaupt sowie der »Umweg« über das Erkennen und Formen des eigenen Körperbildes in Wirklichkeit der direkte Weg zum Spannungsausgleich.

Was heißt nun Rückkehr zum körperlich-seelischen Spannungsausgleich? Es heißt:

- Regulieren des Tonus zur gesunden Mitte hin, also Ausgeglichenheit im gesamten Organismus, z.B. in der Innervation von Agonist und Antagonist (Streck- und Beugemuskeln). Dadurch Lösen von partiellen Muskelspannungen und -verhärtungen.
- Wiedergewinnen des natürlichen, freien Atems (ohne bewußte Atemübungen). Nach Wilhelm Reich (»Orgasmusreflex, Muskelhaltung und Körperausdruck«) ist die Hemmung des Atems immer verknüpft mit einer Hemmung des Fühlens. Die gesunde, sich unbewußt vollziehende Atmung setzt den voll entwikkelten inneren und äußeren Fühlsinn voraus.
- Ungehinderte Blutzirkulation.
- Kennenlernen des eigenen Körpers.
- Harmonischer Fluß der Bewegungen, die bei minimalem kör-

perlichem und seelischem Energieaufwand ein Maximum an Wirkungen hervorbringen.

- Außen und innen sein: Nicht nur das eine oder andere, sondern beides in harmonischer Einheit.
- Unverfälschtes Gewahrwerden aller Gefühle.
- Vollbesitz der Kräfte und Persönlichkeitswerte (s. S. 33).
- Volles Akzeptieren dessen, was ist.
- Einssein mit dem, was man tut.
- Erreichen des höchsten Reifungsgrades je nach dem Alter und den persönlichen Entwicklungsmöglichkeiten.

Zweck und Ziel der Eutonie ist, den Menschen in *diese ausgewogene, gesunde Spannung* zu bringen, in den Spannungsausgleich. Das Ziel ist weit gesteckt. Die Erfolge können sich *nicht von heute auf morgen* einstellen. Wenn ein Mensch Jahre seines Lebens, vielleicht sogar Jahrzehnte, in übermäßiger Spannung gelebt hat, so ist und war er letztlich krank. Denn Krankheit ist nichts anderes als das Herausfallen aus dem leib-seelischen Gleichgewicht. Oder: Wenn ein Mensch selten oder nie das tut, was er denkt, also nicht eins ist mit dem, was er tut, so ist er zerrissen. Und Zerrissenheit kann nie Innesein bedeuten. – Wer sich also seiner Fehlhaltungen gewahr wird – das ist schon viel –, ist im allgemeinen so verspannt und verhärtet, daß geraume Zeit der täglichen Übung nötig ist, bis er sich davon befreien kann. Denn der Organismus gibt seine einmal gewonnenen Verhärtungen nur ungern auf. Wie bei allem Gewordenen ist auch hier die Tendenz der Beharrung deutlich.

Andererseits, als Trost sei's gesagt, fühlt jeder, der mit Eutonie-Übungen beginnt, bereits von allem Anfang an, daß sich etwas in ihm tut. »Es« arbeitet in ihm. Allein durch die intensive Vorstellung, daß sich etwas ordnet, werden die heilenden Kräfte des Organismus im Rahmen der äußersten physiologischen Möglichkeiten wieder aktiviert und regeneriert.

Das könnte nun so verstanden werden, als ob es in der Eutonie auch suggestive Momente gäbe. Das Gegenteil ist der Fall. Alles Üben zielt darauf ab, die äußeren und inneren Vorgänge zu empfinden, zu fühlen, zu beobachten, zu erkennen, wahrzunehmen, also außen und innen zu sein. *Niemals werden durch suggestive Formeln* (wie etwa beim Autogenen Training »Ich bin ganz ruhig« oder »Der rechte Arm ist ganz schwer«) *Ergebnisse in der Vorstellung vorweggenommen*, die in diesem Moment tatsächlich noch nicht sind. Es wird nur empfunden, was *ist*. Das ist ein gewaltiger Unterschied.

Die Eutonie ist also keine suggestive Methode. *Sie ist auch keine reine Entspannungsmethode*. Entspannung wird hier nicht um ihrer selbst willen betrieben. Ja, sie wird direkt gar nicht angestrebt. Die Eutonie will den Spannungsausgleich. Sie bejaht die gesunde Spannung, und sie bejaht die gesunde Lösung (siehe das Schema über den Spannungszustand der Lebenskraft, S. 35). Deshalb wird auch nie geübt »Ich bin entspannt«. Sondern im Üben werden vielmehr die allgemeinen Verspannungen und die partiellen Verhärtungen langsam fühlend reduziert und abgebaut. Gemessen an anderen »Entspannungstechniken« ist Eutonie deshalb allerdings, das muß gesagt werden, konzentrierte Bewußtseinsarbeit. Sie lullt nie ein. Sie fordert den ganzen Menschen. Die Entspannung kommt dann von allein.

Aus allen diesen Überlegungen ergibt sich die weitere Schlußfolgerung: *Eutonisierung ist Belebung, ist Durchlebung des Menschen.* Der eutonische Mensch ist in der Spannungsbalance, ja oft möchte man sagen, im Hochgenuß seiner befreiten Lebenskraft! Denken Sie an unverbildete Jugendliche, seltener auch Erwachsene! Mit welchem Hochgenuß er als Schlittschuhläufer, als Radfahrer, als Skiläufer sein »Werkzeug«: die Schlittschuhe, das Fahrrad, die Ski gebraucht, mit welcher Perfektion er es beherrscht! Wenn es etwa darum geht, einen ganz bestimmten Punkt auf den Zentimeter genau anzusteuern oder auf das knappste an ihm vorbeizukommen. Wo die Bewegungen ganz aus dem unbewußt steuernden Mechanismus des Körpers heraus erfolgen, ganz instinktiv vom real gegebenen Ziel her gelenkt, ohne Einmischung des Verstandes und mit der Eleganz einer Tigerkatze: höchste Spannung und höchste Gelöstheit in einem. Wer seinen Blick dafür geschärft hat, der sieht das schon in der ganz einfachen Art und Weise, in der hin und wieder ein Mensch auf der Straße geht: Spannung und Gelöstheit in einem. Das unauffällige Bild kann ihn faszinieren: endlich ein vollwertiger, ein ganzer Mensch, im Vollbesitz seiner Lebenskraft, nichts Kopflastiges und Verbogenes an ihm, eine Persönlichkeit. Das ist Eutonie!

2. Prinzipien und Methodik der Eutonie

Nur wer etwas *tut*, kann ein ganzheitlicher Mensch in seiner optimalen körperlichen und seelisch-geistigen Verfassung werden. Es sei jedoch davor gewarnt, sich der Methodik der Eutonie zu bedienen wie eines Medikaments. Das käme einer Abhängigkeit gleich. Die Methodik der Eutonie ist gut. Es ist eine Wohltat, sie zu befolgen. Aber man sollte sie gebrauchen wie Krücken zum Laufenlernen: Wenn man laufen kann, werden die Krücken fortgeworfen. Was heißt das? Nichts anderes, als daß sich niemand sklavisch an Abfolgen von Übungen, an festgelegte Normen, Zeiten usw. halten soll. Der Übende muß lernen, die Prinzipien der Eutonie zu verstehen und die Methodik als das zu nehmen, was sie nur sein kann: ein großer Baustein zur ganzheitlichen Selbstfindung des Menschen. Wer die Prinzipien der Eutonie akzeptiert und anerkennt, geht den Weg zum inneren Freisein. Wer sich sklavisch an die Methode hält, wird niemals frei werden.

Wer nicht bereit ist, sich fühlend-forschend auf diesen ungewohnten Weg zu begeben, der wird auch nicht weit kommen. Für ihn wird es kein neues Innesein geben. Für ihn wird Eutonie »eine Art entspannender Gymnastik« sein, die man eben betreibt, um sich gesünder zu fühlen. Eutonie kann aber für den, der bereit ist, sich neu zu orientieren, eine völlige Umwandlung bedeuten. In dem Maße, wie einer die Prinzipien der Eutonie zu verstehen lernt und sie nicht nur in seinem Üben befolgt, sondern hineinnimmt in sein tägliches Leben, in dem Maße wird er auch dieses Neuwerden erfahren. Den Alltag als eine einzigartige Möglichkeit sehen, Eutonie zu praktizieren: Leben als Übung. Nur in diesem Sinne möge das verstanden werden, was bei »Methodik« im einzelnen aufgeführt ist. – Nun zu den Prinzipien der Eutonie:

A) Das Hautkontakt-Bewußtsein

Das wichtigste Prinzip der Eutonie ist das Hautkontaktbewußtsein. Alle anderen Prinzipien bauen praktisch darauf auf. Kontakt ist körperliche und seelisch-geistige Berührung. Kontakt darf also nicht als etwas nur Äußeres gesehen werden. Dann, wenn jemand gelernt hat, sich in seiner körperlichen Begrenztheit nach außen hin zu fühlen, kann er sich auch innesein.

Hautkontakt-Bewußtsein heißt:

a) Empfinden und bewußtes Wahrnehmen des Körpers über sein umhüllendes Organ »Haut« in Beziehung zu seiner Umwelt.
b) Dadurch Wecken der äußeren und inneren Fühlfähigkeit, also Sensibilisierung der ganzen Persönlichkeit.
c) Dadurch Erkennen und (in der Folge) Formen des eigenen Körperbildes.
d) Abgeben von Überspannung bzw. Aufnehmen von Spannung.

Über b) und c) Fühlfähigkeit und Körperbild wurde schon hinreichend gesprochen (Seite 95). Dazu noch eine abschließende Bemerkung. Nach der alten chinesischen Lehre der Akupunktur sind etwa 700 Punkte auf der Haut durch Verbindungswege der vitalen Energie (»Meridiane« genannt) mit den inneren Organen verbunden. Von der Körperoberfläche, der Haut her, kann man damit in das innere Körpergeschehen eingreifen. Der westlichen Medizin erscheint die Akupunktur vielfach noch fragwürdig, es ist aber unbestritten, daß es vielen Patienten durch ihre Hilfe besser geht. Nicht nur in China, auch in Rußland arbeitet man heute mit ihr auf wissenschaftlicher Basis und häufig mit gutem Erfolg. Das ist ein weiterer wesentlicher Hinweis darauf, daß Hautkontakt und Hautkontakt-Bewußtsein von beachtlichem Einfluß auch auf die inneren Organe des Körpers sein müssen.* Eine Feststellung, die nahezu alle Eutonieübenden an sich selbst bestätigt finden.

Nun noch zu den anderen Punkten. Zunächst zu a) Empfinden und bewußtes Wahrnehmen des Körpers über die Haut: Hier liegt ein wichtiger Unterschied zu manch anderen bekannten Techniken. Der Mensch, der Hautkontakt übt, wird sich nie ganz in sich zurückziehen können. Denn er steht ja immer in Verbindung mit

* In diesem Zusammenhang: Speziell die Fußsohlendiagnostik und -therapie wird heute auch von der naturwissenschaftlichen Medizin mehr und mehr anerkannt. Der Mensch ist eben eine unteilbare Ganzheit!

»außen«. Das führt letztlich zu einer größeren Präsenz, zu einem wacheren Da-Sein. Der Sinn von Bewußtseinsübungen darf nicht sein, sich mehr und mehr einseitig zu verinnerlichen. So daß die Welt, in die man nun einmal hineingeboren ist, mehr und mehr vergessen wird. Wesen und Ziel von Bewußtseinsübungen sollte nur sein, daß der, der übt, sich zwar verinnerlicht, aber die dadurch neu erweckten, bisher im Unterbewußten brach gelegenen Kräfte mit hineinnimmt in sein tägliches Leben. Also wieder außen *und* innen sein. Eine Technik, die nur Innesein anstrebt, muß falsch sein!

Dazu ein Beispiel: In unseren Kursen, in denen wir Eutonie mit Zen-Meditation verbinden, machten wir mit den Teilnehmern zuweilen auch nonverbale Kommunikationsübungen. So z. B. das »Blindekuhspiel« (nach Dr. William C. Schutz). Die Teilnehmer haben folgende Aufgabe: mit geschlossenen Augen durch den Raum zu gehen, sich, den Raum, die Gegenstände und die Menschen zu erfühlen. Immer wieder stellen wir bei dieser einfachen Übung, die wir mit an den Anfang unseres Seminars setzen, einen erschreckenden Grad von Kontaktlosigkeit fest. Sinn und Zweck dieser Übung ist letztlich, daß sich die Teilnehmer diese Kontaktlosigkeit selbst bewußtmachen. So geben die meisten bei der anschließenden Besprechung zu, wie schwer es ihnen gefallen sei, einen anderen Menschen zu berühren. Viele sind sogar so ehrlich einzugestehen, daß sie heimlich »geblinzelt« hätten, um jeder persönlichen Berührung aus dem Wege zu gehen. Ein Arzt, der ja in die Gruppe der »Berufsberührer« gehört, sagte sogar: »Ich hielt mich nur ganz am Rande des Raumes auf und konnte immer nur eines denken: Es wird mich doch keiner berühren, es wird mich doch keiner berühren! Selbst jemand zu betasten wäre mir einfach unmöglich gewesen.«

Schon nach 1–2 Tagen praktischen Eutonie-Übungen kommen viele Teilnehmer von sich aus mit dem Wunsch auf uns zu, das »Blindekuhspiel« noch einmal machen zu dürfen. »Ich glaube, jetzt könnte ich auch etwas fühlen. – Jetzt hätte ich keine Angst mehr davor, jemand zu berühren oder selbst berührt zu werden. – Ich sehne mich sogar danach!« Was ist geschehen? Die Masken, hinter denen sich die meisten heute befinden, werden zur Seite gelegt. Der Mensch will wieder fühlen: sich und andere. Er spürt, daß seine selbstgefertigte Maske ihn und seine wahren Gefühle zwar verbirgt und schützt, aber auch gleichzeitig daran hindert, mit anderen in echte Kommunikation zu treten. Er wünscht jetzt Kontakt: eine körperlich-seelisch-geistige Berührung. In der Tat ist es so, daß die Teilnehmer am Ende des Kurses beim Verabschieden sich meist nicht nur die Hand geben. Vielmehr schauen sie einander schweigend oft mehrere Minuten lang in die Augen, halten sich an den Händen, berühren einander gegenseitig die Schultern und Arme, klopfen sich auf den Rücken, streichen über das Haar, umarmen sich. Und das nach einem Zusammensein von drei Tagen, und das völlig freiwillig, ohne Aufforderung, ohne Zutun von unserer Seite!

Zu d) Abgeben von Überspannung: Wir können getrost davon ausgehen, daß wir zeit unseres Lebens überwiegend Sinneseindrücke aufnehmende Wesen sind. Tagtäglich müssen wir unzählige solcher Eindrücke verarbeiten. Ja, sogar nachts registriert unser Körper noch Dinge (z.B. Geräusche), die wir im schlafenden Zustand nur nicht bewußt wahrnehmen. Das EEG (Elektroenzephalogramm) eines jeden Schlafenden beweist es.

Wir können weiterhin davon ausgehen, daß unser Körper als unteilbare Ganzheit ein elektrisches Feld darstellt und um sich verbreitet. Das ist heute wissenschaftlich nachgewiesen (s. z.B. »PSI – Die wissenschaftliche Erforschung...« S. 45 Fußnote). Wenn wir in so hohem Maß Eindrücken und Erlebnissen jeder Art ausgesetzt sind, so bedeutet das ständige Gefühlserregung. Nun hat jedes Gefühl neben seiner Stimmungs- eine Antriebsseite (s. S. 59), die dabei aktiviert wird. Wir laden uns also gleichzeitig in beachtlichem Maß mit Energie auf. So wird unser äußeres und inneres Gleichgewicht gestört. Wir müssen auch wieder abgeben. Und gerade hier liegt es heute im argen. Natürlich geben wir Energie ab durch unsere Arbeit, durch Bewegung, durch unser tägliches Tun. Aber wer von uns arbeitet noch körperlich im echten Sinn des Wortes, wie es früher fast die Regel war? Nicht einmal ein durchschnittlicher Arbeiter in irgendeinem durchschnittlichen Betrieb kann heute sein Zuviel an Energie durch seine Arbeit abgeben. Nicht einmal ein Sportler kann z.B. seine

Energie »ablaufen«. Wir geben also lange nicht soviel ab, wie wir aufnehmen. Das kann wiederum nur Stau bedeuten im Organismus, Überdruck, Überspannung.

Genau hier setzt die Eutonie mit ihren Kontaktübungen an. Wer Kontakt übt, also bewußtes Wahrnehmen der Haut zur Umwelt, gibt unbewußt Spannung ab. Die bloße Tatsache, daß er mit vollem Bewußtsein, d.h. mit voller Konzentration, den Kontakt zu einem anderen Gegenstand oder einer anderen Person erfühlt, bewirkt offensichtlich die intensive Steigerung dieses Vorgangs. Man kann die Regel aufstellen: Je verspannter ein Mensch ist, je mehr Überdruck also in ihm ist, um so mehr Kontakt muß er üben. Je größer die Kontaktfläche ist oder je intensiver das Bewußtwerden des Kontakts, um so größer die Befreiung. – Übrigens: *Spürt* ein Mensch seine Spannung, so ist er bereits verspannt, überspannt. Denn die normale, die gesunde Spannung spürt man nicht.

Ein Beispiel dazu: Bei einer Besprechung spielt ein Gesprächsteilnehmer unbewußt ständig mit seinem Kugelschreiber. Er bewegt ihn pausenlos in seinen Fingern hin und her. Das signalisiert dem aufmerksamen Gesprächspartner, daß sein Gegenüber nervös und verspannt ist. Das aufgeregte Spielen mit dem Kugelschreiber ist nichts anderes als der unbewußte Versuch des Körpers, den übermäßigen Druck, unter dem er steht, »abzulassen«. – Jemand, der eutonisches Kontakttraining übt, wird in gleicher Situation folgendes tun: Er wird den Kugelschreiber ganz bewußt in die Hand nehmen. »Meine Hand, meine Finger sind da an meinem Kugelschreiber.« Alles Bewußtsein geht, und sei es auch nur für Sekunden, in die Hand, in die Oberfläche der Hand. Und *bewußt* gibt der Übende seine Verspannung ab. Er wird ruhiger: Nicht über eine suggestive Formel, nicht durch unbewußtes Abreagieren, sondern durch eine, wenn auch noch so kurze Bewußtseinskonzentration. Er wird nicht bloß scheinbar, sondern tatsächlicher ruhiger.

Es kann für manche Menschen auch nötig sein, einmal »Kraft«, Spannung aufzunehmen. Sie befinden sich in der Spannungsskala nicht auf der Seite der Überspannung – wie der durchschnittliche Mensch heute –, sondern auf der der Auflösung (Seite 35). Erschöpfung kann ja zwei Ursachen haben: Das eine Mal ist zuviel Spannung vorhanden, die Kraft ist gestaut, verkrampft, überspannt. Obwohl der Mensch »am Platzen ist«, wird er eines Moments erschöpft sein (siehe den Teufelskreis, S. 58). Das andere Mal ist zuviel Spannung verloren worden, sie löst sich auf: Dann ist der Mensch erschöpft, weil er ausgepumpt, »fertig«, leer ist. Systematische Hautkontaktübungen können in jedem dieser beiden Fälle eine wesentliche Hilfe sein, den normalen Zustand wiederherzustellen. Hier ist zwar in erster Linie das Abgeben von Überspannung behandelt, weil es heute der »normale« Fall ist, zuviel Spannung zu haben. Auf der anderen Seite kann man im Hautkontakt auch »Kraft« und Spannung aufnehmen. Wo etwas abgegeben werden kann, kann auch etwas aufgenommen werden. Davon abgesehen, daß das jeder Mensch zu erleben in der Lage ist, finden gewisse zweifelsfrei berichteten Heilungseffekte, zum Beispiel durch Handauflegen, hier ihre Erklärung. Die bloße Wirkung der Suggestion reicht nicht aus, das alles verständlich zu machen.

Methodik:

Dieses Ablassen, dieses Abgeben von Überspannung und Überdruck, ist auch der Hauptgrund dafür, *daß in der Eutonie zunächst alle Übungen am Boden ausgeführt werden.* Nirgends ist die Auflagefläche des Körpers so groß wie im Liegen. Und nirgends ist die Möglichkeit, bewußt Spannung abzugeben, so groß wie hier auf einer harten Unterlage. Der Geübte wird später in jeder Situation, in der er sich befindet, sein körperlich-seelisches Gleichgewicht wiederbekommen können: Er fühlt seine Verspannungen und kann sie bewußt reduzieren und regulieren. Für den Anfänger aber ist das Üben am Boden eine Grundvoraussetzung.

Nicht zuletzt auch deswegen, weil das Erkennen und Formen des eigenen Körperbildes am Boden leichter ist. Denn hier wird – neben dem Wiederbeleben der Haut als Tast- und Fühlorgan – das Gefühl für die Gelenke und für das Skelett am leichtesten geweckt. Wer hat noch ein Gefühl für sein Skelett und wer für seine Gelenke? Fragt man 10 Leute, wo sich das Hüftgelenk befindet, bekommt man bestimmt 9 falsche oder zumindest nicht ganz richtige Antworten. Wie soll aber ein Mensch sich seiner Gelenke bewußt werden, wenn er nicht einmal weiß, wo sie sitzen? Die Arbeit am Boden ist also unerläßlich.

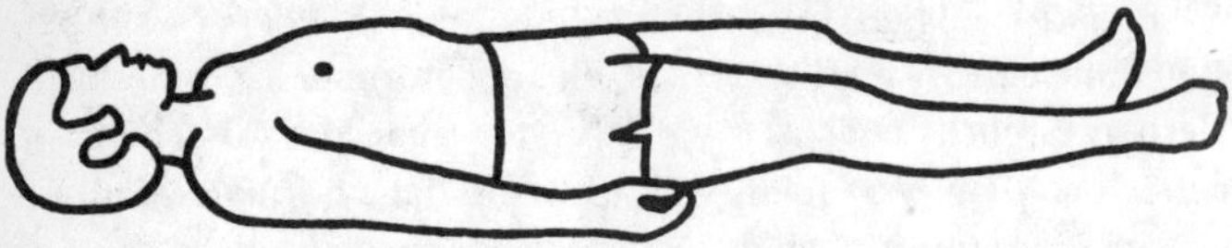

Übung 1: (Liegen)

Eine Kontaktübung am Boden (für einen Anfänger) könnte z.B. so aussehen:

Der Übende legt sich in einen ruhigen Raum auf eine warme Wolldecke: Flach auf den Rücken, auch Kopf direkt auf Boden, Beine gestreckt, Fersen ungefähr Handbreit auseinander (Sitzhöckerabstand, s. S. 108), Zehen fallen nach außen, Arme etwas entfernt vom Körper, Handaußenkanten mit dem kleinen Finger (ungefähr) am Boden; Augen geschlossen. In dieser Ausgangsposition stellt sich der Übende ganz auf FÜHLEN ein:

Becken: Becken am Boden fühlen, als ob die Haut durch die Kleidung hindurch den Boden berühren könnte. Alle Hautkontakte wahrnehmen und Abstände der Haut vom Boden erkennen. Schmerzen und Verspannungen registrieren.

Rechtes Bein: Vom Becken ausgehend das rechte Bein durcharbeiten: Hautkontakt oder auch Abstand wird erfühlt in der Reihenfolge: rechter Oberschenkel, Kniekehle, Unterschenkel, Ferse, Fuß und die einzelnen Zehen. Da der Fuß und die Zehen außer bei der Ferse keinen Bodenkontakt mehr haben, wird der Fuß mit den Zehen zum Strumpf hin gefühlt. Sind die Zehen schlecht zu erkennen, können sie ein wenig gegen den Strumpf bewegt werden. Danach das ganze Bein auf einmal fühlen, im gesamten. Fragen: Wie fühlt es sich an? Ist eine Veränderung festzustellen, welche? Wie fühlt sich dagegen das linke Bein an? Unterschied dazu?

Linkes Bein: Wieder vom Becken aus wird dieselbe Übung links gemacht. Danach beide Beine auf einmal fühlen.

Rücken: Vom Becken aus aufwärts wird der Rücken am Boden erspürt, alles was von ihm am Boden wahrzunehmen ist. Wie breit ist er, wie liegt er auf, sind Schmerzen da, Verspannungen? Wie liegt die Wirbelsäule auf, wo kann sie nicht am Boden gespürt werden? Schultergürtel fühlen, auch den Abstand der Halswirbel zum Boden erkennen.

Rechter Arm: Von der rechten Schulter ausgehend wird der Arm so zum Boden gefühlt wie vorher die Beine: Zuerst der Oberarm (Hautkontakt oder Abstand erkennen), Ellenbogen, Unterarm, Hand und jeder einzelne Finger. Für Anfänger (und auch für schon Geübtere) ist es vorteilhaft, in jeder Hand einen Gegenstand (noch mehr Kontakt) zu halten. Als sehr vorteilhaft haben sich Tennisbälle erwiesen. Die Finger werden nun einer nach dem anderen ganz bewußt an diesem Ball wahrgenommen, jedoch ohne sich zu rühren. Nur wer sehr schlecht fühlen kann, sollte sie – genau wie bei den Zehen auch – ein wenig bewegen. Je geringer die Bewegung, um so besser. Danach den Arm als Ganzes fühlen. Fragen: Wie spüre ich jetzt meinen Arm? Ist ein Unterschied da zum linken? Welcher?

Linker Arm: Genauso üben wie rechts. Am Schluß beide Arme gleichzeitig spüren.

Kopf: Die Rundung des Kopfes fühlen, Haut, Auflagefläche.

Als Ganzes: Zum Abschluß sich noch einmal als Ganzes daliegen spüren. Frage: Wie kann ich mich *jetzt* fühlen? Was kann ich *jetzt* von mir wahrnehmen?

Schluß: Nach jeder Übung am Boden muß zum Abschluß der ganze Körper gedehnt und gestreckt werden. Das ist die ganz natürliche Reaktion des Organismus auf diese konzentrierte Bewußtseinsarbeit. Je intensiver die Übung war, je größer also die Konzentration, um so mehr Bedürfnis besteht (normalerweise!) nach Dehnen und Strecken. Häufig kommt dazu noch ein gewaltiger Gähnausbruch, der keinesfalls unterdrückt werden darf. Alles, das Dehnen, Strecken und Gähnen wirkt auf den Körper wie eine große Befreiung. Er darf sich gehenlassen, sich lösen. – Den Grad der Gestörtheit eines Menschen, seiner Überspanntheit und

Verkrampfung kann man unter anderem auch daran sehen, wie er sich am Ende der Übung verhält. Bei Anfängerkursen kann sich kaum einer richtig dehnen und strecken. Vom Gähnen gar nicht zu reden. Auch das muß erst richtig gelernt, auch da muß Hemmung überwunden werden. Je mehr aber Eutonie geübt wird, um so intensiver wird auch diese so natürliche Ent-spannung.

In unseren Kursen werden von den Teilnehmern zu den einzelnen Übungen immer wieder dieselben Fragen gestellt.

Frage: Warum wird bei dieser Übung vom Becken ausgehend zunächst nach unten gearbeitet und nicht wie bei anderen Techniken, z.B. bei Yoga, von den Zehen aufwärts zum Kopf?

Antwort: Yoga ist eine Technik, die aus dem Osten kommt. Der östliche Mensch ist nicht, allgemein gesehen, so »kopflastig« wie der westliche. Deshalb kann er auch so üben. Wenn wir, die wir fast ausnahmslos »im Kopf« sind, also sehr verstandesgebunden, auch noch nach oben hinarbeiten, so wird dort keine Entlastung spürbar. Im Gegenteil: Es entsteht noch mehr Stau, noch mehr Überdruck. Es ist wichtig für uns, daß wir den Kopf entlasten. Das kann zunächst nur durch Arbeit an den Beinen und Füßen und nur vom Becken abwärts geschehen. Ein Mensch, der durch Eutonie in sein Spannungsgleichgewicht gefunden hat, kann überall am Körper anfangen zu üben. Ein Anfänger nicht.

Frage: Was heißt Sitzhöckerabstand, und warum ist er wichtig?

Antwort: Sitzhöckerabstand ist der Zwischenraum zwischen den beiden Sitzhöckern. Es sind die beiden Knochen, die beim Sitzen links und rechts im Gesäß gut gefühlt werden können. Jeder Mensch hat also seinen eigenen Sitzhöckerabstand: er ist beim einen etwas breiter, beim anderen etwas schmaler. Dieser Abstand hat unmittelbar mit den Hüftgelenken zu tun. Wenn der Abstand nicht eingehalten wird, die Beine z.B. sehr weit auseinanderstehen, so sind die Hüftgelenke unnötig belastet. Der Sitzhöckerabstand gibt nach der Statik des Körpers die natürliche Entfernung der Beine voneinander an.

B) Erweitertes Kontakt-Bewußtsein (Verlängerung)

Um dieses Prinzip (Verlängerung) richtig verstehen zu können, muß nochmals an das Prinzip des Hautkontakts erinnert werden. Hautkontakt-Bewußtsein ist das Empfinden und bewußte Wahrnehmen des Körpers über die Haut in Beziehung zu seiner Umwelt. Dadurch wird die Fühlfähigkeit gesteigert, das eigene Körperbild besser erkannt. Dadurch kann auch Überspannung abgegeben werden.

Erweitertes Kontaktbewußtsein bedeutet zunächst die *Vorstellung von der Verlängerung eines Körperteils.* Es bedeutet nichts anderes als *erneute erweiterte Kontaktnahme des Körpers zu seiner Umwelt.* Verlängerung ist eine erweiterte körperliche und seelisch-geistige Berührung. Statt vieler Worte gleich ein Beispiel:

Ich kann mit meinen Fersen Hautkontakt aufnehmen mit dem Boden, auf dem sie aufliegen, wie es bei der Liege-Übung beschrieben wurde. Dieses Hinwenden des Bewußtseins auf die Fersen normalisiert vor allem die durch die Kopflastigkeit des heutigen Menschen bedingte Überspannung.

Ich kann aber auch meine Fersen als erweiterten Kontakt Fühlung aufnehmen lassen zur Wand hin. Das heißt, meine Fersen verlängern sich in meiner Vorstellung am Boden entlang, bis sie dort an der Wand neuen Kontakt nehmen können. In meiner Vorstellung, in meinem Fühlen bin ich demnach *dort,* an der Wand. Meine *Fühlfähigkeit,* bisher an meinen Körper und sein ihn umhüllendes Organ Haut gebunden, *erweitert sich.* Ich fühle dort, wo ich in meiner Vorstellung bin. (Die Kraft der Vorstellung und ihre Auswirkung auf den Körper wurde bereits auf S. 59 behandelt.) Verlängerung ist also nichts anderes als eine neue Art, FÜHLEN zu lernen.

Demnach ist die Verlängerung vor allem erweiterte Kontaktaufnahme des Körpers. Das ist auf der einen Seite ihr großes Plus. Wenn durch die Verlängerung die Kontaktaufnahme erweitert wird, so sind auch alle Wirkungen »erweitert«. Das heißt also: Durch die Verlängerung wird die Fühlfähigkeit, die Sensibilität des Menschen mehr gesteigert als durch bloßes Kontaktnehmen. Das Körperbild kann erweitert erkannt und dadurch auch erweitert geformt werden. Und es ist durch die Verlängerung möglich, ein viel größeres Maß an Überspannung abzugeben als in der bloßen Kontaktnahme.

Um beim *Abgeben von zuviel Spannung* anzufangen: Bei der heutigen Eindrucksüberfütterung, ja Reizüberflutung, beim heutigen Streß wird ständig Überdruck im Organismus erzeugt. Da ist es eine Wohltat, diese gestaute Überspannung bewußt durch die Verlängerung abgeben zu können. Das wirkt lösend, befreiend, regulierend. Aber genau um dieses Regulieren geht es. Hier tut sich auf der anderen Seite nämlich eine gewisse Gefahr auf. Wer immer nur verlängert, ohne sich seiner tatsächlichen Kontakte gewahr zu sein, kann auch zuviel an Spannung (Energie) abgeben. Er geht dann »über sich hinaus« und verliert sich. Er löst sich auf (siehe Übersicht S. 35). Hier ist also Gespür dafür nötig, was sein darf und was nicht. Aber: Wer viel Kontakt übt und nur wenig Verlängerung, wird nie etwas falsch machen können.

Beim *Erkennen des Körperbildes* ist es ähnlich. In der Verlängerung wird ja ein erweitertes Körperbild gefühlt, was bereits einer Bewußtseinserweiterung gleichkommt. Das ist gut. Nicht gut ist es, wenn sich der Übende mehr und mehr bloß in dieser Erweiterung des Bewußtseins wohl fühlt und aufhält. Er kann darüber die Realität seines Daseins vergessen und sich in die Irrealität flüchten. Das aber wäre niemals mehr Eutonie! Auch hier gilt: Wer sich nicht badet im Genuß der Verlängerung, sondern sie annimmt als das, was sie ist: erweiterter Kontakt zu etwas, wird keine nachteiligen Folgen zu befürchten haben.

Genauso steht es mit der *Fühlfähigkeit*, der Sensibilität. Wer von Haus aus schon sehr fühlsam ist, soll Verlängerung nur sparsam einsetzen. Er hat ja die Steigerung seiner Fühlfähigkeit nicht nötig. Er soll mehr als alles andere Kontakt üben. Es ist aber leider so, daß gerade die Fühlsamen sich besonders in der Verlängerung wohl fühlen. Denn sie verspüren natürlich als erste jenes bewußtseinserweiternde Moment. Deshalb sei hier vor dieser möglichen Gefahr gewarnt. Doch wer Eutonie richtig übt, wird niemals nur Verlängern üben. Sonst hätte er ja von den Prinzipien der Eutonie und ihrer Bedeutung nichts verstanden.

Übung 2: (Liegen)

Eine Kontaktübung am Boden mit Verlängerung (für Anfänger): Ausgangsposition wie bei Übung 1, also:

- Rückenlage, Beine gestreckt im Sitzhöckerabstand, Augen geschlossen, in beiden Händen ein Tennisball.
- Hautkontakt fühlen, also Haut fühlt sich durch die Kleidung und eventuell über Abstände hinweg (ohne Bewegung) zum Boden: Becken, rechtes Bein (Oberschenkel, Knie, Unterschenkel, Ferse, Fuß und Zehen zum Strumpf).
- Danach Einstellung auf die rechte Ferse. Ganz dort sein. Nun versuchen, mit der Ferse eine Verbindung zur Wand herzustellen, das heißt also: die *rechte Ferse soll in der Vorstellung, also ohne irgendeine Bewegung,* wachsen. Sie darf sich verlängern am Boden entlang, bis sie an der Wand wieder Kontakt hat. Dabei wird natürlich der ganze Fuß »mitgenommen«. Aber es führt die Ferse.
- Das ganze rechte Bein jetzt auf einmal fühlen bis hin zur verlängerten Ferse. Fragen: Wie fühlt es sich an? Gibt es Unterschiede zu links?
- Hautkontakte am linken Bein genauso fühlen wie eben bei rechts beschrieben.
- Danach ebenfalls die linke Ferse wachsen lassen bis zur Wand.
- Beide Beine zusammen fühlen bis hin zu den verlängerten Fersen. Sind die vorher erfühlten Unterschiede jetzt aufgehoben?
- Vom Becken aufwärts nun den ganzen Rücken erspüren. Breite, Auflagemöglichkeit der Wirbelsäule, Schultergürtel.
- Vom rechten Schulterblatt ausgehend den Arm durcharbeiten im Kontakt zum Boden: Oberarm, Ellenbogen, Unterarm, Hand und die Finger um den Ball. Jeden einzelnen der fünf Finger bewußt am Ball wahrnehmen. Am kleinen Finger beginnen.
- Danach der Versuch, in der Vorstellung die Finger in den Ball hineinwachsen zu lassen, so als ob die Finger sich zur Mitte des Balls fühlen könnten. *Das geschieht wiederum nur in der Vorstellung, also ohne Bewegung.*
- Jetzt den ganzen Arm auf einmal spüren und fragen: Wie fühlt er sich an? Gibt es Unterschiede zu links?
- Den linken Arm in den Hautkontakten genauso durcharbeiten wie den rechten (vom Schulterblatt aus), und ebenfalls die Finger in der Vorstellung in den Ball wachsen lassen.

– Danach beide Arme gleichzeitig fühlen. Sind eventuell vorher gespürte Unterschiede jetzt aufgehoben? Fühlen beide Arme sich also gleich an?
– Zuletzt den Kopf, seine Auflagefläche am Boden fühlen. Wer dort Schmerzen verspürt, wird die Vorstellung zu Hilfe nehmen, daß der Kopf sich etwas in den Boden einbetten darf. So als ob am Boden eine Rundung wäre, die den Kopf aufnimmt (etwas nach unten/rückwärts, also etwas Richtung Wand hinter dem Kopf). Wer in der Vorstellung sehr gut ist, kann sich auch ganz bewußt darauf einstellen, diesen Schmerz in den Boden hineinzulassen.
– Zum Abschluß sich noch einmal als Ganzes fühlen: alles was *jetzt* empfunden und wahrgenommen werden kann.
– Schließlich gut dehnen und strecken. Beim Dehnen darauf achten, daß *die Fersen wie zuvor in der Vorstellung jetzt tatsächlich nachwachsen können.* Also noch einmal die Vorstellung der verlängerten Fersen haben, und sie dann tatsächlich so dehnen, als ob sie zur Wand könnten. Jetzt kommt also das Moment der wirklichen Bewegung hinzu. Auch Gähnen zulassen! Je besser Sie sich dehnen, strecken und gähnen, um so größer die Befreiung von Überspannung.

Frage: Ist es wichtig, immer rechts zu beginnen bei Bein- und Armarbeit?

Antwort: Nein, das hat keinerlei Bedeutung. Hier wird es nur der Einfachheit halber so gehandhabt. Wenn Sie üben, können Sie genauso links beginnen. *Wenn Sie immer genau fühlen, wo Sie sind, ist jedes Üben richtig.*

Frage: Warum soll die Ferse ausgerechnet bis zur Wand wachsen? Die Wand ist so weit weg. Das schaffe ich nicht!

Antwort: Jede Verlängerung soll immer im Kontakt zu etwas geschehen. Im Liegen ist es gut, die Fersen bis zur Wand wachsen zu lassen, damit sie dort neuen (erweiterten) Kontakt nehmen können. Wenn die Wand zu weit weg ist, so stellt man sie sich einfach etwas näher vor. Ist sie zu nah, stellt man sie sich weiter weg vor.

Frage: Meine Fersen sind gar nicht an der Wand geblieben,

sondern durch sie hindurch und dann weiter und weiter gewachsen. Ich war schließlich ganz »weg«. Was habe ich falsch gemacht?

Antwort: Keine Verlängerung darf ins »Unendliche« gehen. Dadurch käme eine Gefahr auf: des Nicht-mehr-ganz-bei-sich-Seins. Verlängerung heißt erweiterter Kontakt. Nur dann, wenn der verlängerte Körperteil *Kontakt* zu etwas hat, ist die Verlängerung sinnvoll. Und nur dann ist sie auch ohne Gefahr. Wer ins Unendliche verlängert, erweitert sich zu sehr. Positiv gesehen: Er erlebt Bewußtseinszustände, die ihm sehr angenehm sind (ähnlich wie bei gewissen Drogen). Negativ gesehen: Er kann mit diesen Bewußtseinszuständen nicht fertig werden. Er »geht über sich hinaus«, er verliert sich in die Ungehemmtheit. Er »zerlöst« seine Persönlichkeit (vgl. S. 35).

Frage: Ich fand es wunderbar, wie die Finger in meiner Vorstellung im Ball waren. Dann hatte ich das Bedürfnis, den Ball auch wirklich zu drücken. Wäre das richtig?

Antwort: Ja, das kann man tun. Wenn die Finger in der Vorstellung gut in den Ball hineingewachsen sind, kann man einmal echten Druck der Finger auf den Ball ausüben. Je besser die Vorstellung war, um so leichter wird nun die Bewegung. Den Druck auf den Ball dann *auf einmal* loslassen, also plötzlich. Aber nicht den bewußten Kontakt der Finger zum Ball dabei verlieren! Jetzt noch einmal mit dem anderen Arm vergleichen.

Wer gut beobachten möchte, kann jetzt dort ohne Vorbereitung, also ohne vorheriges Verlängern der Finger, den Ball drükken. Der Ball wird sich vergleichsweise zum anderen hart und irgendwie unnachgiebig anfühlen. Dann wird hier genauso geübt wie bei der anderen Hand: Finger in der Vorstellung in den Ball hineinwachsen lassen. Wenn sie gut »dort« sind, echten Druck der Finger in den Ball geben. Das heißt: Alle fühlbare Überspannung wird bewußt in den Ball gegeben. Das geschieht nicht durch Anspannen der gesamten Armmuskulatur, sondern durch jene »absichtslose Gespanntheit«, von der in Eugen Herrigels »Zen in der Kunst des Bogenschießens« zu lesen ist. Dort gibt der Meister einen Schuß mit dem Bogen ab. Der Schüler darf die Armmuskulatur betasten und stellt fest, daß sie nahezu spannungslos ist, als ob sie keine Arbeit zu leisten hätte.

Auch bei unserer Übung bleibt der Arm frei. Er spannt sich nicht an oder verkrampft sich gar. Die Arbeit geschieht mehr im Bewußtsein und in den Fingern als im ganzen Arm. – Der Druck der Finger wird dann mit einemmal, also plötzlich, losgelassen. Danach ist die Wirkung zu beobachten. – Wer noch viel Spannung fühlt – fühlbare Spannung ist immer Überspannung – kann diese Übung ruhig ein zweites oder auch drittes Mal machen. Sie wirkt sich sehr positiv auf alle Verhärtungen im Nacken-, Schulter- und Armbereich aus.

Übung 3: (Sitzen)

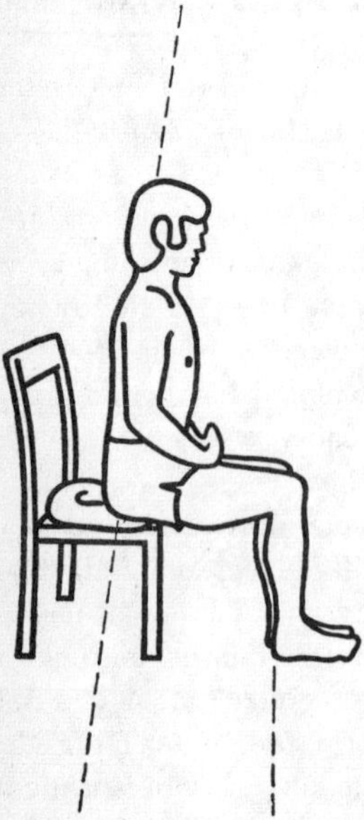

Auch das richtige Sitzen will gelernt sein. Das heutige Sitzen in bequemen weichen Sesseln und Stühlen erscheint uns zwar bequem, ist aber anatomisch unrichtig und daher gesundheitsschädlich: die Wirbelsäule ist meist gekrümmt. Außerdem wird sie von außen her immerzu gestützt. Sie muß also verkümmern, degenerieren. Und sie braucht dann, wenn sie diese äußere Stütze nicht mehr hat, um so mehr den Halt und die Stütze der Muskeln. Dafür sind sie aber nicht ausgebildet. Sie sind dazu da, den Körper aktiv zu bewegen, nicht aber, dem Skelett starre Haltungshilfe zu geben.

Deshalb sollte das freie richtige Sitzen immer wieder geübt werden. Benützen Sie jede Gelegenheit dazu.

– Setzen Sie sich auf einen harten Stuhl, dessen Höhe der Länge Ihrer Unterschenkel bis zur Kniekehle entspricht (Oberschenkel also waagerecht). Die Unterschenkel befinden sich im rechten Winkel zu den Oberschenkeln, Füße stehen im Sitzhöckerabstand parallel zueinander. Die Hände liegen auf den Oberschenkeln (große Kontaktfläche, nicht wie bei der Meditationshaltung in der Zeichnung). Der Oberkörper ist aufrecht, ohne sich anzulehnen, Blick geradeaus.

– Benutzen Sie nur die vordere Hälfte des Stuhls und setzen Sie sich so darauf, daß Sie Ihre Sitzhöcker gut fühlen können. Vielleicht tasten Sie mit der Hand einmal nach, um sicher zu sein, wo die Sitzhöcker genau sind.
– Danach lassen Sie Ihren Scheitel bzw. die darauf wachsenden Haare (Scheitelhaare) zur Decke hinauffühlen. Um genau zu wissen, welche Stelle gemeint ist, lassen Sie in Ihrer Vorstellung Ihre Wirbelsäule durch den Kopf hindurchgehen. Sie käme an dem Punkt heraus, den wir den Scheitel nennen. Von diesem so verlängerten Scheitel bzw. den verlängerten Scheitelhaaren lassen Sie sich im Fühlen an der Decke etwas nach vorne führen: Der ganze Oberkörper einschließlich Becken wird ungefähr 10 Grad nach vorne geneigt. Dadurch verspüren Sie eine kleine Verschiebung im Gesäß. Sie haben nun nicht mehr das Gefühl, *auf* den Sitzhöckern zu sitzen, sondern etwas *»davor«*. Das Gewicht ruht also auf der vorderen Seite der Sitzhöcker. Dadurch bekommen Sie von allein eine ganz aufrechte Haltung und vor allem mehr Freiheit im Bauchraum, also eine bessere Atmung.
– Zur Schulung Ihrer eigenen Beobachtung sollten Sie auch einmal »hinter« den Sitzhöckern sitzen, also Ihr Becken etwas nach hinten nehmen. Wenn Sie gut beobachten, werden Sie feststellen: Sofort wird der Rücken runder, und der Leib ist irgendwie »zu«, beengt beim Atmen. Vielleicht fallen auch die Schultern noch etwas nach vorn und beengen dazu die Brustatmung. Genau diese Haltung ist aber heute die »normale«!
– Nach dieser Zwischenbeobachtung nehmen Sie die Haltung »vor« den Sitzhöckern wieder ein. Die Füße nehmen nun Kontakt mit dem Boden auf, also die Haut fühlt sich (ein Fuß nach dem anderen) über Strumpf und Schuh hin zum Boden. Nach einigem Üben kann das auch bei beiden Füßen gleichzeitig geschehen.

- Dann wächst in der Vorstellung eine Ferse nach der anderen in den Boden hinein. Die Füße werden in der Vorstellung zwar mitgenommen, die Fersen führen jedoch an. Ganz bei den beiden verlängerten Fersen unten im Boden sein!
- Danach werden die Hautkontakte des übrigen Körpers zur Kleidung gespürt: Unterschenkel, Knie, Oberschenkel, Gesäß und noch einmal besonders die Sitzhöcker. Sie werden nun in der Vorstellung verlängert, und zwar durch die Kleidung und durch den Stuhl hindurch zum Boden und dort hinein. Der Winkel beträgt wieder ungefähr 10 Grad, diesmal nach unten hinten. Sie können sich nun fühlen in einer geraden Linie von der Decke oben vorn bis zum Boden unten hinten. Diese Linie verlängerte Scheitelhaare/verlängerte Sitzhöcker wird Ihnen auch in Ihrem Alltag immer wieder beim Sitzen helfen, sich ohne große Bemühung oder gar Forcierung aufrecht zu halten. Das ist besonders für den Anfänger, der an sich und seiner Haltung arbeitet und noch einen »krummen« Rücken hat, sehr wertvoll.
- Wenn beide Sitzhöcker gut nach unten hinten verlängert sind, fühlen Sie nach oben die weiteren Hautkontakte: Brust und Rücken. Am Rücken vor allem die verschiedenen Wirbel zur Kleidung: Lendenwirbel, Brustwirbel und die Halswirbel. Danach die Kontakte der Arme und der Hände, die auf den Oberschenkeln liegen. Die Hände wachsen in der Vorstellung in die Oberschenkel hinein.
- Danach fühlen Sie Ihren Kopf und erkennen, was Sie von ihm ohne besonderen Hautkontakt wahrnehmen können. Vor allem soll die Zunge gelöst und der Rachenraum frei sein (also keine aufeinandergepreßten Kiefer!).
- Zum Schluß noch einmal die verlängerten Fersen im Boden, die verlängerten Sitzhöcker und die verlängerten Scheitelhaare fühlen. So die Haltung noch einmal überprüfen.

Frage: Kann diese Sitzübung auch im Alltag praktiziert werden?

Antwort: Richtig sitzen kann eigentlich immer geübt werden. Seit wir die Wichtigkeit des richtigen Sitzens erkannt haben, praktizieren wir es, wann immer wir sitzen: selbst in Verhandlungen, bei Vorträgen, im Auto (da eben angelehnt), am Schreibtisch usw. Vor einiger Zeit haben wir sogar unsere »bequemen« Schreibtischsessel abgeschafft und sitzen nun auf einfachen Hockern, wenn wir nicht überhaupt am Boden arbeiten. Wer richtig sitzen lernt, wird ständig etwas für sich tun können.

Frage: Warum soll man eigentlich »vor« den Sitzhöckern sitzen? Würde nicht darauf auch genügen?

Antwort: Die heute übliche »normale«Sitzhaltung »hinter« den Sitzhöckern ist unanatomisch und daher falsch und gesundheitsschädlich. Die Folgen sind eine deformierte Wirbelsäule, also ein krummer Rücken, beengtes Zwerchfell und daher schlechte, ungenügende Atmung, schlechte Durchblutung der Bauchorgane, Verhärtung der Rückenmuskulatur, die die Wirbelsäule in ihrer unnatürlichen Position festhalten muß.

Das Sitzen »auf« den Sitzhöckern ist zwar um vieles besser als das Sitzen »dahinter«, es ergibt sich aber dabei leicht ein gewisser Stau in der Wirbelsäule. Wenn Sie deren natürliche Krümmung aus dem Kreuzbein heraus nach vorn dargestellt sehen (die dann bei zu starker Ausprägung zum Hohlkreuz führt), werden Sie das sofort verstehen. Denn nur so werden die Lendenwirbel nicht genötigt, in gekrümmtem Zustand das Gewicht des Oberkörpers tragen zu müssen. Was dann u. a. zu den sattsam bekannten Schäden an ihnen führt. Diesem Stau ist abzuhelfen durch das Sitzen »vor« den Sitzhöckern. Erst so kann die Wirbelsäule in ihrem gesamten Verlauf ohne Druck von unten ganz aufrecht sein und frei schwingen. Und erst so kann sich das Zwerchfell in seiner natürlichen Ausdehnung ganz ungehindert nach unten in den Bauchraum bewegen und dadurch die inneren Organe »massieren«.

Sitzhöckerarbeit ist wichtig. Nicht nur für gutes Sitzen. Wer seine Sitzhöcker immer wieder gut erkennt (als Außenkontakt, als Knochen im Innenraum) und verlängert, wird zum Beispiel dem gefürchteten Ischias vorbeugen können. Bei der Übung 1 kann er die beiden Tennisbälle unter die Sitzhöcker legen. Die Sitzhöcker werden dann schräg nach unten vorn (also in Richtung Fersen) in einem Winkel von ungefähr 20–30 Grad durch die

Bälle hindurch gefühlt und wachsen in den Boden hinein. Das befreit die haftende verhärtete Muskulatur um die Sitzhöcker. Dieser Übung kann man sich natürlich nicht während eines Ischias-Anfalls widmen. Das wäre nicht auszuhalten. Aber wer weiß, daß er immer wieder an Ischias leidet, sollte diese Übung prophylaktisch machen.

C. Das Innenraum-Bewußtsein

Noch einmal zur Erinnerung: *Kontakt* ist eine körperliche und seelisch-geistige Berührung, das Empfinden und bewußte Wahrnehmen des Körpers über die Haut. Es ist das wichtigste Prinzip der Eutonie. *Verlängerung* ist eine erweiterte körperliche und seelisch-geistige Berührung, ein erweitertes Empfinden und Wahrnehmen des Körpers. Durch die Kraft der Vorstellung kann der Körper über seine Begrenztheit hinausgehen. Er kann *dort fühlen,* bei der Verlängerung.

Das Prinzip des Innenraums ist, wenn man so will, ebenfalls Kontakt. Es ist *Fühlungnahme des Körpers:* nicht mehr wie bisher bei Hautkontakt und Verlängerung nach außen, sondern *nach innen.* Innenraum-Bewußtsein heißt Erkennen, Gewahrwerden der inneren Räume. Es ist eine neue Art des inneren Fühlens, des Inneseins.

Es kann sich z.B. jemand sehr wohl inne sein nur im seelisch-geistigen Bereich. Er ist ein verinnerlichter Mensch. Wenn er darüber jedoch vergißt, sich auch in seinem Körper inne zu sein, so ist er nach dem Grundgesetz der leib-seelischen Einheit nur halb da. Hier liegt z.B. der Grund dafür, daß so viele vergeistigte Menschen in ihrem äußeren Bild einen wenig vorteilhaften, manchmal geradezu jämmerlichen Anblick abgeben. Sie sind sich zwar inne, aber nur einseitig. Deshalb werden sie oft auch nicht für voll genommen. Erinnern Sie sich an die Übersicht auf S. 46!

Innesein heißt aber: körperliches und seelisch-geistiges Sich-gewahr-sein. Sich der inneren Räume des Körpers bewußt zu werden ist ein wesentliches Korrektiv zum Nach-außen-gerichtet-Sein des heutigen Menschen. Es ist gleichermaßen ein Korrektiv für das einseitige geistige Innesein. Nur wer sich außen *und* innen fühlen kann, ist ein ganzheitlicher Mensch.

Statt vieler Worte wieder ein Beispiel: Sie nehmen im Sitzen mit einer Hand ganz bewußt Kontakt auf mit einem Gegenstand (z.B. Tischplatte, Armlehne des Sessels o.ä.) oder mit sich selbst (z.B. Oberschenkel). Sie fühlen die Handinnenfläche und jeden einzelnen der fünf Finger bewußt im äußeren Hautkontakt zur Oberfläche des Gegenstandes. Wenn Sie das getan haben, vergleichen Sie diese Hand mit der anderen, die nicht geübt hat. Und stellen Sie dann den Unterschied fest.

Danach versuchen Sie, den Innenraum Ihrer Hand und Ihrer Finger zu erkennen: den Raum von der einen Hautinnenseite zur anderen. Es ist so, als ob Sie in Ihrer Vorstellung von der einen Hautinnenseite durch die Hand bzw. die Finger hindurchkönnten bis zur anderen Innenseite der Haut, ohne diese jedoch zu verlassen. Stellen Sie sich in diesem Raum keine Einzelheiten wie Knochen, Muskeln usw. vor. Sondern erkennen Sie nur den *Raum*, sozusagen leer. Vom Handgelenk aus gehen Sie jeweils in die Räume Ihrer einzelnen Finger (beim kleinen Finger beginnen), so daß Sie sich schließlich den gesamten Innenraum Ihrer Hand einschließlich der Finger bewußtgemacht haben. – Danach vergleichen Sie diese Hand wieder mit der, die nicht geübt hat. Bestimmt werden Sie jetzt einen noch größeren Unterschied feststellen wie nach dem bloßen Hautkontakt vorher.

Warum? Durch das Hinlenken des Bewußtseins auf die inneren Räume wird die ganze Hand in besonderer Weise belebt, durchlebt, durchströmt. »Schlafendes«, das heißt also verschlossenes und daher auch wenig durchströmtes Gewebe wird wieder zum Leben erweckt. Bisher unbewußt vorhandene Verspannungen und Verhärtungen können bewußtgemacht und durch entsprechende weitere Übungen gelockert und gelöst werden. Die Hand »wacht auf«. Sie ist nicht mehr nur ein Körperteil, der eben funktioniert, sondern sie ist belebt durch das Bewußtsein: »Ich bin in meiner Hand.«

Die Hand dient hier nur als Beispiel, das Sie gleich im Experiment nachvollziehen können. Es wäre jedoch ein schlechtes Üben, wenn es auf die Hand beschränkt bliebe. Vielmehr sollte der ganze Körper – *immer nach äußerer Hautkontaktnahme!* – in seinen inneren Räumen empfunden und wahrgenommen werden.

Dies ergibt ein besonderes Gefühl von Lösung, Befreiung, Belebung. Doch bleibt es nicht beim Gefühl. In der Tat können durch Innenraum-Bewußtsein so viele körperliche und in der Folge davon auch seelische Verspannungen und Verhärtungen abgebaut und gelöst werden, daß der Übende ein neuer, ein befreiter, ein harmonischerer Mensch wird.

Immer wieder berichten uns z. B. Menschen, die Beschwerden an ihrer Wirbelsäule haben, folgendes: Nachdem sie einige Zeit (neben anderen Eutonie-Übungen) Innenraum-Bewußtsein der Wirbelsäule geübt haben, also Empfinden und Wahrnehmen jedes einzelnen Wirbels im Körper (die genaue Beschreibung dieser Übung folgt noch), verspüren sie sehr positive Auswirkungen. Ihre Beschwerden dort verringern sich merklich oder hören gar auf. Und das ohne irgendeine suggestive Formel. Allein durch bloßes Hinwenden des Bewußtseins auf die inneren Räume der Wirbelsäule wird so viel Verspannung und Verhärtung abgebaut, daß die Wirbelsäule sich wieder aufrichtet und frei schwingen kann. Sie wird durchatmet, durchströmt, belebt. Die physiologische Begleiterscheinung: ihre Durchblutung wird intensiviert.

Natürlich geschieht das nicht von heute auf morgen. Denn der Körper gibt seine Verspannungen nicht so leicht auf. Er hält an ihnen fest. Sie sind ja schließlich nichts anderes als seine Reaktion auf körperliche oder seelische Fehlhaltungen. Diese zu korrigieren ist schwer. Aber je mehr der Übende lernt, sich ganz in seine Übung hineinzulassen und das, was ihn dabei stört (z. B. Unruhe, Hast, Sorgen, Probleme, Nöte aller Art), zu lassen, um so rascher wird er auch zu positiven Ergebnissen kommen. So gesehen ist Eutonie, und besonders das Arbeiten im Innenraum, Lösung aus körperlicher und seelisch-geistiger Haftung. Verhaftetsein ist immer Enge, Starrheit, Unbelebtsein. Die Lösung davon ist Weite, Belebung, Harmonie und letztlich Freiheit.

Bemerkung zur eutonischen Bewegung: Letzten Endes muß die Lösung aus körperlicher und seelisch-geistiger Haftung und Verhärtung auch zur besseren Bewegung führen. Nur wer sein leibseelisches Gleichgewicht gefunden hat – oder zumindest ständig daran arbeitet, es zu finden – kann sich auch richtig bewegen:

leicht, natürlich und frei. Nur er kann Kraft mit Leichtigkeit verbinden und mit einem Minimum an Energieaufwand ein Maximum an Leistung erreichen. Nur wer außen (Kontakt-Bewußtsein) und innen (Innenraum-Bewußtsein) fühlt, wird sich auch eutonisch richtig bewegen können. Die Eutonie kommt also vom Fühlen her über die sensiblen Nerven und das vegetative Nervensystem zur Motorik. Das ist ganz anders als bei Gymnastik und Sport.

Wer Eutonie richtig leben will, muß sie *hineintragen in seinen Alltag.* Das ganze Leben kann zu einer einzigartigen Übungsmöglichkeit werden. Überall kann ich Kontakt nehmen, überall kann ich mir meiner inneren Räume bewußt sein, überall kann ich diese eutonischen Prinzipien in meine Bewegung und in meine Arbeit übertragen. – Einige Beispiele:

- Ich kann eutonisch gehen. Selbst in größter Eile kann ich mit meinen Füßen immer wieder Kontakt mit dem Boden aufnehmen und mir der inneren Räume meiner Beine gewahr sein. Mein Gang wird leicht und beschwingt, obwohl ich mir der Haftung mit dem Boden immer wieder bewußt bin.
- Ich kann eutonisch Schreibmaschine schreiben: Am Anfang steht das richtige Sitzen, das bereits ausführlich beschrieben wurde (s. S. 114). Vor allem müssen die Sitzhöcker das Gewicht meines Oberkörpers tragen und nicht die Lendenwirbel! Wenn ich richtig sitze, nehmen meine Finger Kontakt auf mit der Schreibmaschine. Ja, ich werde in meiner Vorstellung meine Finger in die Maschine hineinwachsen lassen. Dann kann ich zu arbeiten beginnen: leichter und freier. Verspannungen in der Nacken-, Schulter- und Armmuskulatur kann ich bewußt durch die Arm-Innenräume und aus den Fingerspitzen hinaus in die Maschine »ablassen«.
- Praktisch jede Arbeit kann in diesem Sinn verrichtet werden. Ob zu Hause, an der Werkbank, beim Autofahren, am Schreibtisch, in der Kunst, wo auch immer. Wer die Eutonie verstanden hat, kann seinen Alltag durchleben, was immer er tut*.

* Mehr darüber: »Jede Minute sinnvoll leben – Vertrauen zu sich selbst gewinnen« von M.-L. Stangl, 128 S., Econ Verlag.

Übung 4: (Liegen)

Kontaktübung mit Verlängerung und Innenraumerkennung: Ausgangsposition wie bei Übung 1, also:

– Rückenlage. Beine gestreckt im Sitzhöckerabstand, Augen geschlossen, in beiden Händen ein Tennisball.
– Hautkontakt fühlen, also Haut fühlt sich durch die Kleidung und eventuell über Abstände hinweg (ohne Bewegung) zum Boden in der Reihenfolge: rechte Beckenhälfte, rechtes Bein (Oberschenkel, Knie, Unterschenkel, Ferse, Fuß und Zehen zum Strumpf).
– Rechte Ferse fühlt in der Vorstellung am Boden entlang bis zur Wand hin, wo sie wieder Kontakt hat.
– Ganzes rechtes Bein auf einmal fühlen. Fragen: Was fühle ich? Gibt es Unterschiede zum linken Bein?
– Hautkontakte am linken Bein genauso fühlen wie rechts.
– Linke Ferse fühlt in der Vorstellung zur Wand hin.
– Beide Beine gleichzeitig fühlen bis hin zu den verlängerten Fersen. Sind die vorher festgestellten Unterschiede jetzt aufgehoben?
– Vom Becken aufwärts den ganzen Rücken erspüren. Breite, Auflagemöglichkeit der Wirbelsäule, Schultergürtel.
– Einstellung auf das rechte Schulterblatt. Einstellung auf das rechte Schlüsselbein. Vorstellung, daß sowohl das Schulterblatt als auch das Schlüsselbein von *innen* gefühlt werden, also von der inneren Seite des Schulterblatts zur inneren Seite des Schlüsselbeins gehen. Den *Raum* zwischen beiden erkennen.
– Von da in der Vorstellung in den Raum des rechten Oberarms gehen. Wiederum sich keine Knochen und Muskeln vorstellen, sondern den Raum von Innenhaut zu Innenhaut als solchen wahrnehmen, sozusagen leer. Eine Hilfe könnte sein, sich eine Spirale an der Innenhaut des Oberarms entlang in Richtung Ellbogen vorzustellen. Den Raum des Ellbogens erleben, Raum des Unterarms, des Handgelenks, der Hand und jeweils vom Handgelenk ausgehend die Räume der einzelnen Finger (am kleinen Finger beginnen).
– Danach den ganzen Arm auf einmal fühlen und Unterschiede zum linken feststellen.

– Den linken Arm vom Schulterblatt und Schlüsselbein ausgehend genauso durcharbeiten.
– Beide Arme gleichzeitig fühlen und feststellen, ob die Unterschiede aufgehoben sind.
– Die Auflagefläche des Kopfes spüren. Bei Schmerzen sich wieder den Kopf etwas in den Boden hinein eingebettet denken. Die Scheitelhaare nach hinten bis zur Wand verlängern. Die langen Fersen an der anderen Wand noch einmal erkennen, und dann die ganze imaginäre Länge von den verlängerten Scheitelhaaren an der einen Wand bis hin zu den verlängerten Fersen an der anderen. Danach die Rundung des Kopfes auch von innen fühlen, so als ob man von innen den Boden einer Schale berührt. Feststellen,wo die Zunge aufliegt, wo sie also Kontakt hat. Sie soll gelöst sein, der Rachenraum frei.
– Von da aus versuchen, in der Vorstellung in die Wirbelsäule hineinzugelangen und *von oben nach unten gehend* jeden einzelnen Wirbel zu erfassen: Zuerst die sieben Halswirbel, daran anschließend die zwölf Brustwirbel und die fünf Lendenwirbel. Hier ist eine hohe Konzentration erforderlich. Besonders bei einem Anfänger ist es leicht möglich, daß er die einzelnen Wirbel »verliert«. Also nicht mehr richtig weiß, »bin ich jetzt beim vierten oder beim sechsten?« In diesem Fall sich an nichts festhalten, sondern einfach versuchen, weiter nach unten, also Richtung Kreuzbein zu gehen. Je öfter diese Übung gemacht wird, um so klarer können die einzelnen Wirbel erkannt werden.
– Nach dem fünften Lendenwirbel das Kreuzbein erkennen, jenen Knochen, der in der Mitte der beiden Beckenschalen ist und gut am Boden aufliegt. Das Kreuzbein in der Vorstellung etwas nach unten vorn (also in Richtung Fersen) in einem Winkel von ca. 30 Grad in den Boden hineinwachsen lassen. Es ist so, als ob ein drittes Bein wachsen könnte, das Kreuzbein. Die Verlängerung des Kreuzbeins wirkt sich vor allem für alle Kopfarbeiter, die zu sehr im Verstand konzentriert sind, wohltuend und befreiend aus.
– Danach von der rechten Beckenhälfte die Räume des rechten Beines durcharbeiten: Innenraum des Oberschenkels, des Knies, des Unterschenkels, des Fußgelenks, des Fußes und die

Innenräume der einzelnen Zehen (eventuell als Hilfe wieder mit der vorgestellten Spirale arbeiten, die sich von Innenhaut zu Innenhaut das Bein hinunterbewegt).

- Das ganze rechte Bein jetzt auf einmal fühlen und mit dem linken vergleichen. Unterschiede feststellen.
- Dann von der linken Beckenhälfte aus das linke Bein genauso durcharbeiten.
- Beide Beine gleichzeitig fühlen und feststellen, ob die Unterschiede aufgehoben sind.
- Noch einmal die verlängerten Fersen und die verlängerten Scheitelhaare erkennen und diese ganze imaginäre Länge von der einen zur anderen Wand fühlen.
- Noch einmal großzügig die Räume der Wirbelsäule wahrnehmen und die Verlängerung des Kreuzbeins im Boden.
- Noch einmal großzügig die Innenräume der Arme und die Innenräume der Beine erkennen.
- Danach sich als Ganzes daliegen spüren.
- Zum Schluß gut durchdehnen und strecken. Gähnen zulassen.

Variante dieser Übung:

Wenn die Innenräume der Beine erarbeitet werden, kann man auch unter die Sitzhöcker die Bälle legen. Erinnern Sie sich an das Hineinfühlen der Finger in den Ball? Das gleiche geschieht hier hinsichtlich der Sitzhöcker. Also: Zuerst guten Kontakt nehmen. Dann einen Sitzhöcker durch die Kleidung und durch den Ball hindurch in einem Winkel von ungefähr 20–30 Grad in den Boden hineinverlängern. Am anderen Sitzhöcker genauso üben. Dieses Fühlen an den Sitzhöckern ist sehr gut für alle, die immer wieder einmal mit Ischias zu tun haben (prophylaktisch üben, nicht bei einem akuten Ischiasanfall!). Es befreit die verkürzte und verhärtete Muskulatur.

Wenn beide Sitzhöcker sich gut durch die Bälle durchgefühlt haben und in den Boden verlängert sind, kann der Ball rechts in der Vorstellung durch den Raum des Oberschenkels, den Raum des Knies und den Raum des Unterschenkels hindurchrollen bis hin zur Ferse und dort wieder hinaus. 2–3mal üben. Dann auf der anderen Seite genauso. Dieses »Durchrollen« des Balles durch das Bein ergibt ein gutes Gefühl für die inneren Räume. Es kann also das Innenraum-Bewußtsein leichter machen und vertiefen.

Frage: Warum soll ich eigentlich den inneren Raum meines Körpers sozusagen »leer« empfinden? Es kommen mir dabei immer wieder die Knochen, Muskeln usw. ins Bewußtsein.

Antwort: Es kommt auf das Ergebnis an: Wenn ich meine inneren Räume als »leer« empfinde und z. B. den Raum meines Beines von Innenhaut zu Innenhaut durchgehe, so wirkt sich das befreiend, belebend, durchströmend, tonushebend aus. Wenn ich dagegen meine Räume erlebe sozusagen »mit Inhalt«, also mit Knochen und Muskeln, so wirkt das einerseits beruhigend und tonussenkend. Dieses Üben ist also für Übersensible, für sehr Nervöse, für »Kopflastige« am Anfang günstig. Jedoch sollten nicht einmal diese Menschen auf die Dauer so üben. Denn es wirkt andererseits in der Richtung von schwer, eng, vielleicht sogar dumpf.

Dazu ein Experiment: Jemand, der gut üben kann, legt sich auf den Boden und läßt von einer Kontrollperson seinen einen Arm heben. Danach fühlt er diesen wieder abgelegten Arm »mit Inhalt«, worauf ihn der andere wieder aufnimmt. Er wird sich um einiges schwerer anfühlen als zuvor.

Danach fühlt der Übende in diesem Arm nur den inneren Raum, also den Raum von einer Innenhaut zur anderen. Der Arm ist sozusagen »leer«. Wird er nach einigen Minuten wieder angehoben, so ist er um einiges leichter als vorher.

Etwas anderes ist es, wenn im Raum nur die Knochen als solche erkannt werden. Darüber im nächsten Kapitel »Knochen-Bewußtsein« mehr.

Frage: Mir ist nicht ganz klar, wie ich durch meine Wirbelsäule gehen kann.

Antwort: Es gibt in der Tat verschiedene Möglichkeiten. Zuerst einmal kann die Wirbelsäule außen, also als äußerer Kontakt zum Boden oder zu einem Stuhl gefühlt werden. Ich kann die Wirbelsäule Wirbel für Wirbel dort an der Auflagefläche erkennen oder aber den Abstand fühlen, den die Wirbel von dort noch haben. Dies wäre eine *Kontaktübung.* Um die Wirbelsäule im Innern des Körpers zu erleben, kann ich in meinem Bewußtsein verschieden vorgehen: Ich kann Wirbelkörper für Wirbelkörper *in* meinem Körperinnenraum erkennen. Ich kann aber auch durch den Wirbelkanal hindurchgehen, erfühle also die Wirbelsäule *in ihrem Inneren.* Das dürfte für viele am leichtesten sein. Dann kann ich noch durch jeden einzelnen Wirbelbogen mit seinen verschiedenen Fortsätzen hindurchgehen. Am Anfang wird man eben das üben, was am leichtesten fällt. Erst wenn das gut erfühlt werden kann, wird man sich auch der schwerer fallenden Aufgabe zuwenden.

Frage: Ist es eigentlich wichtig, die Wirbelsäule bei Innenraumübungen von oben nach unten durchzugehen? Kann ich nicht genausogut von unten nach oben durchgehen?

Antwort: Die Wirbelsäule von unten nach oben durchzugehen kommt aus dem indischen Yoga. Es ist der sogenannte Kundalini-Atem. Eine bestimmte Yoga-Richtung glaubt, am untersten Ende der Wirbelsäule liege zusammengerollt die Schlange Kundalini, die zum Leben erweckt werden müsse: Der Atem wird von dieser untersten Stelle der Wirbelsäule aus die einzelnen Wirbel entlang nach oben geführt, er passiert den Scheitel und wird von dort wieder nach unten versenkt.

Es kann an dieser Stelle von solcher Art des Atems nur abgeraten werden. Dem indischen Yogi, der sich seinen mystischen Betrachtungen hingeben darf und in diesem Leben nichts anderes erwartet, als eben hier weiterzukommen, mag sie tatsächlich eine große Hilfe sein. Denn diese Praxis des Atmens weckt sehr große Kräfte auf und führt zu Bewußtseinszuständen, denen der durchschnittliche Europäer oder Amerikaner ohne längere Vorübung gar nicht gewachsen ist. Zweck allen Übens darf niemals sein, »über sich hinauszugehen«. Zweck aller Übung ist eine größere Präsenz.

Ganz abgesehen davon bekommt es dem durchschnittlichen westlichen Menschen nicht, »zum Kopf hin zu arbeiten«. Er ist ohnehin zu kopflastig. Deshalb ist es eine zwingende Notwendigkeit, die Wirbelsäule von oben, das heißt vom Hinterkopfraum aus, Wirbel für Wirbel nach unten Richtung Kreuzbein durchzugehen – und nicht umgekehrt. Wer ganz geübt, wer ganz im Lot ist, kann üben wie er will. Nicht aber der Anfänger. Er würde sich in diesem Fall bestimmt mehr schaden als nützen. Aus der Praxis: Wer zum Beispiel zu Kopfschmerzen, Migräne usw. neigt und dann noch die Wirbelsäule nach oben durchgeht, also Richtung Kopf, wird einfach nach einiger Zeit »durchdrehen«. Wird er dagegen die Wirbelsäule nach unten Richtung Kreuzbein durcharbeiten und das Kreuzbein noch verlängern, so entlastet er den Kopf. – Es ist hier wieder ein Hinweis mehr, daß Techniken, die im Osten sehr angebracht sein mögen, nicht ohne Kritik und notfalls Änderung im Westen nachgeahmt werden dürfen.

Übung 5: (Stehen)

Das richtige Stehen ist wichtig. Die äußere Haltung eines Menschen zeigt oft deutlich den Grad seiner inneren Gestörtheit. Sämtliche Haltungsfehler sind der körperliche Ausdruck von fehlendem Spannungsgleichgewicht in Seele und Geist, zumeist von Überspanntheit oder Verkrampfung allgemeiner oder spezieller Art. Dessen ist sich der Mensch nur nicht bewußt.

Er ist sich auch seines Stehens nicht bewußt. Er steht eben, mal auf dem einen, mal auf dem anderen Bein. Und da er nicht richtig, anatomisch richtig, stehen kann, und da er nicht bewußt steht, wird er schnell müde. Denn die aufrechte Haltung des Menschen ist das Ergebnis einer labilen Statik. Man mache sich nur deutlich: Ein Mensch von 1,50 bis 2 m Länge und einem Gewicht von 1 bis 2 Zentnern steht auf der schmalen Grundfläche seiner Füße von wenigen Quadratdezimetern. Normalerweise müßte das Skelett den Körper gegen den Zug der Schwerkraft nahezu allein halten können. Da der moderne Mensch indessen statisch nicht mehr richtig stehen kann, nimmt er dazu Muskeln zu Hilfe, die dafür eigentlich gar nicht ausgebildet sind. Sie übernehmen also einen Teil der Aufgaben des Knochengerüsts: Erneute Verspannung in der Muskulatur kann nur die Folge sein.

Richtiges, eutonisches Stehen ist also Arbeit an der Statik. Wer schlecht stehen kann, wird auch sonst »einen schlechten Stand« im Leben haben. Wer dagegen gut stehen kann, wird auch sonst »mit beiden Beinen im Leben stehen«. Ihn wirft man nicht um, wenigstens nicht so schnell. Und das weder äußerlich noch innerlich. Seine Standfestigkeit ist gut. So gesehen bedeutet richtiges

Stehen auch Arbeit an der Lebenshaltung, an der Einstellung zum Leben schlechthin.

- Stellen Sie sich, wenn es geht ohne Schuhe, so, daß Ihre Füße im Sitzhöckerabstand parallel zueinander stehen. Die Wirbelsäule ist aufrecht, jedoch ohne Forcierung. Kopf gerade, Arme neben dem Körper.
- In dieser Haltung nehmen Sie bewußt Kontakt der Füße mit dem Boden auf. Das heißt: Die Haut eines Fußes fühlt sich durch den Strumpf hindurch zum Boden. Fühlen Sie besonders die Ferse, aber auch den übrigen Fuß mit den einzelnen Zehen.
- Wenn Sie mit dem einen Fuß geübt haben, nehmen Sie den anderen. Bei Fortgeschrittenen können auch beide Füße gleichzeitig erfühlt werden.
- Wenn beide Füße guten Kontakt mit dem Boden haben, fühlt sich eine Ferse in den Boden hinein. Sie wächst also nach unten. Dies geschieht wiederum nur in der Vorstellung, nicht etwa durch tatsächlichen Druck auf den Boden. Der ganze Fuß wird in der Vorstellung mitgenommen, die Ferse führt aber an.
- Ist die eine Ferse gut im Boden unten, folgt ihr die andere nach. Sie verlängert sich in der Vorstellung ebenfalls und nimmt den ganzen Fuß mit.
- Haben beide Fersen gute Fühlung mit dem Boden aufgenommen, so fühlen Sie Ihren Scheitel bzw. die Scheitelhaare zur Decke. Das ergibt die natürliche, freie, aufrechte Haltung. Eine Korrektur der Haltung muß immer von der Peripherie her erfolgen, also über Kontakt bzw. Verlängerung. Hier geschieht das durch die langen Fersen im Boden und durch die verlängerten Scheitelhaare an der Decke.
- Danach versuchen Sie, in den Innenraum Ihres Beckens zu kommen. Von dort arbeiten Sie die *Innenräume* Ihres rechten Beines durch: zuerst den Oberschenkel (vielleicht mit Hilfe einer Spirale, die sich von Innenhaut zu Innenhaut bewegt), das Knie, den Unterschenkel, das Fußgelenk, die Ferse, den Fuß und die einzelnen Zehen.
- Wenn Sie Ihr rechtes Bein gut erfühlt haben, vergleichen Sie es mit dem linken. Danach links genauso arbeiten.

- Jetzt nehmen Sie die Hautkontakte des Oberkörpers wahr: Sie fühlen die Haut zur Kleidung. An der Brust, vor allem aber am Rücken. Sie können auch bei Kontaktübungen von unten nach oben die verschiedenen Wirbel durch die Haut zur Kleidung fühlen: zuerst die 5 Lendenwirbel, dann die 12 Brustwirbel und schließlich die 7 Halswirbel. Nehmen Sie auch Ihre Schulterblätter durch die Haut zur Kleidung wahr.
- Danach gehen Sie in Ihrem Bewußtsein in den Innenraum der rechten Schulter hinein und von dort (vielleicht mit Hilfe einer Spirale) in die Innenräume Ihres rechten Arms: Oberarm, Ellbogen, Unterarm, Handgelenk, Hand und in die Räume der einzelnen Finger.
- Wenn Sie alles gut erkannt haben, vergleichen Sie diesen Arm mit dem linken. Nach Feststellen eines Unterschieds arbeiten Sie links genauso.
- Danach erspüren Sie an Ihrem Kopf, was da alles ohne besonderen Hautkontakt für Sie wahrzunehmen ist.
- Zum Abschluß noch einmal die verlängerten Fersen im Boden und die verlängerten Scheitelhaare an der Decke fühlen.

Frage: Hat es eine besondere Bedeutung, daß die Fersen so bewußt angesprochen werden?

Antwort: Das Erkennen, das Sich-bewußt-Machen der Fersen ist wichtig. Fersenarbeit in diesem Sinne, also Fersenbewußtsein, normalisiert, beruhigt. Es wirkt auf die ganze hintere Seite des Körpers, auf das Becken, vor allem aber auf die Wirbelsäule. Wer in seinem Bewußtsein gut in den Fersen sein kann, wird seine ganze Statik verbessern. Das kommt wiederum der Wirbelsäule zugute. Fersenarbeit bedeutet auch Freiwerden im Kopf. Es ist also unerläßlich für alle, die »kopflastig« sind, und die unter Kopfschmerzen, Migräne usw. leiden. Vielfache praktische Erfahrung zeigt es immer wieder.

Frage: Mir kommt dieses Aufrechtstehen sehr unbequem vor. Werde ich nicht sehr rasch wieder in die alte, zwar ungesündere aber »bequemere« Haltung zurückfallen?

Antwort: Ganz sicher ja. Aber je mehr Sie üben, am Boden und auch im Stehen, um so besser wird Ihr Gefühl für die richtige aufrechte Haltung. Das gilt für das Sitzen genauso wie für das Stehen. Schließlich *sind* Sie aufrecht und können sich gar nicht mehr vorstellen, daß Sie sich früher so krumm wohlgefühlt haben.

Frage: Welche praktische Bedeutung hat diese Stehübung mit verlängerten Fersen und verlängerten Scheitelhaaren im Alltag?

Antwort: Eine sehr große. Wer so bewußt stehen lernt, hat schließlich »einen festen Stand«. Damit sagt die Umgangssprache schon alles aus über den Wert dieser Übung. Trotzdem ein Beispiel aus dem Berufsleben:

Bei unseren Rhetorik-Kursen machen wir folgendes Experiment. Die Teilnehmer bekommen am Anfang die Aufgabe, eine kleine Rede zu halten oder sich vorzustellen. Das tun sie im Stehen. Sie werden dabei gefilmt (Videorecorder). Oft ist zu beobachten: Der Redner ist unruhig, versucht aber nach Kräften, das zu kaschieren. Trotzdem zeigt er dem geübten Auge, daß sehr viel Überspannung in ihm ist: Er verlagert sein Gewicht von einem Bein aufs andere, er wippt mit dem Fuß, wiegt sich hin und her usw. (Beobachten Sie daraufhin einmal Redner, z.B. Politiker, im Fernsehen!) Er gibt, kurz gesagt, ein unruhiges, unsicheres, unkonzentriertes Bild ab. Wenn den Teilnehmern das Resultat ihrer ersten kleinen Rede im Film vorgeführt wird, sind viele peinlich überrascht: »Das soll ich sein?«

Bereits beim zweiten Vortrag haben die meisten ihre Lektion gelernt: Fersen in den Boden wachsen lassen, Scheitelhaare an die Decke. Der Vortragende steht plötzlich aufrecht da, sicherer, ruhiger. Und man nimmt ihm sofort ab: Der ist sich seiner sicher. Er weiß, was er will. – So kann über eine kleine Bewußtseinsleistung das gesamte Erscheinungsbild eines Menschen und damit auch die Wirkung auf andere beeinflußt werden.

D. Das Knochen-Bewußtsein

Das Innenraum-Bewußtsein ist die Fühlungnahme des Körpers nach innen. Es ist das Erkennen und Gewahrwerden der inneren Räume. Es ist eine neue Art des inneren Fühlens, des Inneseins. So gesehen ist das Knochen-Bewußtsein nichts anderes als eine *erweiterte innere Fühlungnahme.* Denn dabei wird nicht nur der innere Raum als solcher erkannt, sondern zusätzlich noch in diesem Raum die darin befindlichen Knochen. Der Übende wird sich seiner Knochen gewahr. Er ist sich seines Skeletts inne.

Das Knochen-Bewußtsein ist, wenn man so will, eine höchste Stufe der Eutonie. Niemand sollte in seinem Bewußtsein an den Knochen arbeiten, der nicht zuvor monatelang Kontakt, Verlängerung und Innenraum geübt hat. Es wird dabei gleichsam die Schwerkraft des Körpers mehr und mehr aufgehoben: es macht leicht, klar und frei. Denn alles, was noch haftet, körperlich und seelisch, wird befreit und gelöst. In dieser äußeren und inneren Freiheit liegt eine gewisse »Verführung« des Knochen-Bewußtseins. Um schneller an ein selbstgestecktes Ziel zu kommen, geht man vielleicht zu rasch an diese Arbeit. Niemand sollte jedoch – das muß nochmals klar gesagt werden – am Bewußtsein seiner Knochen üben, der sich nicht zuvor seiner äußeren und inneren Kontakte gewahr ist. Der sich also außen und innen gut fühlen kann – der sich inne ist.

Aus diesem Grunde wird hier auch darauf verzichtet, eine eigene Übung für das Knochen-Bewußtsein zu bringen. (Elemente daraus sind in den früher angegebenen Übungen schon enthalten.) Zu dieser Arbeit gehört unerläßlich der erfahrene Lehrer, der sieht, was der Übende sich zutrauen kann und was nicht. Er muß reif sein für das, was durch diese Methode auf ihn an Erleben und Erfahren zukommt. Arbeit an den Knochen ist Arbeit *ganz im Körper innen und in der Tiefe der Persönlichkeit.* Sie ist zugleich ein Eingriff in das Unterbewußte. Seither verschüttete Gefühlskräfte werden plötzlich wieder frei. Es können z. B. weit bis in die Kindheit zurückliegende, bisher verdrängte Erlebnisse aufbrechen. Es können schwere Konflikte klar erkannt werden, ja, vielleicht erkennt der Übende mit erschreckender Klarheit seine jetzige Situation, die er bisher in einer Art Vogel-Strauß-Politik nicht wahrnehmen wollte. Er »reißt sich auf«.

Im Gegensatz zu anderen Techniken des Bewußtseinstrainings liegt hier eine eindeutige Grenze. Die Eutonie überschreitet sie nicht. Sie will keine Bewußtseinszustände herbeiführen, in denen der Übende sich zwar in einer Art Euphorie »baden« kann wie z. B. in der Transzendentalen Meditation, mit denen er aber auf der anderen Seite noch gar nicht fertig wird. Sie will auch keine unbewältigten Konflikte allzu rasch und schonungslos aufrollen, wie das in manchen Arten des Sensitivity-Trainings geschieht. Sondern in einem behutsamen, langsamen Prozeß geht sie Schrittchen für Schrittchen vor. Eutonie will den, der übt, nur so weit bringen, wie er es körperlich *und* seelisch verkraften kann. Es geht ihr um die Realität des Da-Seins. Wer sich, in welcher Technik auch immer, von der realen Situation, dem Hier und Jetzt, flüchtet in eine irreale Situation, einem Vergangenen oder Zukünftigen, der übt falsch.

3. Wirkungen der Eutonie

Das Ziel der Eutonie ist der ganzheitliche Mensch in seiner optimalen körperlichen und seelisch-geistigen Verfassung. Dieses Ziel zu erreichen ist nur möglich, wenn der Übende in seine leibseelische Mitte, also in sein leib-seelisches Spannungsgleichgewicht zurückfindet. Und das kann er nur, wenn er das tägliche Üben an sich nicht scheut.

Arbeit an sich, eutonische Arbeit, ist gleichermaßen Arbeit am Körper und an der Seele. Hier ist eine enge Wechselbeziehung zu verspüren. Wer etwas an seinem Körper tut im Sinn einer eutonischen Übung, einer eutonischen Bewegung oder einer eutonisch durchgeführten Arbeit, tut gleichermaßen etwas im seelisch-geistigen Bereich. Er schafft außen Ordnung – und ordnet somit auch innen. So gesehen, ist eutonisches Tun bei weitem keine nur körperliche Angelegenheit, sondern auch eine seelisch-geistige: der Geist belebt den Körper – der Körper wirkt auf den Geist. Eutonie hat eine Umwandlung des Menschen zur Folge – eine Neuwerdung.

Was heißt das nun im einzelnen? Durch das Erwecken des fundamentalsten aller Sinne: des Tast- und Fühlsinns werden auch alle anderen Sinne aufgeschlossener und lebendiger. Sie beleben nun ihrerseits alles Fühlen und Denken. Das Kennenlernen des eigenen Körpers und das damit verbundene Formen des Körperbildes führt hin zu größerem Wachsein: Das Körperbild ist jetzt nicht mehr etwas, was nur am Rand des Bewußtseins und in groben Zügen wahrgenommen wird, sondern ein ganz klares und echtes Körper-Bewußtsein. Die Steigerung der Fühlfähigkeit und das klarer werdende Körperbild haben vielfältige Auswirkungen. Sie regulieren im Organismus die lebenswichtigen Funktionen in einem ganz natürlichen Sinn:

- Die Fühlfähigkeit steigert sich in jeder Hinsicht, was der konsequent Übende rasch merkt: die Farben werden farbiger, die Töne voller, die Details der Formen ausdrucksreicher. Die Auswirkungen: Natur und Leben im großen und im kleinen werden zunehmend »interessanter«. Man entdeckt viel, was man bisher nicht bemerkte. Menschliche Beziehungen werden inniger. Mienenspiel und sonstige Ausdruckserscheinungen zeigen plötzlich an, was seither im verborgenen blieb. Die Bedeutung all dessen bedarf keiner Begründung: die Faszination einer tiefgreifenden Bereicherung erfaßt den Menschen.
- Der Atem gewinnt ohne besondere Bemühung darum seinen ursprünglichen freien Rhythmus zurück. »Schlafendes«, also verhärtetes Gewebe wird zu neuem Leben erweckt. Es wird durchströmt, belebt, befreit. Der Tonus wird gehoben.
- Die Blutzirkulation verbessert sich in dem Maße, wie der Atem in seinen freien Rhythmus zurückfindet. In der Folge davon wird der ganze Organismus belebt.
- Verspannungen und Verhärtungen – sowohl körperlicher als auch seelischer Art – werden fühlend empfunden und können langsam abgebaut, d.h. gelockert und gelöst werden. Zudem kann die täglich neue aufgenommene Überspannung bewußt abgegeben werden.
- Das kommt insbesondere der Wirbelsäule zugute. Sie richtet sich wieder auf, schwingt frei, ist durchatmet und belebt. Dadurch können äußere und innere Fehlhaltungen erkannt und reguliert werden.
- Die Bewegung wird natürlicher, frei und leicht: sie wird »eleganter«. Mit einem Minimum an Energieaufwand kann bei jedem Tun ein Maximum an Leistung, also z.B. Kraft oder Ausdauer, erzielt werden.
- Alle psychosomatischen Kräfte regenerieren sich. Das bedeutet, daß Qualität und Quantität der Leistung steigen.
- Besonders deutlich wird das an der Steigerung der Kreativität.

Mit der wachsenden Fühlfähigkeit und Verlebendigung des inneren Erlebens werden nicht nur die neuen Eindrücke intensiver. Auch alle Eindrücke, die wir jemals zuvor in unserem Leben aufgenommen haben, werden mitsamt ihrem Assoziationsumfeld in stärkerem Maß wieder geweckt und daher auch besser verfügbar. Das Sinnenhafte liegt dem Schöpferischen doch unendlich viel näher als das Intellektuelle! Aus diesem kostbaren Schatz können wir nun leichter und tiefer schöpfen.

- Damit einher geht eine tiefgreifende Harmonisierung der Gesamtpersönlichkeit. Aber nicht aus bewußter Kraftentfaltung oder gar Überforcierung, sondern aus innerer Ruhe und Sicherheit heraus.
- Der Mensch kann nun außen und innen sein. Er ist eins mit dem, was er tut. Er kann sich nach außen wenden, da er sich geöffnet hat für die Welt und für die Menschen. Aber er belebt dieses Sich-nach-außen-kehren durch sein neues Innesein (Seite 46).
- Er kann sich lassen. Er ist ruhiger. Doch nicht in einer Art Gelassenheit, die Zurückgezogensein und Abkehr vom Leben bedeutet. Sondern er ist ständig da, bereit zur rasch und kraftvoll zupackenden Reaktion und zur konzentrierten Arbeit. Er ist präsent.
- Sein Bewußtsein erweitert sich, ohne daß er darüber die Realität dieses Lebens verliert.

4. Die praktische Seite

Um Eutonie zu üben, brauchen Sie gar nicht viele Hilfsmittel:

- einen ruhigen Raum
- eine oder (je nach Kälte und Bodenbelag) zwei Wolldecken
- eventuell zwei Tennisbälle
- Geduld und
- Beständigkeit

Ein ruhiger Raum ist notfalls zu finden, Wolldecken und Tennisbälle sind kein Problem. Aber über Geduld und Beständigkeit verfügt der heutige Mensch nur noch in homöopathischen Dosen.

Immer wieder fällt es uns in Eutonie-Kursen auf, wie ungeduldig die Teilnehmer mit sich sind. Möglichst schon am ersten Tag der Übungen möchten viele all das los werden, was sie plagt. Sie wollen ihre körperlichen Beschwerden kurieren, um dann forsch da weitermachen zu können, wo sie aufgehört haben. Hier fehlt es an der nötigen Einsicht und an der Geduld. Was sich in langen Jahren durch körperliche und seelisch-geistige Fehlhaltung verhärtet hat, kann nicht in Tagen oder Wochen aufgelöst werden. In Asien gibt es ein Sprichwort: »Manche Menschen darf man nicht heilen.« So ist es in der Eutonie. Ohne die nötige Geduld und ohne längere Zeit der Übung geht es nicht. Geduld ist also nötig. Geduld mit sich und anderen. Und auch Beständigkeit. Wer nur immer wieder einmal sporadisch eine Eutonie-Übung macht, weil er jetzt gerade dazu Lust hat, und dann erwartet, daß »das helfen müsse«, wartet vergeblich. Beständiges, beharrliches, getreuliches Üben, möglichst Tag für Tag, erst das bringt einen weiter.

Freilich, das muß gesagt werden, gibt es manchmal auch Durststrecken, wo der Übende meint, »es tut sich gar nichts«. Sie kommen meist nach dem ersten großen Sprung nach vorwärts, also nach dem ersten großen Erleben des Körpergefühls und den damit verbundenen positiven Auswirkungen. Durch diese Durststrecken muß jeder hindurch. Hier sollte niemand aufgeben. Den Weg unbeirrt weitergehen! Es tut sich immer etwas, wenn man es auch nicht sofort bemerkt. Das, was die Entwicklung am meisten hindert, ist auch am härtesten. Und es braucht die meiste Zeit zum Abbauen.

Die Übungszeit wird am Anfang 20–30 Minuten dauern, kann aber dann je nach Fühlfähigkeit und Kraft der Vorstellung erheblich verkürzt werden. Wann geübt wird, ob morgens, mittags oder abends, ist unwichtig. Immer dann, wenn die nötige Ruhe da ist und die innere Bereitschaft, etwas an sich zu tun. Es ist gut, wenn sich eine Zeit des Tages dafür als gegeben herauskristallisiert und dann zu einer lieben Gewohnheit wird.

Davon aber ganz abgesehen: Es ist nicht nur die tägliche Übung, so wichtig sie gerade für den Anfänger ist, die den Menschen weiterbringt. Erst in dem Maße, wie die Prinzipien der Eutonie verstanden und hineingenommen werden in das tägliche

Leben, in den Alltag, erst in dem Maße wird der Mensch innerlich frei werden können. Das ganze Leben zu einer einzigartigen Möglichkeit werden lassen, Eutonie zu üben: das heißt, außen und innen zu fühlen, da zu sein. Ob ich an meinem Schreibtisch sitze, in der Küche Gemüse putze, mein Kind oder einen geliebten Menschen streichle, auf die Straßenbahn oder den Zug warte, Auto fahre, den Telefonhörer ergreife – was auch immer: Jede Bewegung, jeder Kontakt, jede Arbeit kann Eutonie sein. Erst dann, wenn ich das ganz begriffen und akzeptiert habe und übe, erst dann werde ich ein anderer. Das Leben bleibt sich zwar gleich, aber ich kann es nun anders empfinden.

Einige Beispiele aus dem täglichen Leben:

- Ein Zahnarzt, der die typischen Beschwerden seines Berufs hat – durch einseitiges Stehen angespannte Nacken-, Rücken- und Armmuskulatur –, berichtet: Da ich ja einseitig nur mein Standbein belasten muß, habe ich erkannt, daß es wichtig für mich ist, mir immer wieder meiner Beinräume bewußt zu werden. Und vor allem einen guten Stand zu haben, also die Fersen in den Boden hineinzuverlängern. Außerdem nehme ich, wann immer mir das einfällt, ein Instrument, die Lampe usw. ganz bewußt in die Hand und lasse bewußt Überspannung dort ab. Das hat mir sehr geholfen und hilft mir täglich.
- Eine junge Mutter: Seit ich Eutonie übe, komme ich mit meinen Kindern besser zurecht. Wenn ich sie z. B. an- oder ausziehe, werde ich nicht mehr so leicht ungeduldig wie bisher. Ich mache daraus eine Kontaktübung und berühre die Kinder ganz bewußt, ja, ich streichle die nackten Körperchen. Mein Verhältnis zu den Kindern hat sich dadurch sehr gebessert. Ich bin liebevoller geworden. Sie spüren es und kommen mir auch mehr entgegen.
- Ein Vertriebsleiter, der sehr oft an lang dauernden Konferenzen teilnehmen muß, sagt: Früher hatte ich immer Angst, irgendwann in diesen langen Sitzungen müde und dann von meinen gerissenen Geschäftspartnern übers Ohr gehauen zu werden. Heute habe ich diese Sorge nicht mehr: In jeder Konferenz setze ich mich erst einmal bewußt hin (ohne daß das die anderen merken), nehme immer wieder Kontakt auf am Kon-

ferenztisch, an den Armlehnen, vor allem auch mit den Füßen am Boden. Zwischendurch mache ich mir meine Innenräume bewußt. Ich bin mir überhaupt als Ganzes bewußt, in jeder Minute. So kann ich auch eine allenfalls aufkommende Verspannung sofort erfühlen und wieder abgeben.

- Ein Vertreter, der sehr viel im Auto unterwegs ist, erzählt: Früher kam ich nach einigen hundert Kilometern Autobahnfahrt ganz erschöpft am Ziel an. Heute fahre ich eutonisch Auto: Ich setze mich bewußt, nehme meine Kontakte wahr, auch immer wieder einmal während der Fahrt. Vor allem lasse ich meine Finger in das Steuerrad hineinwachsen. Dadurch kann ich auch aufkommende Verspannungen im Nackenbereich rechtzeitig abgeben, auch über das verlängerte Kreuzbein und die verlängerten Scheitelhaare. Ich komme frisch am Ziel an. Niemand merkt mir die lange Strecke an.
- Ein Kunstmaler sagt: Nie habe ich die Welt so voller Farben, voll feinster Farbtöne gesehen wie jetzt, da ich Eutonie übe. Ich sehe die Farben jetzt so intensiv und lebendig, wie ich mir das früher nicht entfernt vorstellen konnte. Mein ganzes künstlerisches Schaffen hat sich neu belebt.

Diese Beispiele könnten beliebig fortgesetzt werden. Aber das ist nicht wichtig. Wichtig ist einzig und allein, daß jeder, der mit dem Üben beginnt, die Eutonie in sein ganz persönliches Leben, in seinen ganz persönlichen Alltag hineinträgt. Er wird *seinen* Weg finden, wie die Eutonie *ihm* helfen kann. Jeder Tag ist ein neues Forschen und Entdecken. An einem bestimmten Tag haben wir zum Beispiel entdeckt, daß wir klarer und präziser denken können, wenn wir im richtigen Sitz die Sitzhöcker nach unten (10 Grad) verlängern. Das *wußten* wir schon längst. Aber an diesem Tag haben wir es erst richtig begriffen: das heißt, wir wurden ergriffen von dieser Erkenntnis, weil wir die Auswirkung an unserem Körper und an unserem Geist erfuhren. Denn das Bewußtsein erweitert sich langsam. Man merkt es im allgemeinen nicht, bis plötzlich eines Tages die bewußte Erkenntnis kommt. Deshalb geht es auch nicht ohne die Durststrecken beim systematischen Üben, in denen vermeintlich gar nichts geschieht.

Zu den praktischen Übungen

Diese Übungen sind so aufgebaut, daß sie am Anfang nicht wahllos durcheinander geübt werden sollten. Zuerst wird der Anfänger die Kontaktübung Nr. 1 im Liegen (Seite 106) einige Male machen. Danach wird er die Übung Nr. 2 im Liegen (Seite 110) versuchen und sie so lange üben, bis sie wirklich gut geht. Sie kann durch das bewußte Sitzen (Übung Nr. 3, Seite 114) erweitert werden.

Diese drei Übungen sollten wirklich gut erarbeitet werden, bevor an die Übung Nr. 4 im Liegen (Seite 122) gegangen werden kann. Sie erfordert durch die Kombination aller vier eutonischen Prinzipien sehr viel an Bewußtseinsleistung. Diese Übung im Liegen kann durch das bewußte Stehen (Übung Nr. 5, Seite 127) erweitert werden.

Mit all diesen Übungen sind Sie zuerst einmal einige Wochen lang beschäftigt. Dann werden Sie wahrscheinlich das Bedürfnis haben, auf diesem Weg weiterzugehen. Möglicherweise werden sich dann weitere Fragen auftun. Oder es wird der Wunsch aufkommen, in einer Gruppe unter Leitung eines Eutonie-Lehrers neue Anregungen zu bekommen. Es liegt auf der Hand, daß die erfahrene Lehrkraft wesentliche Hilfen geben kann*.

Wichtig ist auch, daß nicht etwa die Übungen aus diesem Buch herausgepickt werden wie Rosinen aus einem Kuchen, und der erläuternde Text nicht erarbeitet wird. Was hier an Grundsätzlichem über Eutonie geschrieben steht, ist für das Verständnis dieser Übungen ganz wesentlich. Erst wenn es in seiner ganzen Bedeutung richtig verstanden ist, kann auch richtig geübt werden. Und dann wird sich die Mühe hundertfältig lohnen.

5. Die Eutonie im Rahmen der Spannungslehre

Die Eutonie will den Menschen in sein leib-seelisches Spannungsgleichgewicht zurückführen. Das hat er heute so nötig wie vielleicht nie zuvor. Durch ein unnatürliches Leben, das er ge-

* Anfragen dazu können gerichtet werden an die Autoren dieses Buches, die gern Auskunft geben. Adresse siehe Fußnote auf der letzten Seite des Buchtextes.

zwungen ist zu führen; durch seine Anpassung an die Leistungsgesellschaft, die tagtäglich ihren Tribut von ihm fordert; durch das daraus resultierende ständige Überfordertsein; durch sein Nach-außen-Leben und durch die Maske, hinter der er sich fast ständig verbirgt – durch all das lebt der heutige Mensch in einer permanenten Überspannung, um nicht zu sagen Überspanntheit. Nach dem Schema der Seiten 22 und 35 (Spannungszustand der Lebenskraft) befindet er sich nicht etwa in der gesunden Mitte. Das heißt einer Spannung, die der Mensch braucht, um überhaupt existieren zu können, und jener damit verbundenen gesunden Lösung, also im Ausgleich. Er lebt, daran ist kein Zweifel, zumeist in der Überspannung, also im einen Extrem des Spannungszustands. Und wenn er sich jemals aus seiner Überspannung zu »lösen« vermag, dann nur hin zum anderen Extrem, der Auflösung (vgl. Seite 32). Dies oft nur mit Hilfe entsprechend stimulierender Mittel wie Alkohol oder Tabletten.

Wer Eutonie übt, also den Spannungsausgleich anstrebt, will weg von der Überspannung. Er strebt zur Harmonie seiner Gesamtpersönlichkeit. Das ist ein langer Weg. Denn jahre-, oft jahrzehntelang auf den Körper einwirkender Überdruck und in der Folge davon Verspannungen und Verhärtungen im ganzen Organismus, vor allem in den Gefühlsschichten, müssen abgebaut werden. Hinzu kommt, daß wir für die Zeit unseres Hinfindens zum Spannungsausgleich ja unser Leben nicht gleichsam »abschalten« können. Wir leben es weiter und nehmen jeden Tag neue Überspannungen auf. Doch auf diesem langen Weg hin zur Mitte ist es tröstlich zu wissen, daß bereits von allem Anfang, nämlich von der ersten Übung an, positive Veränderungen in uns vorgehen. Dies können wir immer wieder bei Kursen beobachten. Und das gibt den Menschen dann auch den Mut und die Ausdauer, auf diesem Weg weiterzugehen.

Das Hin zur gesunden Mitte ist vor allem auch ein seelisch-geistiger Prozeß. Jeder macht ihn durch, der Eutonie ernsthaft betreibt. Über der Arbeit am Körper wird gerne vergessen, daß dahinter ja gleichzeitig eine viel schwerer wiegende Arbeit an der Seele steckt. Keiner kann seine körperliche Verspannung lassen, wenn er nicht auch gleichzeitig seine seelischen Fehlhaltungen korrigiert. Niemand kann in sein körperliches Spannungsgleichgewicht finden, ohne seine Gewohnheiten, Denkschemen, Verhaltensweisen mindestens zu überprüfen, wenn nicht gar da und dort zu ändern. Eutonie will die Ganzheit des Menschen. Nicht nur Wohlgespanntheit im Körper einerseits oder in der Seele andererseits. Und genau diese Arbeit im seelisch-geistigen Bereich ist es, die viel mehr »weh« tut als die Arbeit am Körper. LASSEN als Lebensziel.

Lange Zeit wird also der, der mit Eutonie beginnt, zu tun haben, um sein körperlich-seelisches Gleichgewicht zu *finden,* um ins Lot, in den Spannungsausgleich (Sattwa) zu kommen. Um sich von der Überspannung (Überyang) loszulösen, bedient er sich also eines Lösungsfaktors (Yin). Hat er dann in sein Spannungsgleichgewicht hineingefunden, so wird sein Bemühen sein, es zu *halten.* Auch das ist nicht leicht. Wir können uns ja nicht in irgendeinen Winkel oder in ein Kloster zurückziehen, um uns nur noch uns selbst zu widmen. Das Leben geht weiter und bringt jeden Tag neuen Streß, neue Nackenschläge, neue Verspannung.

Freilich darf man sich den verschiedenen Bewußtseinsübungen der Eutonie auch nicht kritik- und grenzenlos hingeben. Wer die fundamentale Bedeutung der im ersten Teil dieses Buches dargelegten Spannungslehre verstanden hat, der weiß das. Der hat die untrügliche Richtschnur des einzig gesunden Spannungsausgleichs in der Hand. Die zu weitgehende Sensibilisierung der Persönlichkeit muß zur Auflösung der Lebenskraft hinführen. Deshalb sollen an sich schon hochsensible Menschen vorsichtig sein. Ganz besonders mit Verlängerungsübungen. Vor allem dann, wenn sie ins Unendliche hinein erfolgen und nicht durch einen Kontakt begrenzt sind, sei es ein tatsächlicher oder ein in der Vorstellung klar gegebener.

Wer ohne eine solche Kontaktbegrenzung verlängert, läuft Gefahr, »sich zu verlieren« und haltlos einer Auflösung seiner Persönlichkeitskräfte zu verfallen. (Man spricht dann gern von einem Nervenzusammenbruch.) Das ist bei allen Bewußtseinserweiterungen der Fall, bei denen die Realität des Da-Seins verloren wird. Wo man sich also in die (vielleicht noch so »schöne«) Irrealität flüchtet. Auch beim Knochen-Bewußtsein empfiehlt sich besondere Vorsicht. Es sollte nur unter Anleitung eines erfahrenen Lehrers geübt werden. Alles das mindert den persönlichkeitsbildenden Wert der Eutonie nicht im geringsten. Es gibt nichts auf dieser Welt, was bei extremer Anwendung nicht seine Gefahren und Nachteile hätte: Warum sollte es hier anders sein?

Zur Beruhigung von Übervorsichtigen kann indessen eindeutig gesagt werden: Solange man sich an die gegebenen Richtlinien hält und exakt fühlt, wo man ist, ist jedes Üben richtig. Kontaktübungen, auch Innenraumübungen, sind praktisch ohne Gefahr. Im Gegenteil, im Grunde ordnet sich über den Kontakt alles: Jede körperliche und seelisch-geistige Fehlhaltung. So gesehen würde es genügen, sich immer und überall zu fühlen in dem Bewußtsein »Ich bin da«, und mit dem, was man tut, eins zu sein: Denken, Fühlen, Tun als Einheit.

Diese im Alltag geübte Achtsamkeit führt hin zu jenem Da-Sein, zu jener Präsenz, um die es in der Eutonie geht. »Bemüht Euch um die Achtsamkeit«, sagt der Buddha, »das ist der gerade Weg zur Erlösung.« Ersetzen wir das Wort »Erlösung« durch innere und äußere Harmonie, Befreiung, Weite, Eins-Sein, so ist hier das Ziel, die Ausrichtung der Eutonie klar und schön umrissen.

Wie vorhin betont, erfordert es tägliches Üben, um den einmal gewonnenen Ausgleich zu halten. Nichts ist statisch. Wer die Hände in den Schoß legt in dem Bewußtsein »Jetzt habe ich es geschafft«, hat das Wesentliche nicht verstanden. Spannung und Lösung werden sich auch weiterhin in ihrem rhythmischen Wechselspiel ablösen: Mal bin ich mehr gespannt und muß aufpassen, daß ich nicht wieder in die Überspannung hineinkomme. Mal bin ich mehr gelöst und brauche geradezu die Spannung, um ausgeglichen zu sein. Spannung und Lösung, Yang und Yin, sind die unwandelbaren Polaritäten in unserem Leben. Aber durch Eutonie haben wir die einzigartige Möglichkeit, zu erfühlen und zu erkennen, wann ein Zuviel an Spannung da ist und wir ein entsprechendes Korrektiv benötigen.

Das Üben hört also nie auf. Es wird nur anders werden, ist erst einmal der Ausgleich erreicht. Es ist nicht mehr auf das Ziel gerichtet, den Spannungsausgleich zu finden, sondern ihn zu erhalten. Sowohl das eine wie das andere ist schwierig – und gleichzeitig schön. Denn die Beobachtung der Lebenskraft in einem selbst macht beschwingt, frei, heiter. Man muß sehr lebendig sein, um das Leben zu leben und zu lieben, wie es ist. Nicht wie es sein könnte. So gesehen, ist Eutonie nicht nur eine Hilfe für ein gesünderes, sondern vor allem auch für ein lebendigeres, intensiver gelebtes Leben.

Erinnern Sie sich bitte an die grundsätzlich so bedeutungsvollen Überlegungen über unsere Bewußtseinszustände am Ende des zweiten Teiles dieses Buches. Dort wurde die Frage gestellt: Was können wir tun, um auf den richtigen Weg zur dritten Bewußtseinsstufe, dem Bewußtsein unseres SELBST, zu kommen und auf ihm weiter voranzuschreiten? Die entscheidende Forderung, die da auf uns zukam, lautete: Wir müssen uns freimachen von unserer Kopflastigkeit.

Gerade dazu kann uns die Eutonie eine großartige Hilfe sein. Denn sie weckt von der Tiefe der menschlichen Persönlichkeit her unsere Sinne und unser Gefühlsleben und verlebendigt uns in einem Ausmaß, wie man es sich anfangs nicht vorstellen kann. Damit befreit sie unsere seelischen Antriebskräfte. Sie nimmt ihnen die Ketten weg, die ihnen der allgegenwärtige Verstand von klein auf angelegt hat; zumindest sprengt sie die Ketten auf. So kann sie ihr Teil dazu beitragen, daß wir unser wahres SELBST finden. Weil sie nicht wiederum von oben her, sondern von unten, von der Wurzel unseres Wesens her arbeitet, indem sie die verschütteten Quellen unserer Kraft freilegt. Um so leichter wird der Verstand, unser ICH, in den Grenzen bleiben, die ihm im Rahmen unseres SELBST gemäß sind.

Natürlich hat auch die Eutonie, wie betont, ihre Gefährdungen. Aber sie haben den Vorzug, daß sie überschaubar bleiben und daß man sie im Griff behalten kann. Leider läßt sich das gerade von anderen, die Sensibilität des Menschen fördernden Techniken in dieser Form nicht sagen. Wer die grundsätzlichen Zusammenhänge einmal erfaßt hat, der kann sich der Eutonie mit vollem Vertrauen zuwenden und wird vielfältigen Gewinn äußerer und innerer Art aus ihr ziehen. Es ist ihr großer Vorzug, wie eben beschrieben, das ES zu befreien. Sie ergänzt sich dabei in glücklichster Weise mit der Zen-Meditation, die auf ihre Art auf das gleiche Ziel hinarbeitet. Dies wird sich im folgenden Teil dieses Buches sofort zeigen.

Zen-Meditation (Zazen)

»Zen bemüht sich, des Menschen Lebendigkeit, angeborene Freiheit und vor allem die Ganzheit seines Wesens zu erhalten. Mit anderen Worten, Zen will das Leben von innen her leben.«
(Daisetz Teitaro Suzuki)

»Die Vollkommenheit besteht nicht in der Erkenntnis, sondern in der Stärke des Ergriffenseins.«
(Thomas von Aquin)

1. Was ist Zen, was ist Zazen?

Das meisterliche Wort des japanischen Zen-Meisters Suzuki von des Menschen Lebendigkeit, seiner angeborenen Freiheit und der Ganzheit seines Wesens gibt uns sogleich die Antwort auf die Frage, warum wir in diesem Buch gerade die Zen-Meditation, das Zazen, befürworten und nicht eine andere. Zen strebt die völlige Einheit von Leib und Seele an, das In-sich-sein und gleichzeitig das Außen-fühlen-können. Zen will – genauso wie die Eutonie – den Menschen in sein ihm eigenes körperliches und seelisch-geistiges Spannungsgleichgewicht führen. Das alte seit vielen Jahrhunderten in Japan praktizierte Zen und die als »Technik« junge Eutonie ergänzen sich hier in einzigartiger Weise und befruchten einander. Gehen wir vom Spannungsgleichgewicht aus, so will Zen genau jene Mitte, in der der Mensch in sich ruht und doch jederzeit bereit ist, die in dieser Mitte seines Wesens angesammelten Kräfte einzusetzen: in der Realität seines Lebens, seines Alltags.

Das Wort »Meditation« ist heute schon fast etwas abgegriffen, seit es »in« ist. Ein Pfarrer nennt heute seine sonntäglichen Worte an die Gemeinde nicht mehr Predigt. Das wäre altmodisch. Er nennt sie »Meditation« in der stillen Hoffnung, daß dann ein paar Leutchen mehr zum Gottesdienst kommen. Ein Bild wird nicht mehr einfach nur betrachtet. Es wird meditiert. Gehen wir dem Wort Meditation nach, so finden wir z.B. im großen Brockhaus unter anderem folgende Eintragung:

»Lateinisch ›meditari‹, nachsinnen, ›meditatio‹ Besinnung, besinnliche Betrachtung. Eine durch entsprechende Übungen bewirkte oder angestrebte geistig-geistliche Sammlung (oft in Abgeschlossenheit und unter dauerndem Schweigen). Sie soll, von körperlicher Entspannung und Haltung unterstützt, den Menschen zu seinem eigenen innersten Grund führen.«

So gesehen ist also Meditation nicht etwa nur eine östliche Technik. Sie ist uns genauso aus der christlichen Mystik (z. B. Meister Eckehart und seine Schüler Johannes Tauler und Heinrich Seuse, Theresa von Avila, Angelus Silesius) und aus anderen Kulturen überliefert. Obwohl dies so ist und jederzeit geschichtlich nachgewiesen werden kann, wird heute Meditation doch als etwas empfunden, was ausschließlich aus dem Fernen Osten kommt. Und das insofern mit gutem Grund, als im Osten meditative Praktiken und Lehren von alters her (fast) bis zum heutigen Tag in ununterbrochener Kontinuität gepflegt wurden. Während – um nur ein Beispiel zu nennen – im abendländisch-christlichen Kulturkreis die Lehren Eckeharts von der Kirche als häretisch verdammt wurden und danach nie mehr in volle Blüte kamen. Die verschiedenen Meditationspraktiken hier aufzuzeigen und die Gründe darzulegen, warum sie sich z. B. in Indien anders entwickelten als im chinesisch-japanischen Kulturkreis, wäre eine Arbeit für sich und würde den Rahmen dieses Buches sprengen.

Wichtig ist für uns die Frage, *warum heute überhaupt dieser Trend hin zur Meditation besteht.* Die Antwort ist einfach: Wohl noch nie in der Menschheitsgeschichte ist der Mensch so herausgerissen gewesen aus seinem tragenden Grund, aus seiner Mitte. Er spürt, daß das einseitige Streben nach Leistung und äußerem Lebenserfolg ihn nicht mehr befriedigt. Die Grenzen seines Verstandes werden ihm immer deutlicher. Er will nicht nur einseitigen Intellektualismus, sondern auch das rein Menschliche, das mehr und mehr verkümmert. Er fragt nach dem Sinn seines Lebens. Doch er bekommt in der Unrast, in Lärm, Hetze und Streß seines Alltags keine Antwort auf seine Frage. Zudem entschwinden die religiösen und familiären Bindungen, die ihm früher Halt gaben, mehr und mehr. Aus dem ehemals großen Familienverband, wo einer für den anderen eintrat, ist die Kleinfamilie geworden. Aus der religiösen Verankerung, die Sicherheit und Festigkeit gab und – zumindest für das Jenseits – Glück versprach, ist der moderne Mensch ausgebrochen. Zwar ist er immer noch »unheilbar religiös«, wie ein Zeitkritiker einmal so treffend sagte, aber er will sich nicht mehr in den Grenzen von Dogmen und festgefügten Satzungen halten. Er will einen freiheitlichen Weg gehen, der ihn zu sich selbst führt. Er will praktische Anleitung haben, wie er dieses Leben, das für ihn fast zu viel wird, leben soll. Er will nicht nur *begreifen,* sondern er will *ergriffen sein,* das heißt, er will ausbrechen aus den engen Grenzen der Ratio und neue Erfahrungen machen: das Ungewohnte, das Unwägbare, das Unberechenbare an sich und in sich erfahren.

Hier gibt ihm Zen eine einzigartige Hilfe. Denn bei Zen gibt es keine Dogmen, keine festen Regeln, keine starren Überlieferungen. Zen ist etwas durch und durch Lebendiges. Es ist wie das Leben, das sich jeden Tag von neuem wandelt – eben neu ist. Da hat nichts Statisch-Starres Platz. Diese Freiheit des Zen geht bis auf Buddha zurück, der gesagt haben soll: »Ich billige jedem zu, das Dharma (lebendige Wahrheit, frohe Botschaft) in seiner eigenen Sprache kennenzulernen.« Das heißt jedoch nichts anderes, als daß jeder, der sich mit Zen befaßt und es praktiziert, seine ureigene Art des Erlebens und Erfahrens haben kann und soll. Denn: »Nachdrücklich steht persönliches Erlebnis gegen Autorität und objektive Erklärung, und als geeignetste Methode zur Erreichung geistiger Erleuchtung empfehlen die Anhänger des Zen die Praxis des ›Zazen‹, wovon Zen die Abkürzung ist.« (Suzuki).

Sitzen »Za« in Meditation »Zen« ist also jene meditative Praktik des Zen, die auch ein Nichtasiate mit einiger Geduld und Übung erlernen kann. Zazen ist das Korrektiv zum Nach-außen-gerichtet-sein des heutigen modernen Menschen: Es ist ein Weg nach innen. Es ist Rückkehr zu sich selbst. Es ist die Introversion aller psychischen Kräfte, die hineinwirken bis in die tiefsten Tiefen des Unterbewußtseins. Es ist nach Enomiya-Lassalle, dem deutschen Jesuitenpater, der 1970 in Japan eine christliche Meditationsstätte »Höhle des Göttlichen Dunkels« begründet hat, »eine Technik, die die im Menschen schlummernden Seelenkräfte befreit«.

Die äußeren Voraussetzungen für diese Technik sind im Grund einfach:

- Die feste Basis: Sitzen möglichst am Boden. Über die verschiedenen Möglichkeiten von Kekka (voller Lotossitz), Hanka (halber Lotossitz), Suwari (traditioneller japanischer Hocksitz), leichte Abänderungen dazu oder das Sitzen auf einem Stuhl (Seite 169).
- Der aufrechte Oberkörper.
- Das durch keinerlei Forcierung völlig freie natürliche Atmen.
- Das Einen des Geistes auf einen Punkt.

Der durchschnittliche Europäer oder Amerikaner hat es schwer, sich in der richtigen Haltung auf dem Boden oder auf dem

Stuhl zu halten. Er ist es nicht gewohnt, mit aufrechtem Oberkörper, gespannt wie ein Bogen und trotzdem gelassen, zu sitzen. Es schmerzen ihn am Anfang nicht nur die Knie- und Fußgelenke, sondern darüber hinaus der ganze Rücken. Doch gerade dieses *Einbeziehen des Körpers in die Sammlung des Geistes* ist auf der anderen Seite eine völlig neue und positive Erfahrung für ihn. Im Osten ist es Tradition, daß über körperliche Haltungen seelisch-geistige Vorgänge beeinflußt werden. Man denke nur an das indische Yoga, wo letzten Endes ja auch durch körperliche Stellungen (Asanas) die verschiedenen Schichten des Seins zu durchdringen sind. Für den durchschnittlichen Christen ist dies neu. Im abendländischen Kulturkreis, den wir ja getrost mit christlich gleichsetzen können, war der Körper praktisch nie der Ausdruck der Seele. Vielmehr war er der seelisch-geistigen Entwicklung im Wege. Er war ihr Widersacher und wurde deshalb allenfalls kasteit und gezüchtigt, nicht aber in ihren Dienst gestellt. So kann der Mensch, der sich bemüht, ins rechte Zazen zu kommen, vielleicht zum erstenmal seine körperliche und seelisch-geistige Einheit klar erkennen und sich bewußt machen.

Der Sitz am Boden ist wichtig. Erst hier, gleichsam in der Verankerung mit dem tragenden Grund, kann jene angestrebte absolute Festigkeit auch im seelisch-geistigen Bereich eintreten. Erst wer es gelernt hat, sich in dieser körperlichen Haltung ruhig zu halten, kann auch die Wogen seiner Gedanken glätten. Erinnern wir uns an das Kapitel Eutonie, so kann uns von dort aus noch eine Erklärung gegeben werden, warum gerade das Sitzen am Boden wichtig ist: Hier kann wie nirgends sonst Überspannung abgegeben werden. Nur dann kann ja Ruhe im Körper und somit auch in der Seele einkehren, wenn man sich vom ungesunden Übermaß an Spannung befreit.

Noch wichtiger als das Sitzen am Boden ist sicher *die aufrechte Wirbelsäule.* Sie ist für jeden Sitz, auch den auf dem Stuhl, unerläßlich. Wenn z.B. bei anderen Meditationsarten die aufrechte Wirbelsäule nicht vorgeschrieben ist, sondern eine bequeme Haltung (das bedeutet fast automatisch einen krummen Rücken) erlaubt wird, so sagt dies über den geistigen Inhalt einer solchen Meditationsmethode schon viel aus. Erst wenn die Wirbelsäule aufgerichtet ist, können die inneren Organe ohne ungesunden Druck frei und harmonisch arbeiten. Erst dann sind auch die Nerven vom Druck der einzelnen Wirbel befreit. Körper und Seele sind eins. Wer krumm dasitzt, wird auch nur über einen »krummen Geist« verfügen. Wer aufrecht sitzt, wird schließlich konzentriert, klar und frei denken können. Für den durchschnittlichen Europäer sind diese körperlich-seelisch-geistigen Zusammenhänge nur fast zu einfach. Deshalb tut er sich schwer, sie zu akzeptieren.

Noch schwerer allerdings tut er sich, wenn er über die körperliche Haltung zum eigentlichen Kern des Zazen vorstößt: Zum *Einen des Geistes auf einen Punkt.* Es gilt, die »tanzenden Affen«, die Gedanken, zur Ruhe zu bringen, den Geist, der immer mit einem Denkinhalt ausgefüllt sein muß, zu entleeren. Das ist schwer. Denn für einen durchschnittlichen Menschen heute ist eine lange Konzentration fast unmöglich. Seine Aufmerksamkeit wird ständig nach allen nur erdenklichen Richtungen gezerrt. Sein Geist ist zerrissen, zersplittert. Er ist wie von einem Sog nach außen erfaßt und lebt deshalb mehr »außer sich« als daß er »bei sich« wäre. Hier gibt die Sprache selbst für den, der sich nie mit diesen Zusammenhängen befaßt hat, ganz präzise und klar an, um was es sich handelt.

Das Sammeln der Gedanken auf einen Punkt im Zazen *bis hin zur völligen Entleerung* von dem, was wir »begriffliches Denken« nennen, bringt den Menschen von seiner jetzigen Zerrissenheit und Zersplitterung hin zu seiner ursprünglichen Vollkommenheit. Er kommt weg von seiner gewohnten Denkweise. Aber er erreicht gerade dadurch – so paradox es auch immer klingen mag – neue Erkenntnisse, die er in seinem bisherigen begrifflichen Denken nie erreicht hätte. »Zen will, daß wir einen völlig neuen Standpunkt erreichen, der es uns gestattet, in das Mysterium des Lebens und in die Geheimnisse der Natur Einblick zu gewinnen.« (Suzuki).

Dieser neue Standpunkt jenseits des begrifflichen Denkens, der Abstraktion und der Logik ist jene Freiheit, von der im Zen immer die Rede ist. Es gibt keine Fixierungen und keine Haftungen mehr. Da das Leben sich nicht statisch, schematisch, starr verhält, sondern einfach über alle vom Ordnungsprinzip des Geistes gemachten Fixierungen hinweggeht, als seien sie gar nicht da, wir aber darin verhaftet sind – in all diesen Denkweisen, Ideologien, Abstraktionen, Vorurteilen, Glaubensanschauungen, Meinungen und Standpunkten –, deshalb sind wir unglücklich. Wenn wir dies alles hinter uns lassen können durch das Leermachen des Geistes, durch das »Denken des Nichtdenkens«, wie der große Zen-Meister Dogen einmal sagte, so können wir innerlich frei und glücklich werden. Doch nicht in passiver Beschaulichkeit. Sondern in vollem Akzeptieren und Annehmen dieser Welt. Wir werden eins mit allem.

Im Sammeln des Geistes auf einen Punkt und im Freiwerden von allem begrifflichen Denken liegt ein großer Unterschied des Zazen zu anderen Meditationsarten. Ja, es gibt Zen-Forscher, die behaupten, Zazen sei keine Meditation. So Suzuki: »In der Meditation hat einer seine Gedanken auf etwas zu konzentrieren, beispielshalber auf Gottes Einzigkeit oder grenzenlose Liebe, oder auf die Vergänglichkeit der Dinge. Aber gerade das will Zen vermeiden. Was Zen mit allen Kräften anstrebt, ist die Erreichung der Freiheit, und zwar der Freiheit von allen unnatürlichen Hindernissen. Worüber meditiert der Vogel in den Lüften oder der Fisch im Wasser? Der Vogel fliegt, der Fisch schwimmt. Ist das nicht genug?«

In der Tat ist hier die Einzigartigkeit, das Geheimnis und die Forderung von Zen klar und unmißverständlich dargestellt. Der Vogel fliegt. Der Fisch schwimmt. Das ist genug. Übertragen könnten wir sagen: *Wenn wir eine Arbeit tun im Sinne des Zen, so tun wir sie ganz.* Das genügt. Wenn wir im Zazen sitzen, so sitzen wir eben. Das genügt. Zen ist, so gesehen, das Einswerden, das Einssein, das Verschmelzen der Ganzheit des Menschen mit dem, was er denkt oder tut.

Im Zazen wird – um hier noch einmal an die Bedeutung des Wortes »Meditation« zu erinnern – folgerichtig nicht über irgend etwas nachgesonnen oder irgend etwas besinnlich betrachtet. Da wäre wiederum das begriffliche Denken beteiligt, von dem Zen den Menschen ja gerade wegführen will. Wenn im Zen eine Hilfe, eine Stütze auf dem Weg zur Öffnung des Geistes gegeben wird, so mit einem jener rätselhaften Sätze (Kôan), die mit logischem, abstrahierendem Denken sowieso nicht gelöst werden können; zum Beispiel: »Wenn dein Geist nicht im Zwiespalt von Gut und Böse weilt, was ist dann dein ursprüngliches Antlitz, bevor du geboren warst?« Hier hört das Denken auf. Das Erleben, die Erfahrung beginnt.

Wer nun annimmt, Zen sei nichts anderes als eine Therapie für überforderte, gehetzte und verspannte Menschen, die sie zwangsläufig zu mehr Ruhe, Gelassenheit, Kreativität und innerer Freiheit führt, der geht am Wesen des Zazen vorbei. Es bringt tiefgreifende Veränderungen der Gesamtpersönlichkeit mit sich. Aber nur dann, wenn *die Wirkungen nicht das Ziel sind.* Man kann Zazen üben und etwas davon direkt erwarten, mit seinem Sitzen und Leermachen von begrifflichem Denken also einen unmittelbaren Zweck verfolgen. Aber dann muß man sich klar sein, daß man damit auf einer niedrigen Stufe stehenbleibt. In Japan heißt das Bonpu-Zen, d.h. gewöhnliches Zen. Es zielt auf die geschilderten Wirkungen hin und kann sie auch durchaus erreichen. Aber die tiefgreifenden Veränderungen in der Wurzel der Persönlichkeit treten nicht ein. Denn man bleibt weiterhin in seinem Ich verhaftet. Erst wer sich ganz freimacht von allem Wünschen und Wollen, von jedem Gedanken, von allem Zielgerichtetsein und jeder Zweckhaftigkeit, wird sein Ich am Ende »zermürben« können: Durch die Befreiung von sich selbst als bewußt denkendem Ich findet er zu seiner wahren Natur, seinem Selbst. *Das Sitzen ohne Ziel, Zweck und Gewinnabsicht* ist also eine der Hauptvoraussetzungen für richtiges Zazen.

Die andere ist jene äußerste unerschütterliche Entschlossenheit, zu der es keine Alternative mehr gibt. »Ihr müßt euch mit aller Macht anstrengen, ja sogar euer Leben dabei aufs Spiel setzen. Um vollkommene Erleuchtung zu erleben, müßt ihr Leib und Seele wegfallen lassen.« (Meister Nyojô). Das heißt also Einsatz aller Kräfte, Wachheit, Entschlossenheit, Bereitschaft. »Nicht denken und dennoch ständig wachsam, klar und bereit sein!« (Karl Jaspers).

Diese unerschütterliche Entschlossenheit dürfte dem leistungsgewohnten, streßgestählten Menschen westlicher Denkart noch relativ einfach dünken. Gar zu leicht könnte sich bei ihm jene hemdsärmelige Auffassung einstellen: »Jetzt wollen wir doch mal sehen, ob ich das nicht schaffe!« Es sind genügend Begebenheiten aus dem heutigen Japan und seinen Zen-Klöstern überliefert, wo Amerikaner, Europäer und auch Asiaten in dieser Einstellung wochen-, monate- oder gar jahrelang unter Anleitung eines erfahrenen Meisters Zazen übten, ohne jemals an das Ziel ihres Hoffens und Wünschens zu gelangen.

Denn wer zwar in äußerster Entschlossenheit sitzt, ohne aber dabei sein Ich zu lassen, hat noch immer einen schier unüberwindlichen Berg vor sich. Erst wer diese äußerste Entschlossenheit aufbringen und verbinden kann mit ich-losem, absicht-losem Sitzen, wird eines Tages hinaufgerissen werden in jene andere Dimension des Denkens und Fühlens, die der Japaner Kenshô (Wesensschau) oder Satori (Erleuchtung) nennt.

2. Ziele, Stufen und Wirkungen des Zazen

Alles Zazen hat letztlich drei *Ziele:*
- Entwickeln und Ausschöpfen der konzentrierten Lebenskraft (Jôriki).
- Durchdringen des alltäglichen Lebens mit dieser Kraft.
- Erkennen und Schauen des SELBST (Kenshô).

Wenn im Zazen der Geist auf einen Punkt geeint, gesammelt wird, so entsteht durch dieses Üben *eine* Kraft, *die wir gemeinhin Konzentration nennen* können. Sie ist aber weit mehr als das. Aus der Stille, aus einem Schweigen wächst dem Menschen nicht etwa Tatenlosigkeit, Beschaulichkeit oder gar Trägheit zu, sondern jene dynamische Aktivität, die ihn aus der Mitte seines Wesens heraus die Dinge dieser Welt regeln läßt: schnell, sicher, entschlossen. Er ist *da.* Zwar in Ruhe und Gelassenheit, aber auch gepaart mit jener konzentrierten Kraft seiner Gesamtpersönlichkeit, die die Japaner Jôriki nennen. Ein solcher Mensch lebt immer weniger nur in den engen Grenzen seiner Ratio, des begrifflichen Denkens. Er ist nicht mehr im Zwiespalt mit sich. Er hadert nicht mehr mit der Welt. Er wird vielmehr eins mit ihr.

Auch das japanische Hara (»Bauch«) meint letztlich dies. Es ist die Gesamtverfassung eines Menschen, der nicht nur vom Verstand her lebt. Der durchschnittliche westliche Mensch ist »kopflastig«. Hier, in dieser Kopflastigkeit liegt sein wahres Unglück, die Wurzel aller körperlichen und seelischen Verspannungen, seines Verhaftetseins, seiner Ich-Fixierung. Er muß zurückfinden in seine leib-seelische Mitte, die ihn von der Kopflastigkeit, der ungesunden Intellektualität, befreit. Die gesunde Sinnenhaftigkeit verhilft zum wahren Mensch-Sein, das immer im emotionalen Tiefenbereich verwurzelt sein muß, viel mehr als aller Intellekt. Wer im Hara ist, ist in seiner Mitte. Und in der Mitte sein heißt immer: sich im Ganzen, in jeder Faser der leib-seelischen Ganzheit befinden!

Diese Kraft, die aus dem Zazen wächst – Jôriki –, ist aber nutzlos, wenn sie um ihrer selbst willen angestrebt und entwickelt wird. Erst wenn der Mensch sie hineinnimmt in seinen Alltag und *jede Arbeit tut im Sinne von Zen,* wird er innerlich weiterkommen. Das heißt nichts anderes, als daß niemand bei der reinen Übung (Zazen) stehenbleiben darf. Zen im Alltag ist genauso wichtig. Nicht umsonst müssen die buddhistischen Mönche in den Zen-Klöstern Japans neben ihrem täglichen stundenlangen Zazen Felder und Haus selbst bestellen. Es gilt als Ehrensache, daß keine Fremden im Kloster beschäftigt werden. Keine Arbeit ist zu niedrig oder zu schmutzig, als daß nicht auch ein Mönch sie verrichten könnte. Das bedeutet, daß das Üben des Zazen in der täglichen Arbeit weitergeht: ein meditatives Erfassen jedes Dings. Ein Leben zu führen in mystischer Versenkung (wie zum Beispiel manche Mönche und Asketen in Indien) liegt dem Zen-Mönch fern.

Hier sind zu unserem Alltag sehr gute Parallelen aufgezeichnet. Auch wir können uns nicht in irgendeine tatenlose Beschaulichkeit zurückziehen, in einen stillen Winkel unserer Seele, um dort genießerisch das zu erleben, was in uns wird. Auch wir müssen unser Leben, kommt es uns auch manchmal noch so hart an, weiterführen wie bisher. Wer aber die Kraft, die ihm aus Zazen erwächst, hineinnimmt in sein Leben, in seinen Alltag, der wird schnell merken, wie ihm auf einmal alles leichter wird. Er sieht die Dinge von einer anderen Warte. Eines der wichtigsten Gebote des

Zen »*Tue, was du tust!*« führt ihn letztlich dazu, mit seiner Arbeit, mit jedem Tun überhaupt, zu verschmelzen. Und wer eins ist mit den Dingen, stellt fest, daß sie nun nicht mehr gegen ihn sind. So gesehen, kommt aus dieser Haltung heraus eine ganz neue Art, das Leben zu leben und es zu meistern.

Einssein mit allem kommt letztlich einem gelebten Satori gleich. *Die Schau des eigenen Wesens (Kenshô) oder die Erleuchtung (Satori)* ist eines der Ziele jeden Zazens. Es hängt jedoch mit Vernunft, mit Logik, mit allem begrifflichen Denken, mit intellektuellen Vorgängen nicht im mindesten zusammen. Denn »Zen hat nichts zu tun mit Gedanken, und Satori ist eine Art von innerer Wahrnehmung – nicht etwa die Wahrnehmung eines besonderen Gegenstandes, sondern sozusagen das Empfindungsvermögen der wahren Wirklichkeit selbst. Die letzte Bestimmung des Satori bezieht sich auf das SELBST.« (Suzuki). Obwohl es über Satori im Grunde nichts zu sagen gibt, denn es ist jenseits allen Begreifens (wer es hat, der *weiß,* wer es nicht hat, der versteht es nicht), soll doch bei der Betrachtung der Stufen des Zazen der Versuch gemacht werden, Satori als ein Ziel etwas verständlicher zu machen.

Um die Verwirklichung dieser drei Ziele des Zazen – die Entwicklung der Kraft, das Hineinnehmen dieser Kraft in den Alltag und die Wesensschau – ringt der Mensch, der sie für sich als bindend ansieht, sein ganzes Leben lang. Er muß auf diesem langen Weg verschiedene *Stufen seiner Selbstfindung* beschreiten. Sie sind im alten China an Hand von 10 Ochsenbildern entwickelt und beschrieben worden. Uns sollen hier nur die ersten und für uns wichtigsten drei genauer beschäftigen.

1. Stufe

Ein Bauer hat seinen Ochsen verloren. Er ist ihm davongelaufen. Also macht der Bauer sich auf, den Ochsen zu suchen. Da er aber nicht weiß, wohin der Ochse gelaufen ist, irrt er zunächst ziel- und planlos herum, ohne zu wissen, welche Richtung er einschlagen soll. Die Wahrheit ist, daß der Ochse nicht verlorengegangen ist. Nur hat ihn der Bauer aus den Augen verloren. Der Ochse ist also da, auch wenn der Bauer ihn nicht sieht.

Genauso geht es uns auf der Suche nach unserem SELBST. Wir können es nicht finden. Es ist aber nicht verloren. Es ist von Anbeginn da. Nur zugeschüttet, zugedeckt von unserem ICH, das wir irrtümlich für unser SELBST halten. Wir machen uns entschlossen auf, durch Zazen, also durch das Sammeln des Geistes auf einen Punkt, unser SELBST zu finden. Zazen bedeutet hier also nichts anderes als ein intensives Suchen nach unserem SELBST, ein Ringen um die Beherrschung des ICHS. Durch geduldiges, gleichmütiges und unerschütterliches Sitzen lernen wir mehr und mehr, unsere Gedanken, Vorstellungen, unser Wollen und Wünschen zu lassen. Wir lernen, Schritt für Schritt von unserem bewußten ICH wegzukommen. Wir gehen im Geist der ICH-Integrierung in unser SELBST immer weiter zu diesem wahren SELBST hin.

Einige Zen-Forscher nennen diese erste Stufe die *Sammlungsphase.* Der japanische Zen-Meister Yasutani vergleicht dieses Ringen um die Beherrschung des Geistes mit einem von Winden aufgewühlten, trüben Wasser, das klar werden muß: »Der Geist des Buddha gleicht einem ruhigen, tiefen und kristallklaren Wasser, in dem der Mond der Wahrheit sich ganz und vollkommen spiegelt. Der Geist des gewöhnlichen Menschen hingegen gleicht trübem Wasser, das, dauernd von den heftigen Winden verblendeten Denkens aufgewühlt, nicht mehr imstande ist, den Mond der Wahrheit zu spiegeln. Nichtsdestoweniger scheint der Mond unwandelbar auf die Wogen. Da aber die Wasser aufgewühlt sind, vermögen wir seine Spiegelung nicht zu sehen. So führen wir ein Leben, das sinnlos und voller Vereitelungen ist. Wir müssen das Wasser reinigen, die aufwallenden Wogen glätten, indem wir dem Wind der diskursiven Gedanken Einhalt gebieten. Mit anderen Worten, wir müssen unseren Geist von dem entleeren, was wir das begriffliche Denken des Menschen nennen.«

Bereits auf dieser ersten Stufe, die von Wesensschau noch weit entfernt ist, verspürt der Mensch trotz der Vielzahl von Gedanken und Vorstellungen, die er noch nicht lassen kann, gewisse Auswirkungen. Wohlgemerkt: Nicht als Ziel, sondern sozusagen als Nebenprodukte! Alle Streßhaltungen, die körperlichen und die seelischen, werden langsam abgebaut. Der Kreislauf normalisiert sich. Die inneren Organe werden besser durchblutet*. Durch das aufrechte Sitzen kann die Wirbelsäule wieder frei werden. Das ganze Nervensystem wird gefestigt und beruhigt sich. Die *Konzentrationsfähigkeit wird verbessert*, der Wille stärker, das Denken schärfer und klarer. Denn der Geist, der ja immer mit einem Denkinhalt ausgefüllt sein muß, wird entleert. So wird der bewußte Verstand gereinigt von den Spuren der tausend Sinneseindrücke und Empfindungen, die ständig auf ihn einstürmen. Seele und Geist werden befreit von Überreiztheit und Überspannung und können dann um so tiefer aus den inneren Quellen schöpfen.

Deshalb wird vor allem auch *die erschöpfte Kreativität neu belebt*, insbesondere durch die wieder lebendig gewordenen Sinne und Gefühle. Hinzu kommt, daß alle jemals gehabten Eindrücke, auch die längst vergessenen, wieder verfügbar werden. Ihr Assoziationsumfeld wird verbreitert und die Assoziationsleichtigkeit entsprechend gefördert. So wachsen einem mehr Ideen zu. Die Aktivierung der kreativen Kräfte setzt lediglich einen guten, tragenden Grund voraus.

In die unruhige, emotionale Tiefe kehrt *Gelassenheit* ein. Je mehr der Übende es lernt, sich ganz in die Übung hineinzubegeben und alles zu lassen, was ihn an Vorstellungen, Wünschen, Begriffen, Sorgen und Problemen beschäftigt – um so gelassener wird er. Er gibt seine Ich-Haftigkeit, seine Ich-Fixierung mehr und mehr auf und strukturiert sein Inneres in positiver Weise um: Seine Ängste und Depressionen aller Art verlieren sich.

Etwas ganz Außerordentliches zum Beispiel ist *das langsame Schwinden der Todesangst*, die ja jeder Mensch kennt. Je mehr der Übende sich ins Zazen hineinbegibt, um so mehr schwindet diese Angst. Der Tod, vielmehr unsere Vorstellung von ihm, wird mehr und mehr zu einem ganz natürlichen Ereignis, zu einem Tor, das sich eben öffnet: etwas früher für die einen, etwas später für die anderen. Der Gedanke, daß wir eines Tages in »unsere uralte

* Diese physiologischen Veränderungen sind nicht nur von zahllosen Zen-Anhängern bezeugt, sondern auch wissenschaftlich durch experimentell durchgeführte Reihenuntersuchungen an Studenten in Tokio nachgewiesen (siehe auch Prof. N. Shinfuka: »Japanische Psychotherapie und Zen-Buddhismus«).

Heimat« (Baudelaire) zurückkehren werden, hat nichts Bedrohendes oder Bedrückendes mehr an sich. »Um vollkommene Erleuchtung zu erleben, müßt ihr Leib und Seele wegfallen lassen«, sagte Meister Nyojô. Wer das fertigbringt, löst sich aus seiner ICH-Fixierung. Er hat keine Angst mehr, auch nicht vor dem Tode.

Eine sehr schöne Episode, die dieses Wegfallen von Leib und Seele zum Inhalt hat, ist uns aus Japan überliefert. Sie spielt in der Zeit, als der Shintoismus zur Staatsreligion erklärt und die Buddhisten verfolgt wurden. Ein Zen-Kloster war von Feinden umzingelt: sie steckten es in Brand und ließen keinen einzigen Mönch heraus. In ihrer höchsten Not wandten sich die Mönche an ihren Abt um Hilfe. Der aber trat ihnen ruhig entgegen und sagte: »Wenn Herz und Sinn vernichtet sind, ist Feuer nur ein kühler Wind.«

Um solche Episoden zu finden, brauchen wir nicht in den Buddhismus zurückzugreifen. Es sind viele wahre Begebenheiten überliefert von Märtyrern aller Religionen, Weltanschauungen und Völker. Sie reichen von den frühen Christenverfolgungen bis ins Tausendjährige Reich. Immer aber waren es Menschen, die mit sich im reinen, mit sich eins waren. Sie hatten keine Angst vor dem Tode und konnten sterben, als sei der Tod nichts anderes als eine andere Art zu leben.

Wiederum geschieht hier etwas Merkwürdiges: In dem Maße, wie die Todesangst durch Zazen langsam schwindet, in dem Maße kann der Übende auch *mit seinem Leben besser fertig werden*. Denn wer Angst vor dem Tod hat, der hat auch Angst vor dem Leben – und umgekehrt. So gesehen, ist Zazen ein direktes Hineinführen in das Leben selbst: Der Mensch, der sich im Zen übt, bejaht das Leben, er nimmt es an in jeder seiner Phasen. Genauso wie er den Tod als letzte Bestimmung und Bejahung des Lebens anerkennt. »Die absolute Bejahung muß aus dem glühenden Krater des Lebens selbst aufsteigen.« (Suzuki).

2. Stufe

Der Bauer hat durch langes Suchen die Spur seines Ochsen gefunden. Jetzt weiß er, in welche Richtung er weitergehen muß.

Wer intensiv Zazen übt, wird eines Tages, unmerklich, von der ersten in die zweite Stufe hinübergleiten. Hier, wo das SELBST zu erahnen, wenn auch noch nicht zu schauen ist, sind *alle Auswirkungen des Zazen, die äußeren und inneren, verstärkt*. Die geistige Sammlung ist tiefer. Das Gesammeltsein, der innere Friede, die Ruhe, alles was der Mensch am Anfang seines Zazen nur während der Übung oder kurz danach verspürt hat, bleibt mehr und mehr in ihm zurück. Er läßt sich nicht mehr so leicht von den Problemen des Alltags gefangennehmen oder von Widrigkeiten und Nackenschlägen aus dem inneren Gleichgewicht werfen. Er ruht in sich.

Was jedoch die zweite von der ersten Stufe wesentlich unterscheidet, sind *tiefgreifende seelische Erlebnisse, sogenannte Makyô*. Das beweist nur, daß große Umwandlungen im Unterbewußten vor sich gehen: Erfahrungen und Erlebnisse, vielleicht aus Kindertagen, können ins Bewußtsein auftauchen. Ausgestandene Ängste, die sich ins Unterbewußte eingegraben haben, können hervorkommen. Das Verlangen nach Liebe, Zuneigung, Zärtlichkeit, Angenommensein, das irgendwann einmal nicht befriedigt wurde und deshalb tiefe Spuren hinterlassen hat, wird wieder deutlich. Äußern können sich solche Makyô in vielerlei Weise: durch Weinen, Zittern, Schweißausbrüche, durch besonders intensive Farb-, Licht- und Tonerlebnisse, durch Gesichte und Halluzinationen, durch phantastische Vorstellungen, Trance-Zustände oder Ekstasen, durch größte Heiterkeit oder tiefe Niedergeschlagenheit bis hin zur Verzweiflung. Einige Zen-Forscher nennen deshalb die zweite Stufe des Zazen die *psychologische Ekstase*.

Warum nun treten solche Makyô auf? Der Zen-Abt Yasutani sagt in seinen Unterweisungen dazu folgendes: »Als Folge der Funktionen unserer Sinne tauchen dauernd zahllose Gedanken gleich Meereswogen an der Oberfläche unseres Bewußtseins auf. In unserem Bewußtsein finden sich Rückstände unserer Lebenserfahrungen, einschließlich solcher aus vergangenen Existenzen, bis in Urzeiten zurück. Wenn Zazen so tief dringt, daß die Oberfläche und die Zwischenschichten des Bewußtseins zur Ruhe kommen, steigen Teilchen dieser Rückstände wie Blasen in unserem Bewußtsein auf. Das nennt man Makyô.«

Diese tiefgreifenden seelischen Erlebnisse, die beim Zazen auftreten *können*, aber nicht *müssen*, zeigen jedoch an, daß der Übende in seiner Entwicklung fortschreitet. Insofern könnte er sich über ihr Auftreten freuen. Das aber soll er gerade nicht. Er soll sich nicht an ihnen freuen, wenn sie angenehm sind, noch soll er sich ängstigen, wenn sie bedrohlich sind. Yasutani: »Lassen Sie sich durch Makyô weder bekümmern noch erheben. Lassen Sie sich nicht durch Dinge ablenken, die im Grunde doch nur vergänglich sind. Fahren Sie lediglich hingebungsvoll mit Ihrem Üben fort.«

Makyô sind, wenn sie auftreten, nichts als ein Zwischenstadium auf dem Weg vom ICH zum SELBST, zur Wesensschau. Sie sind »Abfälle unseres Ego«. Wenn hier trotzdem etwas ausführlich auf sie eingegangen wird, so aus folgendem Grund:

Von Psychotherapeuten wird immer wieder die Vermutung ausgesprochen oder gar *die Behauptung aufgestellt, daß Meditation die Probleme des Menschen nur verdränge*. Dies trifft beim Zazen auf keinen Fall zu. Denn Zazen ist, wie ausgeführt wurde, nicht irgendeine beschaulich-genießerische »Flucht« aus der Realität dieses Lebens in irgendeine Irrealität. Das geht auch aus dem Ausspruch eines alten Zen-Meisters hervor, der sagt: »Du sollst dir Zen nicht unter die Nase halten!« Im Zazen kommt der Übende langsam hinein in seine tiefen und tiefsten unterbewußten Schichten. Wo er sich, ohne Bemühung oder gar Forcierung darum, mit allem, was jemals auf ihn in positiver oder negativer Weise einwirkte, auseinandersetzt. Daß er dies tut, beweisen die Makyô. Es handelt sich nicht um Dinge, die der Übende sich einbildet. Sondern meist um Kindheitserlebnisse und -ängste, die er nun im Zazen »aufarbeitet«. Er tut dies ohne Zugriff von außen, ohne Unterstützung eines Therapeuten. Er tut es allein, langsam, Schritt für Schritt, organisch und wird nur soviel »aufreißen«, wie er auch verkraften und verarbeiten kann. »Es« tut in ihm.

Es ist interessant, daß der Psychotherapeut Arthur Janov, der vom »Urschmerz« des Menschen als der Summe aller in der Kindheit erfahrenen Schmerzen und seelischen Verletzungen ausgeht, bis hin zu seiner Lösung im »Urschrei«, das Verhalten seiner postprimären Patienten so schildert, als hätten sie eine Zeit intensiven Zazens hinter sich. Es würde zu weit führen und den Rahmen dieses Kapitels sprengen, Janovs These im einzelnen zu beschreiben. Hier nur soviel: Der postprimäre Patient von Janov, der also die Primärtherapie des Urschreis durchgemacht hat, ist danach vor allem ein *realer* Mensch. Das heißt, er nimmt die Dinge an, so wie sie sind. Genau dasselbe kann man über einen Menschen sagen, der sich intensiv im Zazen übt. Denn er wird sich nicht auf die Zeit seines Sitzens als Übung beschränken, sondern Zen hineinnehmen in sein Leben: Alles ganz tun.

Der Dialog eines Meisters mit seinem Schüler, aus dem alten China überliefert, mag es noch deutlicher machen:

Schüler: »Machst du ununterbrochen Anstrengungen, dich in der Wahrheit zu üben?«

Meister: »Ja, das tue ich.«

Schüler: »Wie übst du dich selber?«

Meister: »Wenn ich hungrig bin, esse ich, wenn ich müde bin, schlafe ich.«

Schüler: »Das tut jeder. Kann man das von jedem sagen, daß er sich übt wie du?«

Meister: »Nein.«

Schüler: »Warum nicht?«

Meister: »Weil die andern, wenn sie essen, nicht essen, sondern über die verschiedensten anderen Dinge nachdenken und sich dadurch stören lassen; wenn sie schlafen, so schlafen sie nicht, sondern sie träumen von tausend und einem Ding. Darum sind sie nicht so wie ich.«

Zen will nichts anderes, als daß das Leben so gelebt und angenommen wird wie es *ist*. Nicht wie es sein könnte oder sollte. Zen will das Einswerden mit jedem Ding und mit jedem Augenblick. Zen will die Realität.

Trotzdem soll hier nicht in Abrede gestellt werden, daß es andere *Meditationsarten* gibt, *in denen Konflikte nicht aufgearbeitet* und bereinigt werden. Alle Bewußtseinstechniken, wie immer sie auch heißen mögen, die sich nicht um Realität bemühen, sondern jenes mystische, genießerisch-beschauliche Moment in den Mittelpunkt stellen, können Konflikte nicht aufarbeiten. Sie werden dabei entweder gar nicht wahrgenommen (verdrängt sind sie ja sowieso sehr gut!) oder verniedlicht. Das ist auch der Grund, warum C. G. Jung zum Beispiel Europäer vor Yoga (wie es hier oft verstanden wird) und vergleichbaren Techniken warnte:

»Durch die Erhellung des Unbewußten nämlich gerät man zunächst in die Sphäre des chaotischen persönlichen Unbewußten, in welchem sich alles findet, was man gerne vergißt und was man unter allen Umständen weder sich selber noch einem anderen eingestehen und überhaupt nicht für wahr haben möchte. Man glaubt daher am besten wegzukommen, wenn man möglichst nicht in diese dunkle Ecke schaut. Allerdings, wer so verfährt, wird auch um diese Ecke nie herumkommen. Keinesfalls wird er auch nur eine Spur von dem erreichen, was der Yoga verspricht. Nur wer diese Dunkelheit durchschreitet, kann hoffen, irgendwie weiterzukommen. Ich bin darum prinzipiell gegen die kritiklose Übernahme von Yogapraktiken durch Europäer, denn ich weiß zu genau, daß sie sich damit um ihre dunkle Ecke herumzudrükken hoffen. Ein solches Beginnen ist aber völlig sinn- und wertlos.

Hier liegt auch der tiefere Grund, warum wir im Westen nichts entwickelt haben, das sich mit dem Yoga vergleichen ließe. Wir haben eine abgrundtiefe Scheu vor der Scheußlichkeit unseres persönlichen Unbewußten. Daher zieht es der Europäer vor, lieber den anderen zu sagen, wie sie es zu machen hätten. Daß die Besserung des Ganzen beim einzelnen, ja bei mir selber anfängt, das will uns schon gar nicht in den Kopf. Viele denken sogar, es sei krankhaft, einmal ins eigene Innere zu blicken, man werde davon melancholisch, wie mir sogar einmal ein Theologe versicherte.«

Eben »in diese dunkle Ecke zu schauen« und *»diese Dunkelheit zu durchschreiten« ist im Zazen möglich.* Hier werden nicht in einer Art Vogel-Strauß-Politik die Augen vor dem geschlossen, was vielleicht – oder gar sicher – unangenehm ist. Zen heißt, die Dinge annehmen. Sie können nur angenommen werden, wenn sie voll erkannt und als Teil meiner selbst akzeptiert sind. Alles, was jemals in meinem Leben auf mich einwirkte, ist ein Teil von mir geworden. Ein Teil von meinem SELBST, ein Teil meiner Wirklichkeit. Im Zazen setze ich mich damit auseinander, indem ich mich nicht (nicht direkt) damit auseinandersetze. Oder ich »denke das Nichtdenken«, wie Meister Dogen sagt.

3. Stufe

Nach all dem langen Suchen sieht der Bauer seinen Ochsen: Plötzlich steht er da. Der Ochse war nicht verlorengegangen, nur hatte der Bauer ihn aus den Augen verloren. Jetzt ist er überglücklich, daß er ihn wiedersieht.

Die dritte Stufe des Zazen bringt einen Höhepunkt des bisherigen Tuns, aller seitherigen Bemühungen: *Kenshô, die Wesensschau.* Es ist das Erkennen, *das Gewahrwerden des SELBST,* das wir zwar immer hatten, aber bisher nicht gekannt haben. Es war zugedeckt von unserem kleinen ICH, das wir vielleicht irrtümlicherweise für unser wahres SELBST hielten. Hier dringt der Mensch ein in das Wesen seines SELBST und in das Wesen aller Dinge. Yasutani: »Kenshô ist die unmittelbare Erkenntnis, daß Sie mehr sind als dieser kümmerliche Körper und dieser begrenzte Verstand. Negativ ausgedrückt ist es die Vergegenwärtigung, daß das Weltall nicht außerhalb von Ihnen besteht. Positiv gesagt, erleben Sie das Weltall als sich selbst. Solange Sie noch bewußt oder unbewußt zwischen sich und anderen einen Unterschied machen, solange sind Sie im Dualismus von Ich und Nicht-Ich gefangen. Dieses Ich ist unserem wahren Wesen nicht eingeboren, sondern lediglich eine durch unsere sechs Sinne hervorgerufene Täuschung. Da aber dieses illusorische Ich in diesem Dasein wie in vorangegangenen Daseinsformen als etwas von echtem Eigenwert behandelt wurde, ist es dazu gekommen, daß es die tiefste Schicht des Unbewußten einnimmt. Ihre zielstrebige Konzentration wird allmählich diesen Ich-Begriff aus Ihrem Bewußtsein tilgen. Bei seiner vollständigen Verbannung erleben Sie plötzlich das Einssein. Das ist Kenshô.«

Kenshô heißt, daß wir in dem Rad, das unser Wesen darstellt, durch beharrliches Zazen, unendlich langsam, aus der Peripherie in die Mitte, in die Nabe gelangt sind. Hier und erst hier haben wir jenseits von Verstand und Wissen, jenseits von Begriffen, Vernunft und Logik die einzigartige Erkenntnis, daß »der logische Standpunkt nicht der letztgültige ist, und daß es darüber hinaus transzendentale Einsichten gibt, die auf dem Wege reiner intellektueller Geschicklichkeit nicht zu erreichen sind.« Plötzlich erreichen wir in der Tat diesen neuen Standpunkt, von dem alle

Zen-Meister sprechen: Von dem aus wir alles in einem anderen Licht sehen. Nicht mehr in unserer gewohnten dualistischen Denkweise, sondern als GANZES. Antoine de Saint-Exupéry sagt in seinem Buch »Der kleine Prinz«: »Man sieht nur mit dem Herzen gut. Das Wesentliche ist für die Augen unsichtbar.« Genau das ist es, was uns Kenshô plötzlich und unmittelbar vermittelt: Dieses Sehen, dieses Erkennen von dem Wesen unseres wahren SELBST und von dem Wesen aller Dinge. Alle Gegensätze sind aufgehoben. Wir sind eins mit allem.

Bis dahin hat der durchschnittliche Mensch heute einen langen Weg zu gehen. Für manche reicht ein ganzes Leben der Zazen-Übung nicht aus, dorthin zu gelangen. Andere »schaffen« es nach einigen strengen Sesshin (Tage des intensiven Zazen und Stillschweigens unter einem Roshi oder Meister). Wie auch immer: Der Weg ist lang; Kenshô ist dabei ein vorläufiges Ziel, dem wir mit all unseren Kräften zustreben müssen und das wir gleichzeitig, paradoxerweise, doch nicht als Inhalt und Ziel unseres Zazen ansehen dürfen. Wir können es auch anders sagen: In dem Moment, wo wir uns bewußt werden, daß unser Zazen gut ist und wir Fortschritte machen, sind wir wieder im kleinen ICH verhaftet und meilenweit vom Ziel entfernt. Absichtsloses Zielgerichtetsein: Wer das versteht, hat eine Ahnung davon, wie sein Zazen sein soll. Kosho Uchiyama Roshi, einer der großen lebenden Zen-Äbte, sagt dazu: »Zazen ist: das Selbst, welches das Selbst ins Selbst hineinbaut.«

So weit der Weg dorthin auch sein mag, Kenshô, die dritte Stufe des Zazen, ist noch keine große Wesensschau oder große Erleuchtung (Satori). Wir dürfen nicht vergessen: Zwar *sehen* wir den Ochsen auf diesem dritten Bild. Aber es ist nur ein flüchtiger Blick in das Wesen unseres SELBST und in das Wesen aller Dinge. Thomas von Aquin sagt einmal: »Die Vollkommenheit besteht nicht in der Erkenntnis, sondern in der Stärke des Ergriffenseins.« Das ist meisterlich gesagt und trifft hier den Nagel auf den Kopf: Wir sind hier auf der dritten Stufe des Zen-Weges zwar ergriffen worden, aber nur für einen Augenblick, der zu kurz ist, um ein Leben lang davon zu zehren. Der Alltag hält uns bald wieder gefangen, das kleine ICH bekommt wieder die Oberhand. Deshalb, so sagen alle Zen-Meister, ist die Zeit nach dieser ersten kleinen Wesensschau mindestens so wichtig wie die Zeit davor.

Die weiteren Stufen

Und richtig: Was nützt es dem Menschen, wenn er sein wahres Wesen zwar geschaut hat, es aber doch nicht »hat«, nicht »ist«. Es also nicht verwirklichen kann. In der Tat gibt es genügend Beispiele von westlichen Menschen, die im Osten unter einem Meister verbriefte Wesensschau hatten – und zu Hause dann nicht danach leben. Der alte Adam, das kleine ICH, ist wieder da und steht der Verwirklichung des SELBST im Wege. Dazu kommt, daß viele dieser Menschen sich ihrer Erleuchtung nur zu bewußt sind. Solange aber einer noch weiß, daß er Erleuchtung hatte, ist er nicht wahrhaft erleuchtet.

Die alten chinesischen Meister haben dies in einer einzigartigen Weise empfunden. Sonst hätten sie uns nicht diese 10 Ochsenbilder überliefert. Nachdem der Bauer nun den Ochsen gesehen hat, steht ihm noch ein großes Stück Arbeit bevor: Er muß den jetzt an seine Freiheit gewöhnten Ochsen einfangen (Stufe 4), er muß ihn zähmen (Stufe 5), und er wird dann auf ihm heimreiten (Stufe 6). Dieser Zustand wird von vielen Zen-Meistern als Bewußtsein geschildert, »bei dem Erleuchtung und ICH als ein und dasselbe gesehen werden«. Es ist also eine stärker vertiefte Erleuchtung als bei der 3. Stufe.

Beim siebten Bild geschieht etwas Merkwürdiges: Der Bauer vergißt seinen Ochsen. Das Tier ist auf dem Bild gar nicht zu sehen. Er vergißt den Ochsen, obwohl er doch so lange und unter hartem Ringen nach ihm gesucht und ihn heimgeholt hat. Das heißt, es gibt für ihn keine Zweiheit mehr. Der Mensch, der diese Stufe erreicht hat, *ist wirklich eins mit sich*. Er hat erkannt, daß sein wahres SELBST, das er gesucht hat, sein ursprüngliches Wesen darstellt. »Eine Falle ist nicht mehr erforderlich, wenn der Hase gefangen ist, ein Netz nicht mehr vonnöten, wenn der Fisch geködert wurde. Es ist, als wäre Gold von der Schlacke befreit worden; als wäre der Mond zwischen den Wolken zum Vorschein gekommen. Ein Strahl von klarstem Glanz scheint immerdar von Urbeginn an.«

Auf der achten Stufe gibt es keinen Ochsen und keinen Bauer mehr. Hier hat der Mensch, der bis hierher vordringen konnte, wirklich seine große Erleuchtung. »Leib und Seele sind ihm weggefallen«, Leben und Tod sind ein und dasselbe. Es gibt keine Erleuchtung und keine Nicht-Erleuchtung mehr. Hier ist *»das Reich des Absoluten, in welchem es keine Gegensätze irgendwelcher Art gibt«*. Die Avatamsaka-Schule sagt: »Das Eine umschließt Alles, und Alles taucht in das Eine. Das Eine ist Alles, und Alles ist das Eine. Das Eine durchdringt Alles, und Alles ist in Einem. Und dies ist so mit jedem Gegenstand und jedem Dasein.«

Die neunte Stufe zeigt, daß die Welt sich während dieses inneren Ringens und Werdens nicht geändert hat. »Grün sind die Gewässer, blau die Berge.« Aber der Mensch, der auf seiner langen Reise hierher gekommen ist, *sieht diese Welt mit anderen Augen.* Er sieht sie von innen, von einer anderen Ebene, einer anderen Dimension aus. Die alten chinesischen Meister sagten, daß der erleuchtete Geist einem im Wasser schwimmenden Fisch gleiche. Hier gibt es keine Hindernisse mehr, kein Aufhalten, kein Stokken. Hier ist unendliche Freiheit.

Auf der zehnten Stufe hat der Mensch sein Ringen beendet. *Er ist frei,* auch von der Vorstellung seiner Erleuchtung. Jetzt kann er sich den anderen zuwenden und ihnen seinerseits helfen, auf diesem geistigen Weg weiterzukommen. »Der Geschöpfe sind zahllose – ich gelobe, sie alle zu retten.« Erst wer sein innerstes Wesen erkannt hat und öffnen kann für die Auseinandersetzung und Begegnung mit dieser Welt und mit den Menschen, wird etwas von jener anderen Dimension ausstrahlen und weitergeben können.

Immer wieder wird von *Kritikern des Zen* behauptet, *Zazen sei etwas, was die Menschen letztlich in ihrer Selbstsucht bestätige* und sie ihren Mitmenschen gegenüber gefühllos mache. Dieser Vorwurf kommt aus der Beobachtung, daß ein Mensch, der sich auf den Zen-Weg begibt, lange Zeit an sich zu arbeiten hat und deshalb die anderen für ihn nicht mehr im Vordergrund seiner Bemühungen stehen. Dieses innere Ringen um die Selbstfindung stößt Menschen, die mehr nach außen leben und ihre Werke vorzeigen möchten, ab. Es ist ihnen unbegreiflich. Dabei sagte schon Laotse: »Der wahrhaft Tugendhafte ist sich seiner Tugend nicht bewußt. Der Mensch geringerer Tugend aber ist stets um seine Tugend besorgt und ist darum ohne wahre Tugend. Wahre Tugend ist spontan und macht keine Ansprüche auf Verdienst.«

Eine sehr schöne und treffende Erklärung gibt der Zen-Abt Yasutani einer seiner Schülerinnen, die ebenfalls unter der Angst leidet, sich ihren Mitmenschen gegenüber nicht altruistisch genug zu zeigen. »Es gibt viele Menschen, die ihre ganze Zeit damit verbringen, den Bedürftigen zu helfen und sich Bewegungen zur Verbesserung der sozialen Zustände anzuschließen. Freilich sollte man das nicht für gering achten. Aber ihre Ur-Angst, die aus einer falschen Sicht ihrer selbst und des Weltalls erwächst, findet keine Linderung, sie nagt an ihrem Herzen und läßt sie nicht zu einem reichen, freudigen Leben kommen. Menschen, die solche Tätigkeiten zur Hebung der sozialen Verhältnisse fördern und sich daran beteiligen, halten sich bewußt oder unbewußt für moralisch überlegen und machen sich deshalb nie die Mühe, sich innerlich zu läutern, indem sie sich von Habgier, Ärger und Verblendung befreien. Es kommt aber die Zeit, da sie von ihrer rastlosen Tätigkeit erschöpft sind und ihre Ur-Angst um Leben und Tod vor sich selbst nicht mehr verbergen können. Dann fangen sie ernsthaft an zu fragen, warum das Leben nicht mehr Sinn habe... Es ist nicht Selbstsucht, zu vergessen, andere zu retten, und sich nur darauf zu konzentrieren, die eigene geistige Kraft zu entwikkeln, wenn es auch so aussehen mag. Es ist die heilige Wahrheit, daß Sie niemanden retten können, ehe Sie nicht durch das Erlebnis der Selbst-Wesensschau selber rund und ganz geworden sind. Wenn Sie das Wesen Ihres wahren Selbst und des Weltalls geschaut haben, werden Ihre Worte Überzeugungskraft haben, und die Menschen werden auf Sie hören.«

Die Arbeit hört also nach der dritten Stufe nicht etwa auf, auch wenn für einen durchschnittlichen Menschen schon dieses Ziel sehr weit gesteckt ist. Zazen muß weiter geübt werden. Ein Leben lang. Jedes Üben, jeder kleine Schritt bringt uns weiter, auch wenn wir es nicht gleich verspüren oder nicht wissen. Wer Zazen übt, gewinnt mit der Zeit, selbst wenn er keine Wesensschau oder Erleuchtung hat, jenes *Urvertrauen* zurück, an dem es dem heutigen Menschen so mangelt: das Vertrauen, daß die Dinge gut sind, wie sie sind; das Vertrauen, daß alles seinen Sinn hat. Zazen ist ein langsamer, schwieriger Prozeß. Ein langer Weg. Aber wer irgendwann seinen Fuß auf diesen Weg gesetzt hat, sollte glücklich sein, daß er es tun durfte. Das absichtslose Zielgerichtetsein aller Bemühung ist zwar die Wesensschau. Doch auch der, der sie niemals erreicht, wird ständig auf seinem geistigen Weg weiterschreiten. Es gibt nur eines: Absichtslos und dennoch unerschütterlich sitzen und den Geist auf einen Punkt sammeln. Buddha soll einmal gesagt haben: »Wer seinen Geist auf einen Punkt zu sammeln vermag, dem ist kein Ding unmöglich.« Danach gibt es nichts mehr zu sagen. Nur zu *tun*.

3. Die praktische Seite

Wie sieht nun die ganz praktische Seite des Zazen aus? Zunächst: Es ist sicherlich besser, von jemand, der schon lange Zazen übt, in die *Praxis des Sitzens* eingeführt zu werden. Das ist durch nichts zu ersetzen. Auch nicht durch die beste Anleitung in einem Buch. Dabei braucht dieser Lehrer gar kein Meister zu sein. (Meister im Sinne von Zen ist immer jemand, der Kenshô oder Satori bei einem anderen Meister hatte, der ihm dies bestätigt.) Aber allein, daß dieser Lehrer unsere Haltung korrigiert, solange wir noch unsicher sind, ist sehr viel wert.

Andererseits ist diese Anleitung unter einem Lehrer nicht immer möglich. Deshalb wird hier versucht, die praktische Seite so einfach, aber auch so genau wie möglich zu erläutern. Denn wer falsch sitzt, wird es unendlich viel schwerer haben, geistig weiterzukommen, als wenn er nach seinen ihm gegebenen Möglichkeiten optimal sitzt.

Dabei muß als erstes vor jeder Übertreibung gewarnt werden. Es geht hier nicht um Leistung, Leistung um jeden Preis. Es geht darum, welche Sitzhaltung unter zumutbaren Schmerzen erreicht werden kann. In Japan wird die Sitzfrage in Klöstern fast immer sehr streng gehandhabt. Wer nur auf einem Stuhl sitzen kann, darf überhaupt nicht in den eigentlichen Meditationsraum hinein. Er ist also praktisch von der Gemeinschaft, die doch gerade den Anfänger in der schwierigen ersten Phase des Sitzens so trägt, ausgeschlossen. Andere sehen etwas mitleidig auf jene herab, die »nur« im Suwari, dem traditionellen japanischen Hocksitz, zu sitzen vermögen usw. Wir dürfen uns ja nicht vorstellen, daß es dem durchschnittlichen Japaner, der zum erstenmal in seinem Leben in ein Zen-Kloster zum Sesshin geht, viel leichter fällt als uns, zum Beispiel in der traditionellen Lotoshaltung zu meditieren. Er versagt hier, obwohl an den Hocksitz am Boden gewöhnt, genauso wie der durchschnittliche Europäer oder Amerikaner. Nun können wir uns die Haltung heraussuchen, die für uns tragbar erscheint. Jede Übertreibung, jeder falsche Ehrgeiz ist schlecht. Sie bringen uns keinen Deut weiter ans Ziel. Auf der anderen Seite dürfen wir auch nicht bei dem ersten kleinen Schmerz kapitulieren und resignierend sagen: »Das ist doch nichts für mich!« Jeder hat sein Maß in sich. Nach dem sollte er vorgehen.

Bleibt die Frage, ob denn dieses Sitzen auf dem Boden, das so viel Schwierigkeiten macht, überhaupt notwendig ist. Wenn wir uns schon auf eine so schwierige »Arbeit« einlassen wie das Sammeln des Geistes auf einen Punkt bis hin zu seiner völligen Entleerung, so brauchen wir auch das richtige Werkzeug dazu. In diesem Sinn sollte der Sitz am Boden immer betrachtet werden: Er ist nichts anderes als ein Werkzeug, eine körperliche Hilfe für den Geist. Seit Jahrtausenden ist der Sitz des Erleuchteten in Asien ein Sitz mit gekreuzten Beinen. Nirgends sind Hände, Beine und Füße so zentral beisammen wie bei der vollen oder der halben Lotoshaltung. Und in keiner anderen Sitzhaltung kann der Rücken sich ohne Anlehnen so lange aufrecht und straff halten wie ein gespannter Bogen. Der Körper wird sozusagen zu einer Einheit verschmolzen, die sich auf die geistige Haltung positiv auswirkt. Durch dieses äußere Sich-Sammeln, durch diese körperliche Bewegungslosigkeit kommt – über Elektrokardiogramm und -enzephalogramm nachweisbar – Ruhe über den Körper: Herzschlag und Atmung verlangsamen sich. Gelassenheit kehrt ein.

Die äußeren Hilfsmittel für das richtige Sitzen sind: der geeignete Raum, Decke und Sitzkissen und eventuell eine Weckuhr. Der geeignete Raum ist zumindest für den Anfänger sehr wichtig. Er sollte möglichst ruhig sein. Wenn wir gerade ein Telefongespräch erwarten, wird es zum Beispiel wenig Sinn haben, Zazen zu machen. So wichtig diese äußere Ruhe für den Anfänger auch ist, so bedeutet sie für den Fortgeschrittenen immer weniger. Er kann sich auch ganz ins Zazen hineinbegeben, wenn die äußeren Umstände nicht so günstig sind. – In Japan wird noch darauf geachtet, daß der Meditationsraum nicht zu hell ist. Jeder muß ausprobieren, was für ihn günstig ist. Nach unserer Erfahrung kann Zazen auch im vollen Sonnenlicht einmal sehr gut sein.

Zum richtigen Sitzen wichtig sind noch eine Decke und ein Sitzkissen. Die Decke von ungefähr 1 qm Größe (zum Beispiel ein Knieplaid gefaltet) wird auf den Boden gebreitet. Darauf kommt auf den hinteren Teil der Decke das Sitzkissen, so daß beim Sitzen später die Knie noch auf die Decke zu liegen kommen. Es sollte ein sehr festes Kissen sein, ungefähr 8–10 cm (gegebenenfalls auch mehr) hoch. Die Form, ob rund oder eckig, spielt keine Rolle. Auf jeden Fall darf es sich beim Daraufsetzen nicht zu sehr zusammenpressen lassen.

In der Praxis hat es sich noch bewährt, vor dem Zazen eine Weckuhr auf die Zeit einzustellen, die man sich für die Meditation nehmen kann. In den Zen-Klöstern wird man ja auch durch einen Gong aus der Versenkung herausgeholt. Es ist ungünstig, immer wieder nach der Uhr zu schielen. So kann man die Zeit vergessen. Wichtig ist nur, daß der Wecker nicht allzu laut schnarrt. Wir legen ihn vor die Tür unseres Zazen-Raumes oder unter ein Kissen.

Die verschiedenen Sitzhaltungen

Der volle Lotossitz (Kekka): Man setzt sich auf sein Sitzkissen und zieht den linken Fuß ganz an das Gesäß bzw. an das Sitzkissen heran. Danach wird der rechte Fuß auf den linken Oberschenkel gelegt, und zwar so, daß die Fußsohle nach oben schaut. Der linke Unterschenkel wird nun unter dem rechten Unterschenkel vorgezogen, und der linke Fuß auf den rechten Oberschenkel gelegt, so daß auch seine Fußsohle nach oben schaut. Wichtig ist, daß die Knie auf der Decke liegenbleiben. Sie müssen unbedingt tiefer sein als das Becken. Erst so bekommt der Leib die richtige Atemfreiheit.

Die Hände werden folgendermaßen ineinandergelegt: Die geöffnete linke Hand (oben) ruht auf der rechten. Die Daumen sind leicht nach vorn gespreizt, die Daumenspitzen berühren einander.

Der Rücken ist aufrecht, gelockert-gespannt. Er wird zuerst etwas übertrieben nach oben gereckt, so als ob der Scheitel zur Decke stoßen wollte und durch sie hindurch. Dann loslassen und sich sozusagen ganz ins Becken hineinbegeben. Dieser aufrechte Rücken ist unerläßlich. Wer mit krummem Rücken Zazen macht, wird niemals weiterkommen können. Auf der anderen Seite soll diese aufrechte Körperhaltung nicht starr sein und zu weiteren Verspannungen und Verhärtungen führen. Spannung und Lockerung müssen einander die Waage halten. Um das zu erreichen, ist bei den meisten Menschen längeres Training nötig.

Das Kinn ist leicht angezogen. Nasenspitze, Kinn und Nabel sollen ungefähr eine senkrechte Linie bilden. Das ist sehr wichtig. Wird das Kinn nämlich etwas nach vorne gestreckt, tritt augenblicklich Stau in der Nackenmuskulatur ein. Das Kinn-Anziehen, eine kleine Bewegung von 1 bis 2 cm, ergibt zusammen mit dem aufrechten Rücken erst *die* aufrechte Körperhaltung. Das ist der »lange Nacken« der Zen-Mönche.

Die Augen werden geöffnet gehalten, und zwar so, daß der Blick ungefähr 1 m voraus auf den Boden gerichtet wird, ohne jedoch dort einen bestimmten Gegenstand zu fixieren. Wem dies schwer fällt, kann die Augen auch für den Anfang geschlossen halten. Bei geschlossenen Augen ist die Gefahr des Dösens und träumerischen Genießens größer als bei geöffneten.

Die Beschreibung dieser vollen Lotoshaltung klingt an sich ganz einfach. Aber jeder, der den vollen Lotossitz einmal versucht hat, weiß, daß er für den durchschnittlichen Menschen ohne entsprechende Vorarbeit schier unmöglich ist. Es ist deshalb besser, den halben Lotossitz zu versuchen, obwohl unbestritten der volle Lotossitz für das Zazen das beste Hilfsmittel ist und bleibt. Bei keinem anderen Sitz ist der Körper zu dieser vollen Einheit verschmolzen, was natürlich auf die seelisch-geistige Seite nicht ohne Auswirkung bleibt.

Vielleicht sollte hier *ein Wort über die Schmerzen* gesagt werden, die der durchschnittliche Anfänger beim Zazen auszuhalten hat. Es kommt ja kaum einer ganz ungeschoren davon. Und allzu viele Menschen geben nach einer kurzen Zeit ihrer Bemühungen wieder auf. Sie sagen: »Das hat bei mir ja doch keinen Sinn. Vor lauter Schmerzen komme ich nicht zur Ruhe und zum eigentlichen Zazen.«

Dabei kann gerade der Schmerz, den einer auszuhalten hat, eine große Hilfe sein. Es steckt schon ein tiefer Sinn dahinter, seine Schmerzen erst einmal zu *fühlen*. Und das völlig freiwillig. Es ist ein Schmerz, den ich mir meiner geistigen Haltung zuliebe ohne zwingende Notwendigkeit selbst zufüge. Hier scheiden sich bereits die Geister. Der eine denkt: »Ich bin doch nicht verrückt, mich so zu kasteien. Mache ich doch einfach Zazen auf einem Stuhl, dann bin ich dieser Sorgen ledig!« Der andere: »Ich bin unerschütterlich entschlossen, Zazen zu machen trotz aller Schmerzen, die sich auftun. Ich kann mich fühlen, und ich kann auch dieses schmerzhafte Fühlen ganz annehmen. Es sind *meine* Schmerzen.«

Daß die beiden geistig völlig andere, fast gegensätzliche Wege gehen, dürfte sofort klar sein. Eine der wichtigsten Voraussetzungen für Zazen ist ja die Entschlossenheit, das kleine ICH langsam, Schrittchen für Schrittchen, zu lassen. Dazu gehört auch der Schmerz, den ich aus Selbstmitleid vielleicht allzu stark empfinde. Ich muß nicht nur meine Gedanken lassen können, sondern auch das Mitleid mit mir selbst. Wer kein Mitleid mit sich hat, der kann seine Schmerzen annehmen. Er wird sich nicht mehr gegen sie wehren, ja er wird mit ihnen verschmelzen. Und plötzlich – das sagen alle Zen-Meister und bezeugen die Autoren dieses Buches aus eigener Erfahrung – sind sie weg. Oder sie können als Bestandteil des Zazen zwar noch gefühlt und registriert werden, werden aber nicht mehr wichtig genommen.

Das soll nun aber nicht heißen, daß ich auf Biegen und Brechen die schwierigste und schmerzhafteste Sitzhaltung für mich aussuche. Auch das wäre ja nichts anderes als Verhaftung im kleinen

ICH. Ich würde mir damit nur beweisen wollen, daß ich es »kann«. Vielmehr ist es gut, die Sitzhaltung auszusuchen, die eben bei meiner Vorarbeit, bei meinen Möglichkeiten unter zumutbaren Schmerzen vorerst die richtige ist. Daß ich daran weiterarbeite, einen für Zazen noch günstigeren Sitz wählen zu können, ist dann selbstverständlich.

Halber Lotossitz (Hanka): Man setzt sich auf das Sitzkissen, zieht den rechten Fuß so weit wie möglich an das Gesäß bzw. an das Sitzkissen heran und legt den linken Fuß auf den rechten Oberschenkel. Die Fußsohle schaut nach oben. Der aufrechte Rücken, das angezogene Kinn, die ineinandergelegten Hände, die geöffneten Augen, all das bleibt sich gleich wie beim vollen Lotossitz. Dieser Sitz hat den großen Vorteil, daß man mit den Beinen abwechseln kann: Mal liegt der linke Fuß auf dem rechten Oberschenkel, mal der rechte auf dem linken Oberschenkel. So kann sich das Bein, das bei einer Sitzung oben lag, bei der nächsten etwas erholen.

Wer diesen Sitz nicht ganz schafft – er ist für Anfänger immer noch schwer genug –, kann die etwas leichtere Art des halben Lotossitzes versuchen. Er wird in fast allen europäischen Meditationszentren von den Zazen-Anfängern geübt. Der jeweilige Fuß, der oben liegt, wird nicht auf den Ober-, sondern nur auf den Unterschenkel gelegt. Das ist wesentlich einfacher, bringt aber nach aller Erfahrung nicht ganz die Sammlung, das Verschmelzen des Leibes. Trotzdem ist diese Haltung wegen ihrer festen Basis immer noch dem nachfolgend beschriebenen Hocksitz vorzuziehen.

Burmesischer Sitz: Noch etwas leichter als der halbe Lotossitz ist der sogenannte burmesische Sitz. Dabei wird kein Fuß auf den anderen Ober- oder Unterschenkel gelegt. Sondern beide Füße

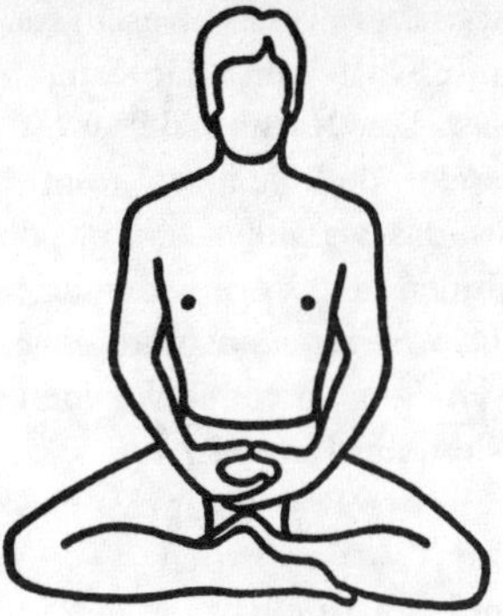

werden einfach locker voreinander gelegt. Wichtig dabei ist jedoch, daß die Knie auf den Boden kommen, also tiefer sind als das Becken. Wer noch nicht so geübt ist, kann den halben Lotossitz mit diesem abwechseln lassen. So haben die Beine die Möglichkeit, sich immer wieder auszuruhen.

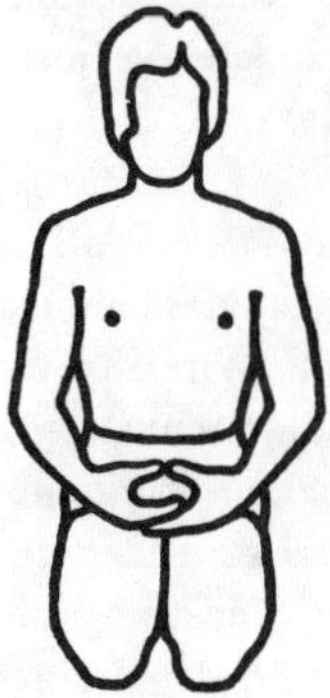

Hocksitz (Suwari): Wer den Sitz mit gekreuzten Beinen, der Jahrtausende alt ist, nicht fertigbringt, kann den traditionellen japanischen Hocksitz versuchen. Man kniet sich nieder und setzt sich auf die Fersen. Die Füße sind dabei lang ausgestreckt. Die Beine und Füße können parallel mit etwas Abstand voneinander (Sitzhökkerbreite) liegen oder die Zehen ineinandergelegt werden. So entsteht sozusagen eine kleine Mulde der Fersen, in die man sich hineinsetzt.

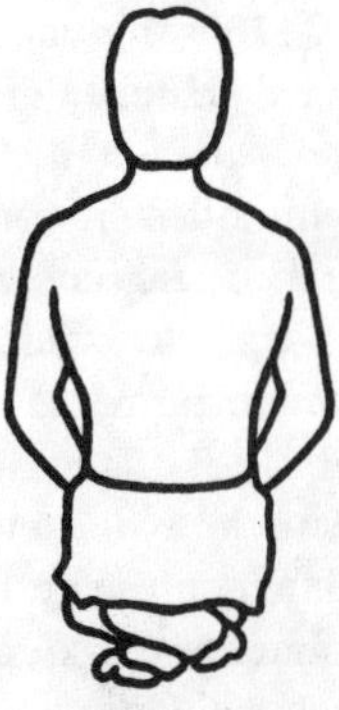

Wem dieser Sitz Schwierigkeiten macht, kann sich zwischen Gesäß und Fersen eine Decke oder ein Kissen legen. Wichtig ist auch hier der absolut aufrechte Rücken.

Der Hocksitz hat gegenüber dem vollen und halben Lotossitz den Vorteil, daß kein Sitzkissen nötig ist. Man kann ihn

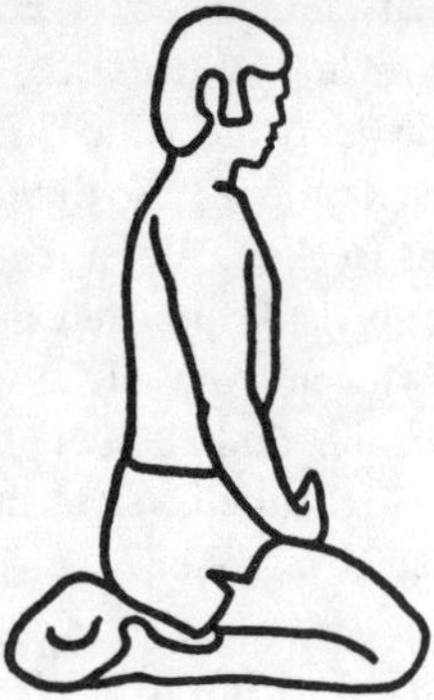

also überall praktizieren, selbst unterwegs im Hotelzimmer usw. Der Nachteil dieses Sitzes ist der, daß die breite feste Basis, das Verankertsein mit dem Boden als Voraussetzung für die erstrebte absolute Festigkeit, lange nicht so gegeben ist wie beim Lotossitz.

In der Praxis hat es sich bewährt, den halben Lotossitz und den Hocksitz einander abwechseln zu lassen. Das kann bei einem Sesshin, wo viele Stunden am Tag Zazen geübt wird, unerläßlich sein, um die Beine nicht zu überanstrengen.

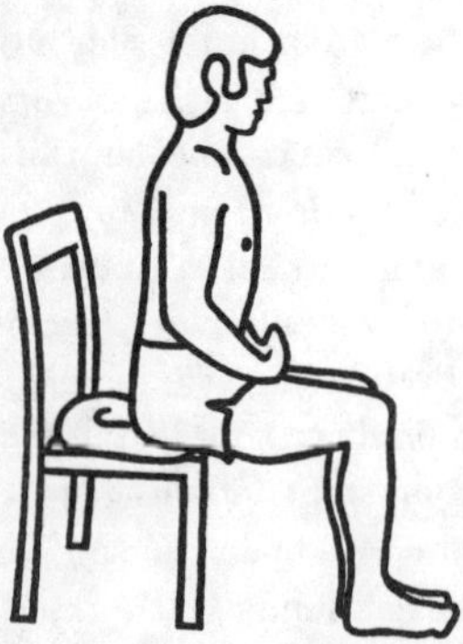

Sitz auf dem Stuhl: Zazen auf einem Stuhl ist zwar in Japan verpönt. Wir stehen aber auf dem Standpunkt, daß es besser ist, Zazen auf einem Stuhl zu üben als gar nicht. Im übrigen gibt es Menschen, die Verletzungen an den Beinen haben, sowie Alte und Kranke, die die geistige Mühsal gerne auf sich nehmen möchten, deren Körper aber einfach nicht mehr zum Sitz am Boden in der Lage ist. Warum sollen sie vom Zazen ausgeschlossen bleiben? Wir haben auch die Erfahrung gemacht, daß junge Menschen, besonders Leistungssportler, sich nur sehr schwer an den Bodensitz gewöhnen können. Ihr Muskulatur ist oft derartig verspannt und verhärtet, daß sie erst langsam gelöst werden muß. Im übrigen ist für sie der seelische Schock, nicht wie die anderen am Boden Zazen üben zu können, oft so groß, daß er sich wiederum auf ihr ICH-Lassen heilsamer auswirkt, als wenn sie perfekt sitzen könnten – und das auch wüßten!

Man setzt sich auf einen möglichst harten Stuhl, dessen Sitzfläche eben sein sollte. Um die Knie tiefer zu bekommen als das Becken, wird auf den Stuhl ein Sitzkissen oder eine Decke gelegt. Sind die Knie nämlich in gleicher Höhe wie das Becken, kann der Leib nicht die nötige Atemfreiheit bekommen. Die Beine sind im rechten Winkel zum Fußboden in etwas Abstand voneinander gestellt (Sitzhöckerabstand), die Füße stehen fest auf dem Boden (parallel). Die Hände werden ineinander gefaltet auf die Oberschenkel gelegt. Wichtig wie bei allen anderen Sitzarten sind der aufrechte Rücken (nicht anlehnen!), das angezogene Kinn und die geöffneten Augen.

Beginn und Aufhören von Zazen: Nach einem alten Merkbuch für Zazen (Zazen Yôjinki), das im 14. Jahrhundert von dem Mönch Keizan (1268–1325) verfaßt wurde, kann man sowohl beim Beginn als auch beim Aufhören von Zazen einige tiefe Atemzüge machen, und zwar so:

Man legt die Hände mit der Handinnenfläche nach oben auf die Knie und läßt den Atem bei geöffnetem Mund herausstreichen. Eingeatmet wird also durch die Nase wie gewöhnlich, ausgeatmet wird durch den Mund. Es genügt, 3- oder 4mal in dieser Weise zu atmen. Nach unserer Erfahrung ist dieses Atmen als Vorbereitung für Zazen sehr gut, weil es den natürlichen, freien Atem sozusagen »ankurbelt«. Danach wird der Mund geschlossen, die Hände werden ineinandergelegt, das eigentliche Zazen beginnt.

Auch beim Aufhören ist dieses Atmen sozusagen ein Zurücknehmen aus der Versenkung, ein Hinführen zur gesammelten Aktivität des Kinhin. Zusätzlich kann man sich dann nach einer Verbeugung mit der Stirn auf den am Boden aufgelegten Händen mit beiden Händen vom Boden sozusagen abstemmen. Der Mönch Keizan empfiehlt dies ebenfalls. Mit diesem Abstemmen kann eine gegebenenfalls aufgetretene körperliche Überspannung sofort abgegeben werden. Danach steht man auf und macht Kinhin, bzw. man beendet das Zazen.

Kinhin (Gehmeditation): Kinhin ist das japanische Gehen, das alle Zazen-Übungen unterbricht. Das heißt, die Zazen-Übung soll im Gehen fortgesetzt werden. Das sieht so aus: Der linke

Daumen wird in die Hand gelegt und die Finger darüber gegeben. Es wird also eine Faust gemacht. Sie wird vor das Brustbein gesetzt (Handrücken nach oben) und dann von der rechten Hand zugedeckt. Die Handhaltung ist also gerade umgekehrt als beim Sitzen: Jetzt liegt die rechte Hand auf der linken, beim Sitzen die linke in der rechten. Die Arme werden so gehalten, daß die Ellbogen frei sind, also nicht am Körper anliegen. Sie können als eine Art waagrechte Balancierstange den Körper in besserem Gleichgewicht halten. Der Rücken ist selbstverständlich aufrecht, der Blick ungefähr 2 m voraus auf den Boden gerichtet. In dieser Haltung wird praktisch fast »auf der Stelle gegangen«, das heißt: Der linke Fuß wird so gesetzt, daß er ungefähr eine halbe Fußlänge weiter nach vorn kommt. Die Ferse wird zuerst auf den Boden gesetzt und der Fuß bis zu den Zehen abgerollt. Wer am Anfang Schwierigkeiten hat, hier das Gleichgewicht zu halten, kann sich vorstellen, daß der Fuß gleichsam in den Boden hineinversinkt (das wäre bereits eine eutonische Übung). In dieser Weise wird ein Fuß vor den anderen gesetzt, langsam, bei gespannter Aufmerksamkeit. Atmen und Gehen werden aufeinander abgestimmt. In der Gruppe macht das jeder in seinem Rhythmus, hält aber den nötigen Abstand zum Vordermann. Bei Sesshin schließt sich nach dem Kinhin immer eine weitere Zazen-Sitzung an.

Für den Anfänger ist Kinhin etwas seltsam. Das zeitlupenartige Gehen macht ihn vielleicht lachen. Aber schon bald wird er die äußerst wohltuende Wirkung von Kinhin verspüren. Vorausgesetzt natürlich, daß er Kinhin als das auffaßt, was es ist und sein soll: Zazen im Gehen. Es muß also in jener äußersten Entschlossenheit und Konzentration gegangen werden, wie sie auch für das Sitzen aufgewendet werden. Auf alle Fälle ist Kinhin sehr praktisch, denn es zeigt sofort jede Unaufmerksamkeit. Wer döst oder einfach unkonzentriert ist, fällt aus seiner Balance. Und dies im wahrsten Sinn des Wortes.

Gut ist es, auch beim Kinhin die eutonischen Prinzipien einzusetzen. Dann geht alles leichter. Das Versinken des abrollenden Fußes im Boden ist ja bereits eine eutonische Verlängerung. Sehr gut ist es auch, die Scheitelhaare an der Decke zu spüren. So macht die aufrechte Haltung keine Schwierigkeiten mehr. Und wer sich zwischendurch seiner freien Beinräume gewahr wird, wird einen viel sichereren, gesammelteren Gang haben.

Übungszeit

Wie lange soll man üben? Welche Tageszeit ist günstig? Grundsätzlich ist die Zahl der Sitzungen am Tag nicht begrenzt. Wohl dem, der Zeit hat, sich mit Zazen intensiv zu befassen! Im strengen Soto-Kloster Antai-ji in der Nähe von Kyoto ist die normale Zazen-Zeit pro Tag neun Stunden, bei den Sesshin 14 Stunden. Dabei darf nicht vergessen werden, daß Laien und Mönche auch während der Zazen-freien Zeit in ihrer Versenkung bleiben, die Arbeit in diesem meditativen Sinn verrichten, ebenso ihre Mahlzeiten zu sich nehmen, usw. Oft wird die Nacht noch zum freiwilligen Sitzen ausgenutzt. Für einen Anfänger im Zazen wäre das eine schlecht zu ertragende Tortur.

Es stellt sich uns wohl auch weniger die Frage, wo die Grenze nach oben, als vielmehr, wo sie nach unten ist. Pater Enomiya-Lassalle berichtet darüber, daß sein Zen-Meister ihm geraten habe, täglich morgens und abends jeweils eine halbe Stunde oder 20 Minuten Zazen zu machen und ab und an zu Übungen ins Kloster zu kommen. Da wir alle mehr oder weniger stark in der beruflichen Arbeit stehen, diese aber durch unser Zazen nicht etwa leiden, sondern doch gefördert werden soll, scheint zweimal 20 Minuten am Tag eine gute, vernünftige Zeit. Oft genug wird es noch so sein, daß die zwei Zeiten auf eine zusammenschrumpfen. Wer immer sich auf den Zen-Weg macht, sollte aber wissen, daß nur tägliches, stetiges Bemühen weiterbringen kann. Einmal pro Woche, wenn man gerade Lust dazu verspürt, wird sicher nicht falsch sein, aber auch nur wenig bringen.

Genauso wichtig wie bei der Eutonie ist es, daß das Zazen in jede Bewegung, in jede Arbeit, in jede Begegnung mit Menschen usw. mit hineingenommen werden muß. Das heißt nichts anderes, als daß ich alles, was ich tue, *ganz* tue, also ganz dabei bin. *Jedes Tun wird so* zu einer Konzentrationsübung, *zu einem meditativen Tun.* Nach einem Kurs sagte uns einmal ein bekannter Wirtschaftler: »Mir kommt alles, was ich tun muß, jetzt so schal vor und so unwichtig!« Und wir antworteten ihm darauf: »Erst wenn Sie gelernt haben, sich nicht nur in der Zazen-Zeit zu versenken, sondern dieses Ganz-bei-sich-sein mit hineinnehmen in Ihren Alltag, ja durch Ihr So-Sein alle Arbeit, jede Entscheidung durchdringen, erst dann können Sie auf Ihrem geistigen Weg weiterschreiten.«

Es ist sinnlos, mich ins Zazen zu flüchten wie in eine Art Droge, die mich für kurze Zeit die harten Realitäten meines Da-Seins vergessen läßt. Es ist sinnlos, durch eine solche Flucht vor mir selbst davonzurennen, um mich nicht mit mir und mit den Gegebenheiten um mich herum auseinandersetzen zu müssen. Das Gegenteil muß der Fall sein: Durch die Besinnung auf mich selbst, durch das langsame Lassen meines ICHS und das Wiederentdekken meines SELBST bekomme ich jene gesteigerte Lebenskraft, die mir hilft, mein Da-Sein in neuer Form zu durchleben und zu gestalten.

4. Die Eutonie als leib-seelische Hilfe für Zazen

Aus ganz persönlicher Erfahrung kann gesagt werden, daß die Eutonie eine einzigartige Hilfe für das richtige Sitzen sein kann. Die Autoren dieses Buches haben über Jahre hinweg Zazen geübt, ohne von Eutonie eine Ahnung zu haben. Allerdings war durch eine vorangegangene 10jährige Yoga-Praxis schon sehr viel in dieser Richtung getan worden. Als wir dann die Eutonie als ein neues Übungsmoment aufgenommen hatten, konnten wir beide an unserem Sitzen verschiedene Veränderungen feststellen: Es bereitete immer weniger Mühe, wurde immer selbstverständlicher, und auch das geistige Weiterkommen konnte durch Eutonie wesentlich bereichert werden. Auf der körperlichen Seite ein Beispiel: Jahrelang machten wir Zazen in der etwas leichteren halben Lotosstellung, also ein Fuß auf dem anderen Unterschenkel. Ein Üben im vollen Lotossitz schien unmöglich. Nach einem Jahr eutonischer Übung war uns plötzlich, sozusagen von einem Tag auf den anderen, der volle Lotossitz möglich, wenn auch anfänglich nur für kurze Zeit. Ein Zeichen dafür, daß durch das eutonische Innenraum-Bewußtsein in den Beinen sehr viel an Verspannung und Verhärtung gelöst wurde. Auch der aufrechte Rücken, der bei langem Zazen besonders Anfängern immer große Schwierigkeiten und Schmerzen bereitet, ist mit eutonischer Hilfe viel leichter zu halten.

Hier soll im einzelnen nun nicht noch einmal darauf eingegangen werden, welche eutonischen Übungen täglich zu machen sind. Das wurde ja schon im Kapitel »Eutonie« behandelt. Hier geht es einzig darum, wie die verschiedenen Zazen-Haltungen durch Eutonie besser zu ertragen bzw. zu meistern sind.

Die Hilfe der Eutonie besteht darin, daß der Übende sich *am Anfang seines Sitzens ganz bewußt in seine Leiblichkeit richtig einfühlen* bzw. eintasten kann. Wir können dazu alle Prinzipien der Eutonie zu Hilfe nehmen, also Hautkontakt-, Verlängerungs-, Innenraum- und Knochenbewußtsein. Ganze Generationen von Laien und Mönchen hätten sich bei ihrem Zazen leichter getan, wenn sie etwas von Eutonie gewußt und sie geschickt in ihr Zazen eingebaut hätten. Freilich erhebt sich gleich die Frage, ob man es sich denn beim Zazen überhaupt leicht machen darf. Gelegentlich hören wir von Leuten, die jahrelang Zazen ohne Eutonie geübt haben: »Gott sei Dank haben wir die Eutonie am Anfang nicht gekannt. Dann wären wir geistig sicher nicht so weit gekommen, da uns die Eutonie eine solche Hilfe gewesen wäre!«

Wir zweifeln an der Richtigkeit dieser Behauptung. Muß denn etwas, was naturgemäß für den westlichen Menschen sowieso schon schwer genug ist, noch schwerer gemacht werden? Es will uns nicht in den Kopf, daß durch die eutonische Hilfe, also durch das Bewußtwerden des Körpers innen und außen, dem Zazen Abbruch getan wird. Kann ich nicht vielmehr leichter in die geistige Versenkung, in das Leerwerden von Gedanken und Begriffen kommen, wenn ich in meinem Leibe gut darauf vorbereitet bin? Es geht doch letztlich um das große Ziel, mein SELBST neu zu entdecken, mit ihm eins zu werden. Wenn mir dabei meine Leiblichkeit nicht mehr oder weniger im Wege steht, sondern mir zu höherer Einsicht verhilft, so kann dies nur im Sinne von Zen sein. Die körperliche Haltung beim Zazen ist ja – so gesehen – auch nur ein Werkzeug, eine körperliche Hilfe für dieses geistige Suchen und Erkennen.

Ganz abgesehen davon: Die meisten Menschen von heute sind in ihrem Leibe so schlecht »da«, daß sie sich überhaupt gar nicht fühlen, gar nicht verspüren können. Der chinesische Meister Nyojô, bei dem der berühmt gewordene Meister Dôgen Erleuchtung gefunden hatte, sagte: »Um vollkommene Erleuchtung zu erleben, müßt ihr Leib und Seele wegfallen lassen.« Wer sich aber in seinem Körper, in seiner Leiblichkeit gar nicht richtig fühlen kann, für den ist es ja ein Leichtes, diesen Körper »wegfallen« zu lassen, denn er »ist« ja nicht sein Körper, er »hat« ihn nur. Er ist für ihn nichts anderes als ein alt und schlecht gewordenes Kleidungsstück, das wegzuwerfen man letzten Endes doch froh ist. In diesem Sinne jedoch hat es Nyojô gewiß nicht gemeint. Er meinte es im Sinne von Zen: Bevor ich meinen Körper wegfallen lassen kann, muß ich mein Körper »sein«. Ich muß ihn spüren, fühlen, ihn in seinem Wert erkennen und voll und ganz anerkennen. Wenn ich ihn dann, eines Tages – vielleicht – als tiefen Sinn meiner Übung »wegfallen« lassen kann, so ist dies etwas ganz anderes! Pater Enomiya-Lassalle sagte uns, als er die Eutonie kennenlernte, wortwörtlich: »Sie können auch in der Eutonie Satori haben!« Wenn dies auch nicht im Sinne der eutonischen Bemühung ist – sie steckt sich keine solchen weiten Ziele –, so kann sie doch für das richtige Zazen eine sehr große Hilfe sein: eine Wegbereitung. Und das nicht nur am Leibe, sondern auch im seelisch-geistigen Bereich.

Übung:

Das eutonische Einfühlen und Eintasten beim Zazen kann folgendermaßen gemacht werden:

- Zuerst fühle ich das Gesäß auf dem Sitzkissen. Ich achte besonders darauf, daß ich die Sitzhöcker gut spüre. Durch eine kleine Verschiebung des Beckens nach vorn verlagere ich das Gewicht mehr auf die vordere Seite der Sitzhöcker, so daß das Gefühl entsteht, ich sitze »vor« den Sitzhöckern. Um Überspannung zu entlassen, kann ich sie dann schräg nach hinten unten (ungefähr 10 Grad) durch das Sitzkissen hindurch in den Boden fühlen lassen (Verlängerung). Erst wenn ich etwas »vor« den Sitzhöckern sitze, bekommt der Leib seine Freiheit, die er zum rechten Atmen braucht.
- Dann gehe ich im Hautfühlen weiter: Ich spüre die Haut mei-

nes rechten Beines, alles was ich von ihm am Boden durch die Kleidung wahrnehmen kann: den Oberschenkel, das Knie, den Unterschenkel, die Ferse und die einzelnen Zehen. Wenn ich sehr viel Spannung im Oberschenkel verspüre, kann ich in der Vorstellung auch mein Knie etwas weiter fühlen lassen (Verlängerung), sozusagen in Fortsetzung des Oberschenkels. Es ist, als ob das Knie wächst. Ich muß nur darauf achten, daß es irgendwo »ankommt«, also wieder Kontakt hat. Das kann je nach Haltung und Neigung des Oberschenkels am Boden oder an einer Wand sein. Auch die rechte Ferse kann ich etwas in meiner Vorstellung weiter fühlen lassen (Verlängerung), ebenfalls die Zehen. Immer gut erkennen, wo die Ferse bzw. die Zehen »ankommen«. Nie ins Unendliche verlängern, sondern immer im Kontakt zu etwas!

- Wenn das ganze rechte Bein in dieser Weise am Boden Kontakt hat bzw. mit der entsprechenden Verlängerung durchgearbeitet ist, vergleiche ich es mit dem linken. Wenn ich einen Unterschied festgestellt habe, arbeite ich links genauso.
- Da beim Zazen gerade die Beine sehr beansprucht sind, kann ich auch eine Innenraumübung anschließen. Ich versuche, vom Innenraum meines Beckens aus in den Innenraum des rechten Oberschenkels zu gelangen. Dort gehe ich diesen Raum, vielleicht mit Hilfe einer Spirale von Innenhaut zu Innenhaut, in meiner Vorstellung hindurch bis zum Knie. Dem Knie-Innenraum schenke ich besondere Aufmerksamkeit. Vielleicht kann ich auch das Kniegelenk dort erkennen. Von dort gehe ich weiter in den Raum des Unterschenkels, in den Raum des Fußgelenks, in den Raum der Ferse, des Fußes und der einzelnen Zehen (großzügig).
- Wieder Vergleich mit dem nicht durchgearbeiteten linken Bein. Nachdem ich den Unterschied festgestellt habe, arbeite ich links genauso.
- Danach fühle ich den Oberkörper vom Becken aus aufwärts in seinen Hautkontakten zur Kleidung. Besonders den Rücken hinauf, aber auch die Brustseite.
- Von der rechten Schulter aus erfühle ich die Hautkontakte des rechten Arms zur Kleidung: Oberarm, Ellbogen, Unterarm

(der zum Teil schon auf dem rechten Oberschenkel aufliegt) und die rechte Hand im Kontakt zur linken.

- Vom rechten Schulterblatt aus kann ich durch den Körper hindurch zur Rückseite des Schlüsselbeins hin fühlen. Ich bin dort also im Innenraum und gehe weiter in den Innenraum des rechten Oberarms (vielleicht wieder mit Hilfe einer Spirale von Innenhaut zu Innenhaut), in den Raum des Ellbogens, des Unterarms, der Hand und vom Handgelenk ausgehend jeweils in die Räume der einzelnen Finger (großzügig).
- Nachdem ich am rechten Arm so meine Hautkontakte erfühlt und die Innenräume erkannt habe, stelle ich wieder den Vergleich zum linken Arm an. Unterschied feststellen. Danach links genauso arbeiten.
- Darauf stelle ich mich auf meinen Kopf ein. Ich fühle zuerst meinen Scheitel bzw. meine Scheitelhaare nach oben zur Decke (Verlängerung). Und zwar in einer ganz geringen Schrägung nach vorn (ungefähr 10 Grad). Ich kann mich also in einer geraden Linie fühlen von schräg oben (Decke) bis schräg unten (verlängerte Sitzhöcker im Boden). Das korrigiert augenblicklich meine Haltung und macht den Nacken frei. Immer, wenn während des Zazen der Rücken krumm zu werden droht, kann ich durch das Bewußtsein meiner Scheitelhaare an der Decke oben meine Haltung in diesem Sinne korrigieren.
- Danach fühle ich die Zunge lose hinter den oberen Schneidezähnen liegen. Ich spüre den Oberkiefer und den Unterkiefer, die nicht aufeinandergepreßt sein dürfen. Erkenne, ob ich einen freien Rachenraum habe.
- Jetzt gehe ich vom Raum des Hinterhaupts aus meine Wirbelsäule nach unten durch: zuerst erkenne ich die sieben Halswirbel, dann die zwölf Brustwirbel und die fünf Lendenwirbel. Ich halte mich nirgends fest. Auch wenn ich einmal nicht genau wissen sollte, an welchem Wirbel ich jetzt bin, gehe ich in meinem Bewußtsein die Wirbelsäule weiter nach unten durch.
- Nach dem fünften Lendenwirbel erkenne ich gut mein Kreuzbein. Ich fühle es durch und lasse es etwas nach unten wachsen (Verlängerung). An dieser Stelle gehe ich dann in meinem Bewußtsein aus meinem Körper heraus.

Dieses eutonische Eintasten dürfte bei einem Geübten ca. fünf Minuten dauern, so daß es also bei einer Gesamtzeit für das Zazen von insgesamt 20 Minuten ein rundes Viertel der Zeit in Anspruch nimmt. Bei einem Anfänger in Eutonie wird dieses Einfühlen naturgemäß länger dauern. Das macht nichts. Er sollte aber für den Anfang nur seine Hautkontakte erfühlen und eventuell die Sitzhöcker zum Boden bzw. die Scheitelhaare zur Decke erspüren.

Mit steigender Geübtheit wird auch er zusätzlich seine Innenräume erkennen und schließlich noch durch seine Wirbelsäule gehen können. Im übrigen ist es nicht schlimm, wenn dieses Eintasten etwas längere Zeit in Anspruch nimmt. Um so intensiver wird die nachfolgende Zazen-Übung sein können. Wir dürfen ja nicht vergessen, daß wir hier nichts anderes tun, als uns auf Zazen vorzubereiten.

In der Praxis hat es sich bewährt, beim Einfühlen die Augen geschlossen zu halten. Sie werden erst nach dieser eutonischen Übung geöffnet. Dann wird der Blick im Sinne des Zazen ungefähr 1 m voraus auf den Boden geheftet. Jetzt kann mit aller Intensität die eigentliche Zazen-Übung beginnen mit der geistigen Hilfe, die sich der einzelne vorgenommen oder die er vom Lehrer zugeteilt erhalten hat (z.B. Atemzählen, Atem verfolgen, Kôan). Der Körper wird jedenfalls jetzt in einer ganz anderen Verfassung sein, als wenn sofort ohne entsprechende Eintastübung mit dem Zazen begonnen würde.

Dieses Eintasten gilt für alle drei Zazen-Haltungen (voller Lotossitz, halber Lotossitz und Hocksitz). Normalerweise werden die Sitzhöcker durch das Sitzkissen hindurch zum Boden gefühlt; lediglich beim Hocksitz (wo meistens keines da ist) durch die Füße hindurch. Für das Eintasten auf einem Stuhl, das etwas abweicht, verweisen wir auf die Seiten 114ff. Diese Übung kann durch das Erkennen der Innenräume erweitert werden. Wer die oben beschriebene Eintastübung genau gelesen hat, dürfte keine Schwierigkeiten haben, sie auch in die Sitzhaltung auf dem Stuhl zu übertragen. Wie immer die Sitzhaltung ist: Der sich eutonisch ins Zazen Begebende wird rasch die intensive Unterstützung seines Zazen an sich erleben.

5. Die geistigen Hilfen

Der Atem

Vielleicht ist es auf den ersten Blick gesehen unverständlich, daß der Atem hier als eine geistige Hilfe für rechtes Zazen behandelt wird. Ist er doch für die meisten Menschen eine körperliche Angelegenheit, die eben nötig ist. Etwas, was im Körper ohne eigenes Zutun geschieht.

Hier soll es nicht darum gehen, Atemübungen, wie sie vor allem im indischen Yoga lange Tradition haben, zu vermitteln. Es geht nur allein darum zu erkennen, daß der richtige Atem ein Grundbestandteil des Zazen ist. Nicht umsonst werden immer wieder als unerläßliche Voraussetzungen für Zazen genannt: die breite feste Basis des Sitzes, der aufrechte Oberkörper, der geregelte Atem und das Einen des Geistes auf einen Punkt.

Was heißt nun »Regelung des Atems«? Hier ganz bestimmt nicht irgendeine Atemübung. Regelung des Atems bedeutet getreu dem Stil des Zen, daß nicht geregelt wird. Da wird nicht von Zwerchfell-, Rippen- und Lungenspitzenatmung, auch nicht von Rückenatmung, geredet, da gibt es kein Anhalten des Atems, kein Forcieren. Fast könnte man die einfache Regel aufstellen: Es wird einfach langsam und ruhig durch die Nase ein- und ausgeatmet. Der freie, natürliche Atem soll von allein kommen, ohne daß er in irgendeiner Weise beeinflußt wird. Allerdings: der Körper soll bereit dafür sein, daß der tiefe ruhige Atem ihn von selbst durchströmen und beleben kann. In dem Maße nämlich, wie sich der Mensch in seinen körperlichen und seelisch-geistigen Fehlhaltungen losläßt, in dem Maße kommt auch dieser freie und natürliche Atem zurück. Dieses »Loslassen« kann aber nicht durch Atemübungen bewirkt werden. Es ist ein langsamer, schwieriger Prozeß, der tiefgreifende Umwälzungen erfordert und voraussetzt.

Wenn Zen auch darauf besteht, den Atem von allein kommen zu lassen, so gibt es doch im Zazen verschiedene Hilfen, sich des Atmens bewußter zu werden. Dieses Bewußtwerden wird geschickt als Übung zur Entleerung des Geistes eingesetzt. So wird als erste geistige Hilfe dem Zazen-Anfänger gerne *das Atemzäh-*

len gegeben. Er hat nichts weiter zu tun als zu sitzen und seinen Atem zu zählen. Das klingt nun in der Tat ganz einfach. Es ist aber in der Praxis weit schwieriger, als sich das so liest. Der Übende zählt: eins beim Einatmen, zwei beim Ausatmen, drei beim Einatmen und so fort bis zehn. Dann beginnt er wieder von neuem. Diese einfache kleine Übung ist eine hervorragende Hinführung zur Konzentration, die hier gemeint ist, zum Einen des Geistes auf einen Punkt. Denn alle Überlegungen, gleich welcher Art, werden ausgeschaltet und so das Denken zur Ruhe gebracht.

Wer den Atem zählt mit aller Intensität, deren er fähig ist, wird schon hier in dieser Anfangsübung spüren, wie ihm das weiterhilft. Freilich darf er dabei nicht ins gleichgültige, sozusagen mechanische Zählen verfallen, so etwa wie eine Maschine, die mechanisch arbeitet. Im Gegenteil: Er muß jede Zahl als Ganzes erleben. Wenn er zum Beispiel zwei ausatmet, so ist er eine ZWEI. Er identifiziert sich sozusagen mit dieser Zahl, die er zählt. Er *ist* sie. Das ist etwas ganz anderes als einfaches mechanisches Zählen!

Dieses Atemzählen kann nun in verschiedenster Weise variiert werden. Als nächste Übung wird dem Zazen-Anfänger *das Zählen des Ausatmens* empfohlen. Der Übende zählt nur »eins« beim Ausatmen und kümmert sich nicht um das Einatmen. »Zwei« wäre dann das nächste Ausatmen und so fort bis zehn. Diese Art des Atemzählens erfordert wiederum eine ganz neue Art der Konzentration. Der Anfänger, der nicht mit aller Intensität zählt, kommt dabei leicht ins »Stottern«. Wer nicht mehr genau weiß, wo er gerade steht im Zählen, also sich durch irgendwelche Gedanken ablenken ließ, fängt wieder von vorne an, also bei »eins«.

Diese Art des Atemzählens dürfte nach unserer Meinung für den durchschnittlichen westlichen Menschen aus folgendem Grund günstiger sein als das Zählen des Ein- und Ausatmens: Hier werden nur die Ausatmungszüge gezählt, es wird also dem Ausatmen Beachtung geschenkt. Das heißt, daß die Phase des »Lassens« bewußt gemacht wird, nicht aber die Phase des Aufnehmens der Atemluft, des Neuwerdens. Für den westlichen Menschen, der in seinen Fehlhaltungen und Forcierungen verhaftet ist, ist dieses Lassen weit wichtiger.

Das soll jedoch nicht heißen, daß es nicht auch Menschen gibt – nach unserer Meinung allerdings Ausnahmen –, die die Phase des Einatmens betonen sollten. Sie zählen nur das Einatmen und kümmern sich nicht um das Ausatmen. »Eins« also beim ersten Atemzug, »zwei« beim nächsten. Diese Übung gilt als schwieriger als die beiden erstgenannten.

Eine weitere geistige Hilfe für Zazen ist *das konsequente geistige Verfolgen des Atemstroms.* Der Atem wird nun nicht mehr gezählt, weder in der Einatem- noch in der Ausatemphase. Er wird mit dem geistigen Auge betrachtet. Das heißt, die Einatmung wird als einziehender, die Ausatmung als ausströmender Strom erfahren, ja geradezu »geschaut«. Diese Übung dürfte für den durchschnittlichen Anfänger wesentlich schwieriger sein als das bloße Zählen.

Allgemein kann gesagt werden, daß diese verschiedenen Arten des Atembewußtmachens nicht bei jeder Zazen-Sitzung gewechselt werden sollen oder dürfen. Vielmehr soll eine Übung, z. B. das Atemzählen, solange fortgeführt werden, bis der Übende von sich aus die Meinung hat, daß er eine andere Konzentrationsübung nötig hat. Übt er unter einem Lehrer, so wird er sich mit ihm besprechen und entsprechende Anweisung bekommen. Erst wenn eine Übung wirklich beherrscht wird, sollte eine andere geistige Hilfe versucht werden.

Shikantaza

Diese Übung gilt als die reinste Form des Zazen. Dem durchschnittlichen Menschen wird sie aber sicher am schwersten fallen. Es ist das »Nur-Sitzen«. Das heißt nichts anderes, als daß es bei Shikantaza keine geistigen Hilfen mehr gibt wie das Atemzählen, das Atemverfolgen oder ein Kôan. *Die ganze Aufmerksamkeit des Sitzenden wird durch den Sitz selber beansprucht.* Yasutani Roshi sagt dazu: »Beim Shikantaza darf man nicht gehetzten Sinnes sein, sondern muß so fest verwurzelt und massiv in sich gesammelt sein wie, sagen wir, der Fujiyama. Dabei aber müssen Sie geistig wachsam sein und gespannt wie eine Bogensehne. So ist Shikantaza ein Zustand erhöhter, konzentrierter Geistes-Gegenwart, indem man weder überspannt noch in Eile und natürlich niemals schlaff ist. Es ist die Geisteshaltung eines Menschen angesichts des Todes. Stellen Sie sich vor, Sie nähmen an einem Duell im Schwertkampf jener Art teil, wie er einst im alten Japan geübt wurde. Angesichts Ihres Gegners sind Sie jeden Augenblick auf der Hut, entschlossen und bereit. Wenn Sie auch nur eine Sekunde in Ihrer Wachsamkeit nachließen, so würden Sie augenblicklich niedergestochen. Eine Menge Volks sammelt sich, um den Kampf zu sehen. Da Sie nicht blind sind, sehen Sie die Volksmenge aus dem Augenwinkel, und da Sie nicht taub sind, hören Sie sie. Aber Ihre Aufmerksamkeit wird von solchen Sinneswahrnehmungen nicht einen einzigen Augenblick gefangen genommen.«

Es ist begreiflich, daß eine solche äußerste Konzentration nur mit großer Entschlossenheit erreicht werden kann. Sie ist auch nicht lange durchzuhalten. Hier ist zum Beispiel zu manchen indischen Meditationsarten, wo in einer einzigen Sitzung eine Stunde und mehr gesessen wird, ein ganz deutlicher Unterschied: Während dort das Sein in der Versenkung, das »Ruhen in Gott«, im Vordergrund steht, ist es hier das intensive Ringen um die Beherrschung des Geistes. Ruhen kann man stundenlang, Ringen nicht. Selbst in strengen japanischen Klöstern wird Shikantaza kaum länger als eine halbe Stunde geübt. Daran anschließend wird Geh-Meditation (Kinhin) praktiziert und dann wieder gesessen.

Für Shikantaza mehr wie für alle anderen Sitzarten (z.B. Zazen mit Kôan) gilt, *daß der Atem im Unterleib zentriert wird.* Das heißt nun nicht, daß er in einer Art Übung bewußt dorthin geleitet und von dort wieder weggeführt wird. Es heißt vielmehr, daß die Aufmerksamkeit des Sitzenden auf das Tandem (eine Stelle ungefähr 3 cm unterhalb des Nabels) gerichtet ist. Meister Tendo sagt dazu: »Der Atem geht in den Unterleib. Versucht jedoch nicht zu erfahren, woher er kommt! Ihr sollt nicht absichtlich lang oder kurz atmen. Wenn der Atem wieder den Unterleib verläßt, so ist es das gleiche: Versucht nicht zu wissen, wohin er geht!« – Und Harada Roshi, der Meister Yasutanis, sagt dazu: »Sie müssen realisieren, daß Ihre Bauchhöhle der Mittelpunkt des Weltalls ist.« Das heißt, daß bei Shikantaza die ganze Aufmerksamkeit in den Tandem, auch Hara genannt, verlegt wird. Aber nicht etwa punktförmig vorne, wie das in manchen falsch verstandenen Hara-Übungen heute im Westen praktiziert wird, sondern auf die ganze Bauchhöhle, also auch auf den hinteren Tandem- bzw. Hara-*Raum.* Eben in den ganzen Unterbauch. Bei jedem Atemzug soll hier die ganze Kraft gesammelt werden getreu dem Satz, »daß jede Kraft, die nicht gesammelt ist, unvollkommen ist« (Meister Eckehart). Dies ist eine einzigartige Übung. Der alte chinesische Weise Shitsuyen sagt einmal: »Der Atem des rechten Menschen ist ein Atem mit den Fersen, der Atem des gewöhnlichen Menschen sitzt in der Kehle.« Und Nyojô sagt zu Altmeister Dogen: »Wenn du im Zazen sitzest, lege dein Herz in den Teller deiner linken Hand.« Das heißt: Der Atem fließt bis hinunter in den Tandem-Raum, der ja beim Lotossitz direkt oberhalb der Fersen oder direkt neben den ineinandergelegten Händen liegt. Immer ist der Atem dort unten zentriert. Er kommt aus den tiefsten Tiefen heraus. Er wird nicht »gemacht«. Er wird auch nirgends gehalten. So gesehen wird Shikantaza zu einer großartigen Atemübung, ohne daß jemals eine Atemübung gemacht wird.

Wenn wir sagen, daß der Atem im Tandem-Raum zentriert wird, so meinen wir nicht: Hier ist der Atem und sonst nirgends. Das Gegenteil muß der Fall sein. *Der Atem muß überall im Körper sein,* ihn überall beleben und durchströmen. Sonst stimmt etwas nicht. Zentriert heißt hier nur: Für die Dauer der Übung wird das Bewußtsein dorthin in den Tandem-Raum, also in die untere Bauchhöhle gelenkt. Wo das Bewußtsein ist, da ist auch der Atem. Dies ist für alle kopflastigen Menschen – und wer ist heute im Westen nicht kopflastig? – eine hervorragende Therapie. Denn Kopflastigkeit geht immer Hand in Hand mit einem Hoch-Atem, also mit dem Atem, der sich praktisch nur oben im Brustkorb abspielt. Er wird durch die Kopflastigkeit unbewußt »gemacht«, festgehalten, eingeklemmt. Er darf nicht fließen. Wird nun das Bewußtsein weg vom Kopf in den Unterbauch oder z. B. in die Fersen verlagert, so kann der Atem tiefer gehen. Nun wird das Zwerchfell, das Brust- und Bauchraum trennt, ohne besondere Bemühung darum »lebendig«, das heißt in Funktion gesetzt. Es kommt in Schwingung. Und das bedeutet Bauchatmung. So kommt also, ohne irgendwelche Atemübung, einzig durch die

Verlagerung des Bewußtseins, eine tiefere, freie, natürliche Atmung zustande. Das ist Eutonie! Das ist Zen! Im übrigen haben die alten Griechen den Sitz der Vernunft ins Zwerchfell gelegt und die noch älteren Inder bauten darauf eine ganze Religion auf. Dies nur als Randbemerkung.

Das Kôan

Bei dieser geistigen Hilfe für das Zazen scheiden sich die Geister. Nämlich *die beiden großen Zen-Richtungen Rinzai und Soto.* Während die Soto-Schule das Kôan als Hilfe vollständig ablehnt, arbeitet die Rinzai-Schule systematisch damit. Es ist übrigens interessant, daß auch die äußeren Zazen-Haltungen dieser beiden Richtungen verschieden sind. Das sagt bereits sehr viel über sie aus. Im Soto wird grundsätzlich mit dem Gesicht zur Wand gesessen, so daß einer den anderen nicht sehen kann. Im Rinzai dagegen sitzt man sich zugekehrt. Beides, das Ablehnen des Kôan als Hilfe zusammen mit dem Zur-Wand-Sitzen, sagt aus, daß die Soto-Richtung die wesentlich strengere ist. Bei Soto steht das Zazen im Vordergrund: Sitzen und sonst nichts. Es wird also Shikantaza geübt. Hier wird bereits das Zazen als eine Art von »Erleuchtung« angesehen, sie selbst wird gar nicht angestrebt. Kommt sie von allein, so ist es gut. Kommt sie nicht, auch gut. Dann fällt sie ab wie eine reife Frucht vom Baum. Gerungen darum wird nicht, denn: »Zazen ist das Selbst, welches das Selbst in das Selbst einbaut.« Dieser sehr schöne und sehr reine Weg des Zazen bedarf in der Tat keinerlei Hilfe, auch nicht der eines Kôan. Aber, das muß gesagt werden, für den Anfänger ist er ein schier nicht gangbarer Pfad.

Bei Rinzai steht im Gegensatz dazu die Wesensschau bzw. Erleuchtung im Vordergrund aller Bemühung. Sie ist mit Hilfe eines Kôan rascher und schneller zu erreichen. Wobei »rasch und schnell« nicht mit unseren normalen Maßstäben zu verstehen sind. Zazen ist eine Sache jenseits unserer zeitlichen Begriffe. Was spielt es auch für einen Mönch oder einen Zen-Meister schon für eine Rolle, ob die Erleuchtung ein Jahr früher oder später, vielleicht auch in diesem Leben gar nicht kommt! Das Kôan jedenfalls soll eine Hilfe auf dem geistigen Weg sein, sonst nichts.

Was ist nun ein Kôan? Nach Suzuki »bedeutet es die Anekdote eines alten Meisters, oder das Zwiegespräch zwischen Meister und Mönchen, oder eine Feststellung oder eine Frage, die von einem Lehrer vorgebracht wurde; Mittel, die dazu dienen sollen, den Geist für die Wahrheit des Zen zu öffnen«. Fest steht, daß das Kôan im Zen erst seit ungefähr 1000 Jahren verwendet wird. Früher gab es dieses Hilfsmittel nicht, und trotzdem kamen viele, die Zazen übten, zur Wesensschau. Das Kôan wurde von einfühlsamen Zen-Meistern »erfunden«. Sie erkannten, daß ihre Schüler einer Stütze, eines Haltes bedurften – und so gaben sie ihnen das Kôan.

Es soll 1700 Kôans geben. Aber im Grunde genügt es, eines zu lösen. Das ist nie eine Verstandesarbeit. Das vollzieht sich nie im Intellekt. Im Gegenteil: »Das Kôan dient vornehmlich dazu, alle nur möglichen Zugänge zum Rationalismus zu versperren.« Es muß mit dem ganzen Sein erfaßt werden. Der Übende muß sich damit identifizieren. Er muß davon ergriffen werden in der Ganzheit seines Wesens. »Dieses Anrennen unseres tiefsten Wesens gegen das Kôan öffnet unerwartet einen bisher unerkannten Bezirk des Geistes. Intellektuell bedeutet dies die Überschreitung der Grenzen des logischen Dualismus, aber gleichzeitig ist es eine Wiedergeburt, das Erwachen eines inneren Sinnes, der uns befähigt, in das tatsächliche Zusammenwirken allen Geschehens zu schauen.« (Suzuki.)

Um ein Beispiel zu geben, soll hier kurz auf *das Kôan Mu* eingegangen werden. Der Meister Jôshû, der von 778–897 lebte, wurde eines Tages von einem Mönch gefragt: »Hat ein Hund Buddha-Wesen oder nicht?« Jôshû antwortete ihm kurz und bündig: »Mu«. Mu ist ein japanisches Wort und hat je nachdem folgende Bedeutungen: Nichts – nicht – das Nichts – kein. Jôshû gibt also seinem Mönch ein Rätsel auf – und nicht nur ihm. Seit Jahrhunderten arbeiten viele Mönche und Laien mit diesem Kôan Mu: »Was ist Mu, was ist das Nichts?« Und vielen ist damit der Durchbruch zum Wesen aller Dinge gelungen.

Wie aber konzentriert man sich auf Mu? Yasutani gibt darauf eine Antwort: »Durch Zazen. Gebt euch ihm mit aller Kraft und ganzem Herzen hin. Ihr dürft damit nicht anfangen und es dann aufgeben. Ihr müßt bis zum Ende durchhalten wie eine Henne, die auf ihren Eiern sitzt, bis sie sie ausgebrütet hat. Ihr müßt euch auf Mu konzentrieren, ohne zurückzuweichen, entschlossen, nicht aufzugeben, bis ihr Kenshô erreicht. Dann wird euer Geist plötzlich strahlend werden, einem Licht gleich, das im Dunkeln aufflammt.«

Es hat wohl wenig Sinn, *andere Kôans* und ihre Geschichte hier aufzuzeigen. Theorie ist nichts im Zen. Übung alles. Alle Kôans sind auf den ersten Blick gesehen genauso rätselhaft wie Mu und enthüllen sich nur dem, der in wahrhaft intensivem Ringen um die Wahrheit durch »diesen gewagtesten Entwurf menschlichen Geistes« durchzubrechen gewillt ist. Wer Kôans wie »Wenn man in beide Hände klatscht, entsteht ein Ton. Wie ist der Ton beim Klatschen einer Hand?« oder »Was war mein Gesicht vor der Geburt meiner Eltern?« nur liest, versteht gar nichts. Wer gelegentlich damit Zazen übt, wird nichts erreichen. Erst wer sich des Kôan bemächtigt als »des Skalpells, das aus dem tiefsten Unterbewußtsein das bösartige Gewächs von ›Ich‹ und ›Nicht-Ich‹ herausschneidet«, hat die Chance, den Zustand zu erreichen, den wir Kenshô oder Satori nennen.

Und genau hier setzt unsere Kritik oder *Warnung* – oder wie immer wir es nennen wollen – ein. Das Kôan ist von Zen-Meistern erfunden, um den nicht so »begabten« Schülern den Weg zu Kenshô zu erleichtern. Das Üben mit einem Kôan hat also das Ziel, Wesensschau zu erlangen. Wer sich dieses Ziel steckt, wer also ernsthaft und intensiv darum ringt, braucht einen Meister. Und zwar einen Meister, der selber Kenshô unter einem anderen Meister hatte. Wo aber ist ein solcher Meister in europäischen Gefilden zu finden? Die Zahl ist mehr als begrenzt. Nicht umsonst zieht es westliche Meditationslehrer, sowohl Europäer als auch Amerikaner, immer wieder nach Japan, um dort selbst unter einem Meister üben zu können. Aber auch dort wird die Zahl der wirklich großen Meister immer kleiner.

Und warum warnen wir hier vor dem Üben mit Kôan? Wer Zazen übt mit einem Kôan, ohne Meister, muß sehr auf der Hut sein. Nicht immer ist eine »Erleuchtung« auch wirklich eine Erleuchtung. Und nicht immer ist der, dem sie sich als solche auftut nach langem Üben, so gereift, daß er damit allein fertig werden kann. Das wenigstens sollte jeder wissen, der mit solcher intensiver Arbeit an sich beginnt. (Nach unseren Erfahrungen ist es besser, wenn man schon ohne Meister üben muß, den Atem zu zählen oder – so schwer es auch am Anfang fallen mag – Shikantaza zu üben.) Freilich ist die »Gefahr« eines zu raschen Kenshô, mit dem der Übende allein nicht fertig wird, kaum gegeben. Aber trotzdem bedarf unserer Meinung nach das Üben mit einem Kôan der Erfahrung eines Meisters.

Neuerdings gibt es in Japan einige Klöster, in denen *Mu als Hilfe* auch anders angewandt wird. Es ist *kein Kôan* mehr, mit dem um Wesensschau gerungen wird, sondern »es folgt dem Atem«. Mu folgt also dem Atem nach sowohl beim Ein- als auch beim Ausatmen. Auf diese Weise kann natürlich auch ohne Meister geübt werden.

Wer einmal das Glück hat, in Japan oder auch in Europa ein *Sesshin* (5- oder 7tägiges intensives Üben des Zazen mit strengem Stillschweigen unter einem Meister) mitzumachen, der sollte mit einem Kôan sitzen. Und zwar aus zwei Gründen: erstens hat er in dieser Zeit die Chance, mit einem Kôan einen ganz entscheidenden Schritt in seiner Bemühung weiterzukommen. Und zweitens kann er das Kôan in ganz anderer Weise mit in die übrige Zeit, in der nicht Zazen geübt wird, hineinnehmen als z. B. das Atemzählen. Ein Sesshin dauert nicht nur 5 oder 7 Tage, es dauert auch jeden Tag 24 Stunden! Das heißt, daß ich mit meinem Kôan sitze, gehe, esse, schlafe usw. Das heißt auch, daß ich mit meinem Kôan das Stillschweigen halte. Denn: Stillschweigen heißt ja nicht einfach nur »nicht reden«! Erst im Stillesein kann ich mich mit mir in den Tiefen meines Grundes auseinandersetzen. Wer in diesem Sinne einmal tagelang geschwiegen hat, der kann das Wort von Bernhard von Clairvaux (1091–1153), einem der bedeutendsten Geister jener Zeit und Vater der christlichen Mystik, verstehen: »Aus dem Schweigen kommt alle Kraft. Im Schweigen versinken wir in den Schoß des Vaters und gehen zugleich mit seinem ewigen Wort wieder hervor. In Gottes Abgründigkeit zu ruhen, bedeutet Heilung für die Wirrnisse dieser Welt. Die Ruhe beruhigt alles.« Ja: »Aus dem Schweigen kommt alle Kraft«!

Sonstige Hilfen

In vielen Meditationslehrgängen, die im deutschen Sprachraum im Zen-Stil abgehalten werden, wird auch mit folgenden Hilfen gearbeitet: Baum, Berg, Schale. Das heißt, daß der Zazen-Übende sich zum Beispiel wie ein Baum fühlen soll. Unten hat er die breite feste Basis: die Wurzeln in die Erde geschlagen, oben die lichte Krone der Äste. Oder wie ein Berg (auch Pyramide wird manchmal genommen), der unten massiv und unerschütterlich aufruht, und an dem die Wolken (der Gedanken) vorüberziehen. Der Berg geht ihnen nicht nach, er registriert sie, mehr aber nicht. Oder wie eine Schale, die er (im Becken) darstellt, und in die er alles hinunterfließen lassen kann, was an ihm an körperlicher Überspannung und falscher seelisch-geistiger Verhaftung vorhanden ist.

Alle diese Bilder haben den Vorteil, daß sie dem Anfänger wirklich eine Hilfe sein können. Mit Zazen haben sie jedoch, streng genommen, nichts zu tun. Denn bei all diesen Hilfen ist der Übende wieder im Gegenständlichen verhaftet, wovon er ja im Zazen gerade wegkommen möchte. Wir nehmen an, daß zum Beispiel die Hilfen »Baum« und »Berg« dadurch entstanden sind, daß ein alter Meister einmal gesagt haben soll: »Ihr müßt sitzen wie ein Berg oder wie eine riesige Kiefer.« Oder: Im Mumon-Kan, einem alten Buch, in dem 48 Kôans aufgeschrieben und zum Teil mit genauen Übungsanweisungen versehen sind, steht der Satz beim Kôan Mu: »Ihr müßt jenen Punkt erreichen, da es euch vorkommt, als hättet ihr eine rotglühende Eisenkugel verschluckt...« Nur so ist es zu erklären, daß in manchen Meditationslehrgängen sogar geraten wird, sich zu fühlen wie ein Stehaufmännchen, das eine Bleikugel im Bauch hat! Das zeigt nur, daß die Dinge nicht verstanden, sondern einfach mehr oder weniger kritiklos übernommen wurden.

Sollte ein Anfänger an den Hilfen wie Baum, Berg oder Schale Gefallen finden und eine davon in sein Üben hineinnehmen wollen, so ist dagegen nichts zu sagen. Für die Anfangsphase haben diese Bilder sicher ihren Wert. Der Übende sollte aber in sich hineinspüren und wissen, wann er ohne diese »Krücken« auskommen kann. Dann sollte er reines Zazen üben.

Als weitere Hilfe für Zazen lehren wir in unseren Kursen das sogenannte *Identifikationswort,* das man auch westliches Kôan-Wort nennen könnte. Der Übende erhält es von seinem Lehrer oder er findet es selbst: Es sollte seiner tiefinnersten Sehnsucht entsprechen, aber der durch keine (Über-)Kompensation verfälschten. Es trifft also sein besonderes Persönlichkeitsproblem. Wem es etwa an Vertrauen fehlt, wer Ängste aller Art hat, kann das Wort Vertrauen wählen. Er nimmt dieses Wort in sein Zazen hinein. Nicht etwa, daß er darüber verstandesmäßig nachdenkt, sondern er identifiziert sich immer mehr damit, wird mit ihm eins. Schließlich – das kann ein langer Prozeß sein – *ist* er Vertrauen. Wichtig dabei ist, daß er dieses Identifikationswort nicht nur während der reinen Zazen-Zeit übt, sondern mit hineinnimmt in sein Leben solange, bis er es ist. Andere Worte dieser Art können z. B. sein: Lassen, Ruhe, Geduld, Güte, Kraft, Stärke, Freude*.

5. Zazen im Rahmen der Spannungslehre

Wie verhält sich nun Zazen im Rahmen der Spannungslehre Yang-Yin? Kann ein sehr verspannter Mensch genau so Zazen üben wie ein zu gelöster? Wir haben vor Jahren einem alten japanischen Zen-Meister aus diesem Grund zwei Fragen gestellt: »Was würden Sie mit einem verspannten, verhärteten Manager, der zu Ihnen kommt und Hilfe will, machen? Was würden Sie ihm empfehlen?« Er antwortete wie aus der Pistole geschossen: »Zazen, Zazen, Zazen.« Und: »Was würden Sie mit einem jungen Menschen machen, der haltlos ist, Neigung zu Drogen hat und jede Arbeit scheut? Was würden Sie dem empfehlen?« Und wieder lautete die Antwort: »Zazen, Zazen, Zazen!«

Damit waren wir zunächst »bedient« und konnten nun doch durch eigenes Nachdenken und -fühlen die Gedanken weiterspinnen. Sollte es wirklich so einfach sein, zwei so gegensätzlichen Typen, einem harten Manager und einem weichen jungen Mann, dasselbe »Rezept« auszustellen? Sollte Zazen wirklich das Mittel

* Wie im Alltag speziell mit »Vertrauen« zu arbeiten ist, weist das Buch »Jede Minute sinnvoll leben« im einzelnen auf. Siehe Fußnote auf Seite 121!

sein, von der äußersten Yang-Seite der Skala zur Mitte zu gelangen, und von der äußersten Yin-Seite genauso? Die Fragen überstürzten einander. Und erst im Laufe von Jahren hat sich uns das geklärt, was der alte Zen-Meister aus seiner langen Erfahrung an Hunderten und Aberhunderten von Menschen längst wußte.

Zazen will den Menschen in die leib-seelische Mitte führen. Befindet er sich auf der Überspannungsseite, wie die meisten westlichen Menschen heute, so kann er durch Zazen an seinem verhärteten, verkrampften ICH arbeiten. Kann es so, wie manche sagen, »zermürben« und wird es langsam lösen. Und jede Zazen-Übung wird ihn da ein Schrittchen weiterbringen. Er macht sich frei von allen Gedanken, von jedem begrifflichen Denken, jedem Wunsch und Wollen des ICH, jeder persönlichen Zielgerichtetheit und sitzt dennoch mit aller Entschlossenheit, Wachheit, Bereitschaft, sozusagen mit dem Einsatz all seiner Kräfte. Durch das langsame Lassen des ICHS und das Wiederentdecken seines SELBST bekommt er jene gesteigerte Lebenskraft (Jôriki), die ihm hilft, das Leben in neuer Form zu durchleben und zu gestalten. So baut er das ICH im richtigen Sinn ein in seine Gesamtpersönlichkeit. Das LASSEN, sowohl in körperlicher als auch seelisch-geistiger Hinsicht, wird ihm am schwersten fallen. Dabei kann ihm die Eutonie eine große Hilfe sein.

Wie steht es nun aber mit dem anderen Extrem, dem *Menschen, der zu gelöst ist?* Zu lassen braucht *er* nichts mehr. Für ihn ist das Wesentliche, daß er seine Kraft aus dem jetzigen Zerfließen heraus wieder bindet und spannt. Damit er aus seiner Haltlosigkeit herauskommt und sich z. B. aus seiner Drogenneigung oder -abhängigkeit befreien kann. Jetzt ist sein ICH dem ES verfallen, das die Drogen und die von ihnen hervorgerufenen oder geförderten Phantasiebilder genießt: das ES schwelgt in ihnen. Er muß sein ICH, die Ratio, die Unabhängigkeit des Denkens und Handelns wieder aufbauen und wiedergewinnen. Soweit, daß es dem ES Einhalt zu gebieten in der Lage ist. Dann wird auch er sein SELBST finden und ein vollwertiger Mensch sein können.

Zen will, daß das Leben angenommen und gelebt wird so wie es ist. Der haltlose Drogenabhängige lebt gewiß nicht im Hier und Jetzt, sondern in der Abseitigkeit seiner noch so schönen Phantasiewelt. »Die absolute Bejahung muß aus dem glühenden Krater des Lebens selbst aufsteigen«, sagt Suzuki. Wo ist der glühende Krater des Lebens bei einem solchen Menschen? Allenfalls ist es ein noch leicht glimmendes Feuerchen, das es zu entfachen und zu schüren gilt.

Auch der zu gelöste Mensch muß also an seinem ICH arbeiten, aber in einem anderen Sinn als der zu gespannte. Das Schwierige wird für ihn sein, daß er seine Lebenskraft wieder zu spannen lernt und sie einsetzt in diesem Sinn: eben sitzt. Er braucht am Anfang vielleicht nur kleine Teilerfolge. Sie werden seine aufkeimende Spannkraft stärken und so langsam aber sicher immer mehr zusammenfassen. Nichts wäre falscher, als einen solchen Menschen anfangs zu überfordern und ihm so seinen Mut vollends zu nehmen. Mit dieser Willensanstrengung, die er jetzt erfolgreich steigern kann, wird er sich langsam von der zu gelösten Seite hinarbeiten zu seiner Mitte. Im Zazen hat gerade ein solch spannungsloser bzw. -armer Mensch noch die große Chance, dort hinzukommen. Will es das Unglück, daß er in seinem sowieso schon zu gelösten Zustand einer anderen Meditationsart verfällt, die dieses Gelöstsein noch fördert, so löst er sich vollends auf, findet seine Mitte nie mehr und verliert vollends die Kraft seiner Persönlichkeit.

Beide, der zu gelöste und der zu gespannte Mensch, können also im Zazen ein einzigartiges Mittel finden, *zu ihrer verlorengegangenen Spannungsbalance zurückzufinden.* Denn beide haben ja immer noch Stückchen von dem, was ihnen verlorengegangen ist: Der Verspannte hat immer noch einige Lösung in sich, umgekehrt der Gelöste einige Spannung. Es gibt keinen restlos verspannten oder restlos gelösten Menschen. Er wäre nicht lebensfähig. Wird der eine jedoch in dieser Arbeit das Lassen betonen, so der andere das Zusammenraffen der Kräfte. Wenn beide das Ihre tun, so sind sie schon einen entscheidenden Schritt hin zu ihrer Mitte gegangen. Denn das Wichtigste ist immer zu *erkennen,* daß man diese Korrektur nötig hat, und die Kraft zum Erreichen der ersten Teilerfolge aufzubringen.

Aus gutem Grund noch eine eindeutige Warnung: Manche »betreiben« *Zazen in einer ganz spezifischen ichhaft-verbissenen*

Weise. Warum? Bewußt oder unbewußt, um sich selbst und anderen zu beweisen, daß sie etwas Besonderes sind. Bei ihnen pervertiert Zazen zum Werkzeug ihrer Selbstbestätigung. Von der für Zen wesensmäßigen ICH- und Absichtslosigkeit ist so gut wie nichts zu spüren. Und so bleiben gerade diese Menschen erst recht in ihrem kleinen ICH verhaftet, das sich mit der Zeit nur noch mehr verhärtet. Im Zen geht es immer um das SELBST, nicht um das ICH. Das SELBST braucht keine Selbstbestätigung, es ist einfach da: Ist das nicht genug?

Aktuelle persönlichkeitsbildende Techniken anderer Art und Spannungslehre

»Die Fesseln der Gewohnheit sind zu leicht, als daß man sie spürt, bevor sie zu fest sind, um sie noch abzuschütteln.«
(Samuel Johnson)

»Gelegentlich stolpern die Menschen über eine Wahrheit, aber sie richten sich auf und gehen weiter, als sei nichts geschehen.«
(Winston Churchill)

Nun folgt ein Überblick über die heute gebräuchlichen sonstigen Techniken, die sich für die Persönlichkeitsbildung anbieten. Der Nachdruck wird dabei auf denen liegen, die sich in Nachbarschaft zu Eutonie und Zen-Meditation (Zazen) befinden. Dabei wird aus der Sicht der Spannungslehre, die im ersten Teil dieses Buches dargelegt ist, kritisch zu ihnen Stellung genommen. In vielen Fällen läßt sich von da aus zwingend eine Einsicht gewinnen, die neben den positiven Seiten selbstverständlich auch die natürlichen Grenzen und die negativen Seiten einer bestimmten Technik klar erkennen läßt. Das dürfte eine wesentliche Bereicherung der lebendigen Diskussion darum bedeuten. Denn das Phänomen des Spannungszustands unserer Lebenskraft wird vielfach übersehen. Ja, vielen ist es gar nicht bewußt.

1. Die anderen Arten der Meditation

Eine Meditationswelle ist über die westliche Welt hereingebrochen und schwillt eher noch an, als daß sie abflauen würde. Dabei wird eine Vielzahl von Meditationspraktiken angeboten, die durchweg aus dem Osten, besonders aus dem weiteren indischen Raum, dem Reich des Hinduismus, zu uns kommen. Versucht man, ins Detail zu gehen, so wird die Situation rasch nahezu unübersehbar. Denn fast jeder Meister (»Guru«) bietet sein eigenes, immer wieder ein wenig anders aufgebautes und dargebotenes System. Von den Scharlatanen ganz zu schweigen. Der Begriff der Meditation umschließt dabei den weiten Bogen der Überwindung des Personhaften im Menschen bei den Hochreligionen Asiens bis zur persönlichen Gottbegegnung beim Christen.

Diese Meditationswelle kann keinesfalls als vereinzelte Erscheinung gesehen werden. Sie ist ein Phänomen des gewaltigen Rückschlags gegen die übertriebene Rationalität der westlichen Welt, deren Ordnungsprinzipien immer zweifelhafter werden, weil sie in ihrem Wertgehalt nicht wirklich zu überzeugen vermögen. Man darf getrost von einer Krise des Bewußtseins in der westlichen Welt sprechen, die sich in den Blumenkindern, der extremen Beatwelle, den vielfältigen Studentenunruhen, der Jesus-People-Bewegung und dergleichen äußert. Der Mensch, besonders der junge, sucht nach einer besseren Welt, in seinem Inneren und außen.

Meditation ist ihrer Natur nach immer die Wendung nach innen. Wenn sich Vertreter der verschiedensten Meditationsrichtungen zusammenfinden (wie 1970 auf Schloß Elmau in Oberbayern), so sind sie sich darüber einig, daß Meditation die bewußte Erfahrung des eigenen Selbst, des eigenen Wesenskerns, sei. Es geht bei ihr immer, welcher Art sie auch ist, um das eigene Selbst angesichts der letzten hinter der äußeren Erscheinung liegenden Wirklichkeit. Natürlich verbergen sich hinter dieser verbalen, begrifflichen Gemeinsamkeit mehr oder weniger gewichtige Gegensätze, die nun wenigstens in den wesentlichen Zügen so knapp wie möglich dargestellt sein sollen.

a) *Vorbemerkung: Nichtchristliche und christliche, östliche und westliche, religiöse und nichtreligiöse Meditation*

Zunächst zu den verschiedenen Arten der Meditation. Ihre Einordnung in bestimmte Kategorien fällt schon deshalb schwer, weil sich die Beurteilungspunkte vielfältig überschneiden. Schon der Begriff »Meditation« ist schillernd genug (vgl. Seite 147). Er läßt sich je nachdem übersetzen mit: Übung, Reflexion, Sammlung, Besinnung, Betrachtung, Beschauung, Kontemplation, Versenkung, Vertiefung, Innerung, Erfahrung, Konzentration. Vielfach werden unterschieden:

Nichtchristliche und christliche Meditation
Östliche und westliche Meditation

Dabei werden oft östliche und nichtchristliche ebenso gleichgesetzt wie westliche und christliche. Das ist in dieser Form gewiß nicht richtig. Der im Westen vorwiegende Rationalismus ist absolut nicht im Wesen christlich, wie die Mystik und ihre Nachfolger zeigen. Umgekehrt haben gewisse östliche Meditationsformen Züge, die man durchaus auch christlich nennen könnte. Zum Beispiel kann man in manchen Formen der östlichen Erleuchtung eine auffallende Ähnlichkeit mit der christlichen Mystik sehen. Jedenfalls ist das die Ansicht nicht weniger prominenter Vertreter der christlichen Meditation, wenngleich man über diese Ansicht geteilter Meinung sein kann. Diese Meditationsbegriffe bringen uns nicht viel weiter.

Religiöse und nichtreligiöse Meditation

Auch diese Unterscheidung ist fruchtlos. Denn die Übergänge sind fließend. Nicht jede »Versenkungsmethode« ist gottbezogen, wie manche glauben. Und nicht selten geht die nichtreligiöse, rein psychologische Betrachtung oder Meditation in den religiösen Bereich über, wenn wir diesen Begriff so weit gefaßt sehen, wie er hier gesehen werden sollte. – Diese bisher genannten drei Meditationsarten sind weitgehend Auseinandersetzungen um Begriffe, die nicht weiterführen. Von der größten Bedeutung ist indessen die Unterscheidung: gegenständliche und gegenstandslose Meditation. Vor allem wegen der Konsequenzen ist sie, wie wir bald sehen werden, recht fruchtbar. Deshalb wollen wir die Vielzahl der Meditationsarten in Anlehnung an diese Einteilung betrachten.

b) *Die gegenständliche, objektgerichtete oder bildhafte Meditation*

Sie ist, wie der Name sagt, gegenständlich oder objektbezogen. Sie beschäftigt sich also mit dem, was uns »gegenüber«-»steht«. Das rationale Element spielt in ihr demnach eine gewichtige Rolle. Ausgehend vom Sinnlich-Bildhaften will man den »Gegenstand« der Betrachtung mindestens auch mit Hilfe des begrifflichen Denkens besser in den Griff bekommen (»begreifen«) und in seinem Wesen erfassen. Die plastische Bezeichnung »bildhafte Meditation« geht davon aus, daß man dabei naturgemäß immer ein Bild vor dem leiblichen oder dem seelisch-geistigen Auge hat. (Nach Ansicht der meisten christlich-religiösen Meditationslehrer ist das Bildhafte wesentlich für die Hinführung zur christlichen Meditation, wenngleich die vom Jesuitenpater Enomiya-Lassalle angeführte Bewegung die Zen-Meditation für Christen immer populärer macht.) In rascher Folge die verschiedenen Arten:

b 1) *Bild-, Kunst-, schöngeistige Meditation*

Jedes zum vertiefenden Nachdenken geeignete Bild kann der Meditationsgegenstand sein. Zum Beispiel schon eine alltägliche gute Fotografie, irgendein Kunstwerk (in einem Museum), das oft zitierte Bild der leuchtenden Kerze, die »betenden Hände« von Dürer u. dgl. Oder irgendein Landschaftsbild, ein bewegendes Naturereignis wie ein selten schöner Sonnenuntergang, das Erlebnis des Meeres und ähnliches. Im religiösen Bereich werden Bilder aus der Heiligen Schrift, aus dem Leben der Heiligen meditiert oder aus dem Alltag, wo sich die Religion praktisch bewähren soll.

b 2) *Symbolmeditation*

Eine Vielzahl von Symbolen mit ihrem ganz besonderen Bedeutungsgehalt eignet sich zur meditativen Betrachtung und Vertiefung. Zum Beispiel der Weg, die Leiter, der Kreis, das Dreieck, das Licht, der Stern, das Kreuz, ein Wappen, eine Fahne, im christlich-religiösen Bereich die vielen in allen Kirchen anzutreffenden Symbole.

b 3) *Wortmeditation*

Jedes Wort, d.h. jeder Denkbegriff, der einen seelisch tieferen Gehalt hat, kann den Menschen, der sich mit ihm auseinanderzusetzen beginnt, in seinem Inneren treffen und zu neuen echten Erkenntnissen führen: z.B. das Kind, der Nächste, Licht, Wärme, Geborgenheit, Liebe, Freude, Vertrauen, Demut, Helfen, Leben, die Schöpfung, die Blume, der Berg usw.

b 4) *Text-, Gedicht-, Predigt- oder Schriftmeditation*

Sie sind im Grunde nur eine erweiterte Wortmeditation: Der Denkinhalt läßt sich nicht in einem einzigen Denkbegriff zusammenfassen, sondern verlangt eine Folge von Denkbegriffen. Im schöngeistigen und im religiösen Bereich wird sie von alters her betrieben. Es ist das besinnliche Betrachten und Verweilen beim Lesen oder Hören oder Sicherinnern.

b 5) *Die naturale Meditation*

So bezeichnet man seit einiger Zeit besonders in religiösen Meditationskreisen jede meditative Beschäftigung mit den ganz natürlichen Dingen, also der Natur: Berg, Fluß, Lebewesen, Blume,

Baum, Tier, Mensch, Meer, Wald, Wiese, Stern usw.; praktisch also jede nichtreligiöse Meditation. – Den Ausdruck »Naturmeditation« gebrauchte speziell Happich für seine geistigen Ausflüge in die Natur.

b 6) *Die vorwiegend religiöse Meditation von Happich und Melzer*

Beide haben den Meditationsgedanken vor allem in der evangelischen Kirche verbreitet. Schon vor dem Krieg hat Carl Happich verschiedene Stufen der Meditation unterschieden. Besonders bekannt wurde der von ihm gelehrte Gang auf die Wiese mit seiner befreienden Wirkung und das Ersteigen der Bergeshöhe und der Besuch der Kapelle. Man darf sagen, daß Melzer die Gedanken Happichs zum Teil übernommen und vor allem von der begrifflichen Seite her weiterentwickelt hat. Er führte den Begriff der »Innerung« ein für die persönliche Gottbegegnung des Christen. Er empfiehlt die Bild- und Wortmeditation, besonders von christlichen Kernbegriffen wie Liebe oder Demut. Beide sind typische Vertreter der bildhaften Meditation hauptsächlich religiöser Art. Die Verwandtschaft zum Tagträumen, zum katathymen Bilderleben ist offensichtlich. Die damit verbundenen Gefährdungen werden im demnächst folgenden Kapitel behandelt, das den Gefahren der Meditation gewidmet ist.

b 7) *Die Meditation nach Rudolf Steiner*
(Anthroposophische Meditation)

Für Steiner ist die Meditation das Mittel zu übersinnlicher Erkenntnis. Der »Geheimschüler« muß sich über die eigene Person hinaus in höhere Welten erheben. In der Steinerschen Meditation erinnert er sich an Erlebnisse, die jenseits von Geburt und Tod liegen. In der Phase der Vorbereitung werden die »geistigen Sinne der Hellsehorgane« aufgebaut; indem man sich auf das wachsende und sprießende Leben auf der einen und das absterbende, verwelkende auf der anderen Seite konzentriert. In der Phase der »Erleuchtung« (nach Steiner) versenkt man sich in das Wesen einer Reihe von Dingen und Lebewesen: eines Steins, eines Tiers, eines Samenkorns, einer gereiften absterbenden Pflanze, des Menschen selbst. In geistigen farbigen Flammenbildern kommt man schauend hinter das Geheimnis von Geburt und Tod. In der dritten Stufe der »Einweihung« muß der »Geheimjünger« gleichsam Glied um Glied einer Kette von Aufgaben bewältigen, um sich zu läutern, um höhere Erkenntnisse und die Fähigkeit des »Hellsehens« zu gewinnen. Sie hier im einzelnen darzustellen, würde entschieden zu weit führen. Gemeinsam ist ihnen allen das Sichverlieren in selbsthypnotisch anmutende Bilderlebnisse, die wir heute als vielfältige Bewußtseinserweiterungen, und zwar ins Uferlose hinein, bezeichnen würden. Das trifft auch für die Entwicklung und das Schauen des »Ätherleibs« und der astralen Erscheinungen zu.

Steiner macht aus seinen persönlichen meditativen Bilderlebnissen das Verfahren zur meditativen Erkenntnis höherer Wesenheiten schlechthin. Das geht entschieden zu weit. Von der hochgradigen Intellektualisierung seiner Lehre ganz abgesehen, der einfache Menschen kaum zu folgen vermögen, zumindest nicht ohne beträchtliche Gefährdung. Die Anhänger und Schüler Steiners haben in der Anthroposophie unbestritten zum Teil Großes zuwege gebracht, z.B. auf dem Gebiet der Pädagogik und Heilpädagogik, auch der Kunst. Jedoch befindet sich der nach Steiner Meditierende, der sich im Sinn der Spannungsskala sowieso schon auf der Seite der Lösung befindet, in erhöhter Gefahr, der Auflösung seiner inneren Kraft mit allen ihren Folgen zu verfallen. In der Tat wird in der ärztlichen Literatur auch eine ganze Reihe von Fällen berichtet, wo mehr oder minder schwerwiegende Störungen als Folge der Steinerschen Meditation beobachtet wurden, die zum Teil klinische Behandlung erforderten.

b 8) *Die integrale Meditation*

Sie benennt sich nach der Tatsache, daß in ihr verschiedene Zentren, Steuerorgane oder Kraftzentren des Menschen als in integrierter Form zusammenwirkend meditiert werden. Durchweg spielen hier Elemente aus vielerlei Quellen eine Rolle. Die uralte hinduistische Lehre der Chakras verbindet sich mit buddhistischen, Zen-buddhistischen, häufig auch anthroposophischen und christlichen Grundgedanken. Die geistigen Gebäude, die da errichtet werden, muten oft reichlich intellektualistisch an. – Hier sei als Beispiel nur eine Version angeführt. Es werden drei Kraftzentren im Menschen angenommen: das eigentliche Kraftzentrum im Unterleib (Vitalität), das Lichtzentrum im Kopf (Intellekt) und das Liebeszentrum im Herzen (das tiefste Wesenszentrum, das Geistzentrum, das Gottzentrum, das die beiden anderen gleichsam durchstrahlt und einschließt). – Es sei unbestritten, daß diese geistigen Konstruktionen vielen Menschen viel geben und helfen können. Allen denen, die sie als geistiges Gerüst brauchen, um den Zugang nach innen zu finden. Und denen, die der Gefahr des Sichverlierens in schöngeistige, »beglückende«, aber uferlose Gedankengänge und Gefühlszustände nicht verfallen.

c) *Die gemischt gegenständlich-bildhafte und gegenstandslos-transzendentale Meditation*

Verschiedene Meditationsarten lassen sich nicht eindeutig in die Reihe der objektgerichteten oder in die der objektfreien einordnen. Sie tragen in wechselnder Mischung beide Elemente in sich: das bildhaft-anschauliche und das völlig gegenstandslose, also die gedankliche Leere, in der der menschliche Organismus durchlässig (»transparent«) wird für das Außer- und Überpersonale, das Jenseitige (das »Transzendente«), das Göttliche (im weitesten Sinn). Diese Mischung kann ganz allgemein oder im besonderen individuellen Fall zwei verschiedene Ursachen haben.

Sie kann sich zum ersten aus dem Wesen der Meditationsmethode heraus ergeben. Am Anfang stehen die einfachen Konzentrationsübungen, in denen ganz konkrete Begriffe »meditiert« werden. Später schließen sich ihnen Übungen an abstrakten Begriffen an. Kann die Konzentration darauf über längere Zeit hinweg gehalten werden, ist schon der Übergang zu dem da, was manche die eigentliche Meditation i. e. S. nennen: Der Übende macht sich von Gedanken leer. Mit der steigenden Fähigkeit dazu ist er mehr und mehr in der Lage, die aus seinem Inneren aufsteigenden Impulse wahrzunehmen, aufzufangen und sich von ihnen bereichern zu lassen.

Die Mischung dieser beiden Meditationsarten miteinander hat im individuellen Fall ihren Grund auch oft in der persönlichen Unklarheit über den Sinn der Methode oder in der fehlenden persönlichen Disziplin. Gerade in der Übergangszeit (die bei genauerem Zusehen für den durchschnittlichen Menschen eigentlich nie ganz aufhört) wird auch der disziplinierte Übende immer wieder den Kampf mit sich selbst führen müssen: den Kampf mit »den tanzenden Affen« der Gedanken, den Kampf um die totale Konzentration in der rechten Meditation.

c 1) *Die Yoga-Meditation*

Der Yoga kommt aus dem ganz alten indischen Hinduismus. Das Wort (lateinisch: Jugum) bedeutet Joch oder anjochen. Es ist die ursprüngliche Bezeichnung für die Kraft und Fähigkeit, das persönlich als heilig Empfundene an das Göttliche schlechthin »anzujochen«. Das Wesentliche dabei ist die Konzentration, das Unterjochen und Zügeln der Sinne und des Denkens. Schon im Ur-Yoga lassen sich die Lehre vom Prana (dem Lebensgeist oder Lebenshauch) und die strengen Sitzhaltungen, aber auch der stimulierende Gebrauch von Drogen sowie litaneiähnliche Wortwiederholungen (z. B. der Silbe OM) feststellen. Und schon in der vorbuddhistischen Zeit läßt sich auch die jenseitsgerichtete objektfreie Yoga-Meditation nachweisen. Weithin bekanntgewordenen ist das Bild vom Wagenlenker, der symbolisch die Seele darstellt, der die Rosse als Symbol der Sinne am festen Zügel des Verstandes hält und führt. Es geht dem Yoga um die Befreiung des Menschen aus dem Kerker der materiellen Welt. Yoga zielt in der meditativen Konzentration am Ende auf das Einswerden mit der göttlichen Wesenheit. Die Meditation soll in die ekstatische Einheit des Einzelmenschen und des Weltalls einmünden: Selbstverwirklichung durch Gottverwirklichung.

Es ist hier nicht der Platz und nicht die Möglichkeit, die fast unendliche Vielfalt der Yoga-Traditionen und der Yoga-Lehren aufzuführen, geschweige denn darzustellen. Eine große Zahl von Yoga-Lehrern stellt in engster Verbindung mit dem Hatha-Yoga (Körperhaltungen als Technik der Beherrschung des Körpers) Meditation in den Mittelpunkt, und zwar in vielerlei Arten und Formen. Sie ist durchweg objektbezogen. Man sollte für sie eigentlich den treffenderen Ausdruck Konzentration gebrauchen. Die Gedanken werden also auf einen ganz bestimmten Inhalt hin gesammelt oder konzentriert. Von den unmittelbar bildhaften Inhalten abgesehen, gehören auch alle Meditationstechniken, bei denen man sich auf das Atmen konzentriert, hierher. Denn bei ihnen ist man immer gegenständlich auf den Körper gerichtet. Bei der Fülle der besonderen Richtungen mit ihren großen Meistern und ihren berufenen und unberufenen Interpreten findet man unter dem Stichwort Yoga nahezu alles. Vom Sichverlieren in schrankenlose Kontemplation bis zur strengsten geistigen Zucht. Von ausgeprägt bildhafter bis zu völlig objektfreier Meditation, die das Körperbewußtsein hinter sich läßt, mit allen nur denkbaren Zwischenstufen.

Es unterliegt keinem Zweifel, daß die Yoga-Meditation schon vielen Menschen vieles gegeben hat. Insofern kein Wort gegen sie. Das trifft sowohl auf die bildhafte als auch auf die transzendentale (gegenstandslose) Form zu. Soweit sie objektbezogen ist, unterliegt sie den Gefahren jeder bildhaften Meditation, auf die wir noch kommen werden. Soweit sie objektfrei ist, verlangt sie die religiöse Unterbauung, die die meisten westlichen Menschen zumindest anfänglich nicht ansprechen kann. Der westliche Mensch, der aktiv in dieser Welt, etwa im Wirtschaftsleben dieser Welt steht, wird es schwer haben, sich mit den höheren Stufen des Yoga zu identifizieren. Er wird im Regelfall in den mehr äußeren, oberflächlichen Formen des Yoga, etwa im Hatha-Yoga, verhaftet bleiben und es für seine körperlichen und allenfalls seelisch-geistigen Ertüchtigungszwecke gebrauchen. Denn die tiefergehenden Formen verlangen eine Abwendung von dieser Welt, zu der er schwerlich bereit sein wird.

c 2) *Die buddhistische Meditation*

Ähnliches gilt für die buddhistische Meditation. Seit der Erleuchtung Gautama Buddhas (geboren etwa 565 v. Chr.) verbreiteten sich mit seinen Lehren auch vielfältige Meditationsübungen auf der Grundlage des buddhistischen achtfachen oder achtgliedrigen Pfads, der auch der Mittlere Weg genannt wird. Die Übungen schreiten dabei stufenweise fort, die folgende Stufe basiert jeweils auf den vorangegangenen. Der Mittlere Weg ist eine detaillierte Anweisung bis zur Erlangung der schon unirdischen

Vollkommenheit, in der sich am Ende Subjekt und Objekt der Meditation miteinander durchdringen und als Ganzes in sich aufgehen. In ihrer Vielfalt erinnern die Meditationsübungen immer wieder an die des Yoga. Ähnlich wie sie zielen sie auf die Abwendung von dieser Welt, auf die Überwindung der personalen Welt in vollendetem Gleichmut.

c 3) *Die rhythmische Wortwiederholung*

Von nicht zu unterschätzender Bedeutung ist die meditative Technik der ständigen rhythmischen Wiederholung eines kurzen Satzes, eines Worts oder auch einer bestimmten wohlklingenden Buchstabenfolge ohne Sinngehalt. Voraussetzung dafür ist der innere Reifungsgrad des Menschen, die Bedeutung dieser Technik als Hilfsmittel für das Reifen und das Aufbrechen von Erlebnissen und Erkenntnissen im Gefühlsuntergrund zu erfassen. Beispiele dafür finden Sie in den alten rhythmischen Gebetsformen des Sprechgesangs in buddhistischen Klöstern oder des stundenlangen monotonen Chorgebets von christlichen Mönchen. Oder in der oft recht veräußerlicht erscheinenden Art der Litanei mit ihrem wiederkehrenden Antwortgebet. Auch das längere Zeit fortschreitende Sprechen oder Murmeln eines Mantras gehört hierher: also einer – rational gesehen – sinnlos erscheinenden Silbe oder Buchstabenfolge, wie sie für gewisse Meditationsarten typisch sind, die aus dem indischen Raum kommen. Neuerdings wird das Mantra auch als »Wortklang« bezeichnet (bei der Transzendentalen Meditation).

Wesentlich ist dabei erstens die vollendete Beherrschung der Technik, so daß auch nicht mehr die geringste Aufmerksamkeit nötig ist für das Sprechen des Wortes bzw. der Lautfolge in der richtigen Geschwindigkeit und der richtigen Tonfolge. Und zweitens die ständige monoton erscheinende Wiederholung in rhythmischer Abfolge. Das bringt den Menschen über einen kritischen Punkt seines Ich, seines Verhaftetseins im Ich, hinweg und öffnet seine tiefere Dimension. Wenn die Forderung des bewußten Ich auf das formale Richtigmachen zurückbleibt und schließlich völlig verschwindet, dann werden die inneren im Sinnenhaften begründeten Fähigkeiten frei, die wir die Intuition nennen. Also das ganz spontane Aufsteigen von Bildern oder Erkenntnissen. Auch diese Art der Meditation ist eine Mischung oder eine Zwischenstufe zwischen Gegenständlichem und Gegenstandslosigkeit. Sie mündet, je ausgeprägter um so mehr, in die objektfreie ein. Man könnte auch von einem tranceähnlichen Zustand oder mindestens einer Vorstufe dazu sprechen.

c 4) *Das meditative Ruhen in der Geborgenheit*

Schließlich muß in diesem Zusammenhang noch auf eine eigenartige Erscheinung verwiesen werden, die wir in der einfachsten Form bei glücklich-wunschlosen alten Leuten beobachten können: besonders auf dem Land, wo sie noch nicht von der Hektik des sogenannten modernen Lebens erfaßt sind. Sie sitzen ganz einfach stundenlang da, sprechen kaum ein Wort, schauen allenfalls in die Ferne und »genießen« in völligem Einssein mit sich und der Welt ihr Da-Sein. Sie ruhen ganz in der Geborgenheit ihres gereiften ausklingenden Lebens. In ähnlicher Form kann sich der sogenannte gläubige Mensch diesem »Ruhen in Gott« oder diesem Verweilen im Frieden Gottes in einer stillen Kirche oder an irgendeinem stillen Platz hingeben. Und der sogenannte Ungläubige kann in der Natur das gleiche »Ruhen im All« erleben. Immer ist das Gefühl des bloßen Existierens bei weitgehender oder völliger Gedankenentleerung, das Gefühl tiefster innerer Ruhe und Geborgenheit, das Gefühl totaler Wunschlosigkeit gegeben. Der Mensch ist im reinen mit sich und der Welt. Von dieser Erfahrung ist dann der Endzustand des Mystikers nicht mehr fern: Er hat in der Einheit mit Gott, der unio mystica, in der Einheit mit dem All, seine reifste Form gefunden.

Das Wort des Mystikers Jakob Böhme (1575–1624) trifft diesen Zustand:

»Wem Zeit wie Ewigkeit
und Ewigkeit wie Zeit,
der ist befreit
von allem Streit.«

Damit sind wir schon beim Ergebnis der gegenstandslosen Meditation.

d) *Die gegenstandslose, objektfreie oder transzendentale Meditation*

Sie ist frei von einem Gegenstand oder Objekt und ganz gerichtet auf die gedankliche Leere. Es gibt nichts Sinnlich-Bildhaftes in ihr. Das Rationale soll total ausgeschaltet sein. Transzendental wird sie genannt, weil sie den Menschen eben dadurch öffnet für das, was außerhalb des Natürlich-Personenhaften liegt, das »überstiegen« (transzendiert) wird. So öffnet er sich für das intuitive überbegriffliche Erfassen, für das Jenseitige, das Absolute, für den letzten objektiven Grund alles Seienden, mag man ihn nun Gott oder das Nichts oder das absolute Sein nennen. In jedem Fall trägt der Mensch – wie Meister Eckehart sagt – den göttlichen Funken in sich. Diese Meditation zielt auf das höhere Bewußtsein, auf die Erleuchtung oder Wesensschau, auf die unio mystica, um die verschiedenen Bezeichnungen für das gleiche Endziel zu gebrauchen.

d 1) *Zen-Meditation (Zazen) und zum Teil die unter c) genannten Formen*

Zen erstrebt immer, wie im 4. Teil dieses Buches im einzelnen dargelegt, die absolut objektfreie Meditation. In grober Formulierung könnte man sagen: die äußerste Konzentration auf das Nichts. Insofern ist Zazen der klassische Fall des gegenstandslosen Meditierens.

Es gehören aber auch alle unter c) genannten Meditationsarten hierher, soweit sie objektfrei sind. Also gewisse Yoga- und buddhistische Meditationsarten, die entsprechende Meditation mittels rhythmischer Wortwiederholung und das ausgeprägte meditative Ruhen in der Geborgenheit.

d 2) *Transzendentale Meditation (TM)*

Seit einigen Jahren macht die Transzendentale Meditation von Maharishi Mahesh Yogi mit großem Werbeaufwand viel von sich reden. Der Meister wird laut Berichten als der »Göttliche Seher« bezeichnet und von seinen Anhängern mit »Seine Heiligkeit« angesprochen. Er hat sich ein Heer von Laienhelfern (»Initiatoren« oder »Lehrer«) herangebildet, über das er in einer theokratisch anmutenden Organisation gebietet. Diese Laienhelfer werden besonders geschult und treten dann oft ähnlich wie Psychotherapeuten auf. Bei auftretenden Schwierigkeiten körperlicher oder seelischer Art wiederholen sie in erster Linie die Aufforderung, unbeirrt weiterzumeditieren. In den letzten Jahren ist die TM boomartig zu einer großen internationalen Organisation geworden. Auch in der Bundesrepublik soll sie heute einige zehntausend Anhänger haben.

Sie verspricht, durch zweimaliges tägliches Meditieren von je zwanzig Minuten Dauer »200 Prozent Leben: 100 Prozent äußeres, materielles und 100 Prozent inneres, geistiges Leben. Das ist moderne Lebensführung.« (Aus einer Rede des Göttlichen Sehers.) Der Sinn des Lebens sei die Ausdehnung von Glück. Deshalb werden auch materielle Werte und normales äußeres Leben nicht abgelehnt.

Die Meditation vollzieht sich in bequemer Sitzhaltung und mit geschlossenen Augen. Jede Anstrengung und gezielte Bemühungen werden dabei ausdrücklich abgelehnt. Sie besteht aus dem ständigen geistigen Wiederholen eines sogenannten Wortklangs (Mantra). Ein solcher Wortklang kann z. B. shiriram sein. Sonst ist nicht die geringste Änderung der gewohnten Lebensweise nötig. Der Wortklang hat keinerlei konkrete Bedeutung und wird angeblich »durch einen speziell dafür ausgebildeten Lehrer« »individuell für den einzelnen Menschen bestimmt«. Mit seiner Hilfe kann die Aufmerksamkeit, weil sie nicht durch einen »konkreten Inhalt daran gehindert wird, ihrer natürlichen Tendenz folgend in die Tiefe dringen«; deshalb »kostet das weder Anstrengung noch Konzentration«. Die regelmäßige Praxis der TM macht uns »mit bisher unbewußten Bereichen unseres Inneren vertraut«, sie »verändert unser Bewußtsein« und läßt uns über die uns normalerweise gesetzten »geistigen Grenzen hinauswachsen«. Das erweitere unser Glück und unsere Fähigkeiten in vielerlei Hinsicht. So wird in den Schriften der TM ausgeführt. Kein Wunder, daß sie bei so großartigen Versprechungen, und wenn bei ihr alles so verblüffend einfach ist, starken Zulauf hat.

Bei der Lektüre dieser Schriften fällt jedem kritischen Leser die Häufung von schönklingenden Vergleichen auf, die auf den ersten

Blick recht überzeugend wirken. Man forscht jedoch vergeblich nach einem soliden Kern. Aus hinduistischem und Yoga-Gedankengut werden gutklingende Formeln entlehnt, und man trifft auf eine Fülle unverbindlicher Grundsatzerklärungen von wenig Substanz. Zum Teil wird mit kaum glaublichen psychologischen Vereinfachungen gearbeitet. Dafür nur ein Beispiel: Der natürliche Egoismus, der aus der stärksten Triebkraft des Menschen, seinem Selbsterhaltungstrieb fließt, wird schlicht zum Kompensationsversuch der inneren Unzufriedenheit erklärt, die sich natürlich mit dem ständigen Gewinn an Glück durch die TM auflöst.

Diese Feststellungen über die Schriften der TM treffen in vollem Umfang auch auf die Veranstaltungen dieser Organisation zu. Recht jugendliche Professoren der von Maharishi in USA gegründeten Universität treten dabei auf. (Diese »Universität« untersucht laut eigenen Angaben der TM die positiven Wirkungen der »Wissenschaft der schöpferischen Intelligenz«, wie sich die hinter der TM stehende Lehre nennt. Sie wird offensichtlich aus den stattlichen Gebühren der großen Anhängerschaft finanziert. Von neutraler sachlicher und damit wirklich wissenschaftlicher Einstellung kann bei ihr schon vom erklärten Zweck her also keine Rede sein.) Diese Professoren überschütten die Zuhörer mit Vergleichen und Analogien sowie mit Berichten über hochwissenschaftliche Forschungen und Forschungsergebnisse aller möglichen Fachrichtungen, denen allenfalls ein Bruchteil der Zuhörer folgen kann. Nach dem Kern der wissenschaftlich sauberen Beziehung zur TM fragt man sich zumeist vergebens. Die beiden Verfasser besuchten eine solche großangekündigte Veranstaltung und konnten leider keinen anderen Eindruck mitnehmen. Ein »Professor« verkündete an diesem Abend allen Ernstes: Um Platons Erkenntnisse zu verstehen, mußte man früher 12 Jahre lang studieren, und dann hatten sie viele noch nicht verstanden. Durch die TM erfasse diese Erkenntnisse jeder in wenigen Tagen! Das nur als ein Beispiel für den Stil des großen Teils der Ausführungen.

Die Transzendentale Meditation behauptet von sich, sie sei vollkommen frei von Religion und Ideologie. In Wirklichkeit werden die neuen Anhänger vor einem aufgebauten Altarbild des

Lehrmeisters des »Göttlichen Sehers« nach einem bestimmten Ritual eingewiesen. »Seine Heiligkeit« läßt sich in kultischer Form mit Kerzen, Blumen und Räucherstäbchen verehren. Das Mantra muß geheim bleiben, wenn es seine Wirkung nicht verlieren soll, und der ganze Hintergrund führt zum hinduistischen Weltbild hin. Während in einem indischen Ashram (Kloster) das Mantra durch einen lebenslang erfahrenen Meister erst nach gründlichster Kenntnis seines Schülers ausgewählt wird, geschieht das in der TM durch einen mehr oder minder rasch angelernten »Lehrer« schon in der Einweisung des Meditanten. Es wird von Betroffenen gemunkelt, daß es sich ganz einfach in Anlehnung an den Geburtstag aus einer Tabelle entnehmen läßt.

Wie der Name sagt, ist die Transzendentale Meditation an sich eine objektfreie Meditation. Das Mantra (»Wortklang«) dient ihr gleichsam als Vehikel für die Entleerung des bewußten Denkens (siehe: »Die rhythmische Wortwiederholung«, S. 212). Wie sieht es aber in der Praxis aus? Von der schon besprochenen Auswahl des Mantras abgesehen: Der durchschnittlich Meditierende ist sich weitgehend selbst überlassen. Denn auf *einen* angelernten »Lehrer« treffen hundert Übende (laut den derzeit von der TM selbst angegebenen Zahlen). Der durchschnittliche Meditierende bringt keine Voraussetzungen mit und bekommt allem Anschein nach keine präzise Führung speziell zum objektfreien Meditieren hin. Er besucht nur in einem bescheidenen Prozentsatz echte Meditationstagungen. Wie sollte er da im Sinn der wirklich gegenstandslosen Meditation vorankommen? Kein Wunder also, wenn er sich den Glücksverheißungen gemäß vom Ziel der echten transzendentalen Meditation entfernt und im Bildhaften steckenbleibt. Aus dieser ganz praktischen und realistischen Sicht führt die TM ihren Namen für einen hohen Prozentsatz ihrer Anhänger eigentlich zu Unrecht.

Was hält die TM nun von ihren reichen Versprechungen? Es ist kein Zweifel, daß sie eine feste und mit den Ergebnissen durchaus zufriedene Anhängerschaft hat, die über lange Zeit hinweg den Meditationsgeboten folgt. Darunter befinden sich auch kritische Menschen. Für sie hat die Methode offensichtlich ihren Wert. Bei der großen Zahl derer, die es mit ihr versuchen, ist das nach dem

Gesetz der Wahrscheinlichkeit anders auch kaum möglich. Es ist ferner kein Zweifel, daß sie meßbare Wirkungen leibseelischer, insbesondere neurophysiologischer Art zeitigt, worauf als wissenschaftlichen Beweis ihrer Richtigkeit immer wieder hingewiesen wird. Derartige Veränderungen lassen sich bei anderen Meditationsformen, beim Autogenen Training u. dgl. genauso nachweisen. Sie treffen jedoch nicht den Kern der Technik.

Es ist aber auch kein Zweifel, daß es viele enttäuschte Stimmen gibt. Daß sich viele von der TM wieder abwenden. Daß Teilnehmer von üblen Folgen und gefährlichen Wirkungen berichten: von Depressionen, Migräne, bedenklichen Stimmungsschwankungen, Krampfzuständen und Bewußtseinsstörungen. Der »Spiegel« brachte in seiner Ausgabe vom 1. 11. 1971 darüber einen recht umfassenden Bericht.

Gehen wir von der Lehre des Spannungszustands der Lebenskraft aus, dann werden diese Wirkungen der TM sofort verständlich. Die positiven Stimmen und Ergebnisse deshalb, weil sie eine typische Ent-Spannungsmethode ist. Wer sich auf der Seite der Überspannung befindet, wird von ihr zunächst profitieren. Er kann sich bis zu einem gewissen Grad getrost verlieren in der versprochenen »absoluten Glückseligkeit«, die auf die angebliche Tendenz des Geistes zurückführt, »sich in Richtung eines Zustands größeren Glücks zu bewegen«. Für ihn mag die TM in der Tat »ein mit zunehmender Freude verbundener Prozeß« sein. Freilich nur solange, bis er im gesunden Spannungsgleichgewicht angekommen ist. Es ist bezeichnend, daß »ihre Anwendung im klinischen Bereich . . . bei geistigen und physischen Spannungszuständen, zur Stabilisierung von Hypertonikern und . . . bei arterieller Hypertension« schon wiederholt empfohlen wurde*. Zur Befreiung von Überspannung kann sie sicher gute Dienste leisten. Denn sie ist eine passive Technik, eine Technik des Sichgehenlassens und des Sichlösens der geistigen Kräfte. Aber auch hier ist ein gewisses »Einlullen« des Meditierenden kaum zu vermeiden. Für das Wegarbeiten von Überspannung gibt es weitaus bessere Techniken.

* Gemäß Münchener Medizinischer Wochenschrift 112. Jahrgang 1970, Beilage Aktuelle Medizin, Nr. 32.

Deshalb werden auch die vielfältigen negativen Auswirkungen dieser Methode sofort zwingend klar. Wer sich wie viele Jugendliche und Studenten von heute auf der Seite der Lösung, gar der Überlösung, befindet, für den muß diese Technik geradezu wie Gift wirken. Denn sie löst die restlichen Kräfte vollends auf. Sehr treffend faßt eine junge Münchnerin ihre Erfahrungen mit der TM zusammen: »Ich manövrierte mich in eine Scheingelassenheit hinein, die mir meine wahre innere Situation verdeckte. Ich kenne einige Studenten, die aus einer gewissen inneren Not heraus zur TM kamen. Keiner fand die dort angepriesene psychische und physische Gesundheit, die Harmonie mit der Umwelt. Die Meditation erwies sich bei ihnen, wie bei mir, als Flucht, als Sackgasse.« Und ein erfahrener Psychotherapeut stellt fest: »Nach jahrelanger TM verschwimmt der Mensch in seiner Persönlichkeit. Mit dem Hinschwimmen ins Glück weicht er allen harten Lebensfragen gegenüber aus und wird am Ende lebensuntüchtig.« Werfen Sie nochmals einen Blick auf die Übersicht der Spannungsskala S. 35, und Sie sehen den zwingenden psychologischen Grund vor sich.

Abschließende Feststellung: die TM ist eine wenig durchdachte reine Ent-Spannungsmethode (von religiösem Anstrich). Sie kann bei gespannter und überspannter Wesensart bis zu einem gewissen Grad gute Ergebnisse bringen. Allerdings auch hier nur zu dem Preis des Wegführens von der Realität dieser Welt. Bei vorwiegend gelösten Menschen besteht die akute Gefahr von bedenklichen bis sehr bedenklichen Auswirkungen, und in ausgeprägten Fällen sind sie kaum zu vermeiden. Unsere Lebenskraft läßt nicht ungestraft mit sich spielen.

e) *Überblick: Die medizinischen und psychotherapeutischen Meditationsarten*

Wegen ihrer praktischen Bedeutung im heutigen Leben sei jetzt noch ein kurzer Überblick über die Meditationsarten im weitesten Sinn angefügt, die vom medizinischen und psychotherapeutischen Gesichtspunkt her interessant sind. Von der vorwiegend allgemeinmedizinischen Seite sind da vor allem anzuführen:

Das Autogene Training nach I. H. Schultz

Es darf als allgemein bekannt vorausgesetzt werden. Seiner Wichtigkeit halber wird es in einem eigenen Kapitel vor allem aus der Sicht der natürlichen Spannungsskala noch behandelt werden.

Eine Reihe von Atemtherapien

Das Wichtigste hierüber folgt ebenfalls in einem extra Kapitel.

Von der mehr psychotherapeutischen Seite aus muß besonders hingewiesen werden auf:

Die Traummeditation

Der Meditierende begibt sich ganz in die Situation eines persönlichen Traums hinein zu dem Zweck, sie noch intensiver zu erleben und sie seelisch-geistig zu verarbeiten. Diese Art der »Meditation« ist absolut nicht unbedenklich und sollte ausschließlich unter der Anleitung und Überwachung durch einen entsprechend qualifizierten Psychotherapeuten gemacht werden. Denn dabei können psychologisch gefährliche Konflikte bzw. unverarbeitete Erlebnisse bis hin zu solchen traumatischer Art aufbrechen.

Die Konfliktmeditation

Das soeben Gesagte trifft in gleichem Umfang, eher noch verstärkt, für die Meditation von konkreten Konflikten zu, die manchmal empfohlen wird. Je intensiver die Versenkung, desto größer wird die Chance bzw. das Risiko, an die Quellen tiefsitzender Spannungsherde heranzukommen. Jedes selbständige laienhafte Vorgehen wäre unverantwortlich. Um so mehr ist zu verwundern, mit welcher Leichtfertigkeit manche unqualifizierte Leiter von persönlichkeitsbildenden Kursen der verschiedensten Schattierungen Teilnehmer ohne Rücksicht auf ihre Gefährdung zu Übungen veranlassen, die das Aufbrechen von Traum- bzw. Konfliktsituationen bewirken können.

Die Meditation nach Happich und Melzer

Über sie wurde schon kurz gesprochen (S. 207). Der fast schon klassisch gewordene Gang auf die Wiese, auch das Ersteigen der

Bergeshöhe mit dem Besuch der Kapelle, kann leicht einen Charakter annehmen, der in das psychotherapeutische Gebiet gehört. Deshalb muß auch in diesem Zusammenhang darauf hingewiesen werden.

Das katathyme Bilderleben

Da diese spezielle Art der Meditation neuerdings »modern« wird, wird ebenfalls in einem eigenen Kapitel dazu Stellung genommen.

Das meditative Malen

Künstlerisch begabte und ausdruckspsychologisch geschulte Kursleiter setzen das meditative Malen sehr gern ein. Einmal zu diagnostischen Zwecken, um die besondere Problematik von Kursanten rascher und treffender zu erkennen. Dann aber auch unmittelbar mit therapeutischer Absicht. Denn der im meditativen Malen Versunkene kann mit der Vollziehung dieses Ausdrucksmittels einiges von seiner spezifischen Konfliktsituation abarbeiten. Wir haben den Eindruck, daß auf diesem Gebiet vieles nur dilettantisch getan wird. Obwohl diese Technik im Vergleich zu den vorher aufgeführten wesentlich ungefährlicher ist, kann in der Folge (z.B. beim Besprechen des Gemalten) hin und wieder doch viel aus der Tiefe der Seele aufbrechen. Daher ist sicherlich auch hier einige Vorsicht geboten.

Die meditative Sensibilisierung der Sinne

In den letzten Jahren ist auf diesem Gebiet von verschiedenen Seiten her einiges aufgekommen – oft als Zufallsprodukt und dann auch als bewußtes Experiment –, was im Prinzip sofort an Eutonie denken läßt. Auf die enge Nachbarschaft der Eutonie zum meditativen Tun wurde im dritten Teil dieses Buches ja des öfteren hingewiesen. Es kann keinem Zweifel unterliegen, daß die Sensibilisierung der Sinne immer mit Eingriffen in die menschliche Seele verbunden ist; daß sie also auch einen psychotherapeutischen Aspekt hat. Tägliche eutonische Übungen, welcher Art auch immer, die über längere Fristen hinweggehen, haben in der Tat eine starke Wirkung. Um so notwendiger ist es, daß sie den eutonischen Gesetzlichkeiten gemäß verlaufen. Leider ist das bei verschiedenen Variationen dieser dilettantisch betriebenen Eutonie nicht der Fall. Die Eutonie hat ebenso wie Zazen jedoch den großen Vorzug, daß sie die seelisch-geistigen Veränderungen nur in kleinen Schritten bewirkt. Daß also nichts aufgerissen wird, was dann nicht sogleich wieder zugedeckt werden kann. Es ist ein langsamer, kontinuierlicher Prozeß des Aufarbeitens von Konflikten, der sich da in den unterbewußten Schichten des Menschen vollzieht. Er darf getrost als weitgehend ungefährlich im medizinisch-therapeutischen Sinn bezeichnet werden (vgl. S. 131), sofern man sich nur an die naturgegebenen Grenzen und Gefährdungen durch die gewählten Methoden hält. Sie wurden bei der genauen Darlegung der Eutonie ja im einzelnen aufgewiesen.

f) *Gefahren der Meditation in der Sicht der Spannungslehre*

Eine wichtige Bemerkung voraus: Es ist eigenartig festzustellen, daß manche an sich scharfe Denker und kritische Beobachter der Meditationsentwicklung in unserem Land zwar theoretisch den Unterschied zwischen gegenständlicher und gegenstandsloser Meditation erfassen. Praktisch verstehen sie aber keinerlei Konsequenz daraus zu ziehen:

- Da wird zuweilen jegliche Meditation als passiv-autosuggestiv bezeichnet!
- Da wird die bildhafte Meditation mit Meditation schlechthin gleichgesetzt!
- Da wird jegliche nichtreligiöse Meditation absolut gleichgesetzt mit gefahrvoller Meditation, bei der automatisch alle Gefährdungen der Hypnose und des Autogenen Trainings (darüber demnächst im besonderen) gegeben seien!

Wie absurd, etwa Zazen mit Autogenem Training gleichzusetzen, wo diese beiden Techniken doch mit ganz anderen Mitteln arbeiten und zu ganz anderen Ergebnissen führen! Das alles zeigt doch nur, daß der besondere Charakter der gegenstandslosen Meditation wie der von Zazen am Ende doch nicht wirklich verstanden wurde. Denn bei ihr ist man bei richtiger Ausübung immer im Hier und Jetzt gebunden, und es gibt keinen hypnotischen oder suggestiven Effekt. Was wieder einmal beweist, daß man sich hüten sollte, mit dem fragwürdigen Werkzeug des bloßen Intellekts in Bereiche vorzudringen, die sich dem Intellekt ihrer Natur nach entziehen, weil sie doch nur Erfahrungs- und Erlebnissache sind.

Freilich muß eindeutig festgestellt werden, daß *alle Bewußtseinstechniken, die sich nicht um die Realität bemühen,* bei denen der Übende also nicht ständig in der Realität des Augenblicks gebunden ist, eine mehr oder minder schwere Gefährdung mit sich bringen können. Das kann jedenfalls klar gesagt werden: Sowohl bei der Eutonie als auch beim Zazen ist der richtig Übende in jedem Augenblick im Hier und Jetzt verhaftet. Beide Techniken verlangen von ihm ständige Sammlung, ständige Konzentration der geistigen Kraft auf einen Punkt (vgl. S. 161). Deshalb ist die Gefahr des Sichverlierens beim Zazen nicht gegeben.

Ganz anders sieht das bei all den Meditationsarten aus, wo das nicht der Fall ist. Das sind im Prinzip alle Arten der bildhaften Meditation und wegen ihres besonderen beschriebenen Charakters auch die Transzendentale Meditation (TM). Man kann leicht über sich hinausgehen und sich in selbsthypnotische Bilderlebnisse verlieren, sich in schöngeistig beglückenden, in uferlos glückseligen Gefühls- und in euphorischen Bewußtseinszuständen gleichsam baden. Im Untergrund der Persönlichkeit ist immer der fehlende Wille oder die Unfähigkeit, seine Kräfte zu binden oder zu spannen. Es ist die Ungehemmtheit, die Auflösung der Persönlichkeit. Daher das völlig passive Preisgegebensein an derartige Gefühlszustände, denen man widerstandslos und hilflos verfällt. Mit fortschreitendem Versacken der Spannkraft flüchtet man sich in die irreale Glückseligkeit. Man schwimmt im illusionären Glück und wird am Ende – lebensuntüchtig. Innere Konflikte werden nicht aufgearbeitet und damit bereinigt, sie sinken vollends unter die Oberfläche der rosaroten Unbekümmertheit und Wurstigkeit. Aber bei aller Scheingelassenheit bleiben sie doch untergründig erhalten und wirksam.

Dieser psychologischen Grundsituation entsprechen *die übereinstimmenden Befunde von verschiedener medizinischer, psy-*

chotherapeutischer und psychiatrischer Seite. Immer wieder wird berichtet über Erlebnisse von Bildern mit angsterregendem, affektivem oder gar quälendem Charakter. Von Phantasieungeheuern, die man nicht mehr los wird. Von den Folgen von Angstzuständen, Depression, besonders auch depressiv bedingten Schuldgefühlen, von Aggressionsneigung bis offenem Aggressionsausbruch, von Kopfschmerzen, Kreislaufschwierigkeiten und Kreislaufzusammenbruch. Nicht gar so selten wird bei vorbelasteten Menschen ein schizophrenes Zustandsbild ausgelöst, Halluzinationen, Dämmerzustände, Bewußtseinsstörungen bis zu Bewußtseinsspaltung können sich einstellen.

Es hängt ganz von den *Voraussetzungen* ab, die der Meditierende *in seiner Persönlichkeit* mitbringt, ob diese Gefährdung für ihn akut wird oder nicht. Wie schon an einigen Stellen (siehe z. B. die Meditation nach Rudolf Steiner und die TM) betont wurde: Wer sich im Sinn der Spannungsskala sowieso schon auf der Seite der Lösung befindet, erst recht wer schon auf der Brücke zur Auflösung ist oder sie gar schon überschritten hat, für den wird die akute Gefährdung immer stärker. Wird der kritische Punkt erreicht, dann ist es eben soweit. Hat man das im Kern so einfache Grundprinzip von Spannung und Lösung unserer Lebenskraft verstanden, dann kann es daran gar keinen Zweifel mehr geben. Und die kritische Betrachtung derer, die dieser Gefährdung Tag für Tag zum Opfer fallen, kann das nur bestätigen. Es braucht nicht mehr betont zu werden: Je intensiver und länger sich jemand einer für ihn gefährlichen Meditationstechnik widmet, um so größer und nachhaltiger muß der Schaden bzw. der Zusammenbruch ausfallen.

Schließlich leben wir in dieser unserer Welt und müssen mit ihr fertig werden. Was uns in unserer seelischen Tiefe für diese ständige Auseinandersetzung schwächt oder uns gar hindert, sie ernsthaft aufzunehmen und sie zu bestehen, das kann für uns nicht gut sein. – Wer das verstanden hat und die nötigen Konsequenzen daraus zu ziehen versteht, der kann sich beruhigt den Techniken zuwenden, die seine Persönlichkeit wahrhaftig im positiven Sinn, und nur in diesem, weiterentwickeln helfen.

2. Leistungssport

Für die Gesunderhaltung von Herz und Kreislauf, auch für höheres und hohes Alter, ist ein vernünftig betriebener *Belastungssport* – welcher Art auch immer – lebenswichtig. Das darf heute als allgemein bekannte Binsenweisheit unterstellt werden. Hier geht es ausschließlich um den Leistungssport.

Leistungssport betreiben heißt, sich ständig selbst überwinden. Heißt, alle Willenskräfte immer wieder zusammenzuraffen, um Schwächeanwandlungen und Schwächezustände zu überwinden. Jahrelang betriebener Leistungssport heißt jahrelange forcierte Selbstdisziplin. Wer ihn betreibt, mindert seine Fühlfähigkeit. Denn die aufkommenden Störgefühle müssen unterdrückt werden, sie sind im Interesse des verfolgten Ziels ja wertwidrig. Wer über längere Perioden hinweg seine Gefühle auf diese Art vergewaltigt, muß sich nicht wundern, wenn sie abstumpfen, wenn sie an Empfindsamkeit einbüßen und wenn sie verhärten. Das kann gar nicht ausbleiben. Wo gäbe es in der Natur »Leistungssport«, also Leistung um der Leistung willen? Das gibt es nur beim leistungsbesessenen Menschen! Dafür muß er seinen Preis zahlen: also Verlust an Fühlfähigkeit, in der Folge Verlust an Erlebnis- und an Glücksfähigkeit. Sie setzt ja immer Fühlfähigkeit voraus; je ausgeprägter sie sein soll, desto mehr.

Scharfes sportliches Training, vor allem ausgesprochenes Leistungstraining, muß zwangsläufig zur Überspannung führen. Daher haben es solche Sportler besonders schwer mit dem Gewinnen des rechten Spannungsausgleichs. Nicht nur, daß ihre Fühlfähigkeit beeinträchtigt ist, wie soeben ausgeführt. Sie leben wegen ihres jahrelangen Trainings auch in einem schiefen Körperbild. Sie empfinden stark gespannte oder gar schon verkrampfte Körperpartien als normal. Wir stellen das immer wieder in unseren Kursen fest. Manchmal geht das so weit, daß ein solcher Mensch effektiv unfähig ist, in seine gesunde Mitte zurückzufinden.

Kann man durch Sport Spannung und Überspannung abreagieren? Spannung oder Spannkraft ist gebundene Energie. Wer sich in der Überspannung befindet, kann durch länger anhaltende körperliche Anstrengung, z.B. durch scharfes Tennisspiel oder durch Langstreckenlauf, seine Überspannung von der körperlichen Seite her »wegarbeiten« oder »weglaufen«. Daran ist kaum ein Zweifel. Jedermann mit persönlicher Erfahrung auf diesem Gebiet kennt den sehr viel angenehmeren Zustand hinterher. Er wird oft geradezu als Erfrischung empfunden. Es kann aber niemand seine seelische Energie (oder Nervenenergie, eben seine innere Lebenskraft) »weglaufen«. Er kann sie höchstens von der körperlichen Seite her beeinflussen. Im Prinzip bleibt sie aber erhalten. Hat sich der Körper nach einer noch so großen sportlichen Anstrengung regeneriert, dann ist der innere »Druck« dieser seelischen Kraft, der vitalen Energie, sofort wieder da. Denn sie kann nicht vernichtet werden. Sie kann nur in andere Kanäle gelenkt werden. Deshalb ist Sport zur Beseitigung von Überspannung nicht das geeignete Mittel, wie vielfach geglaubt wird. Der gewünschte Effekt tritt nur scheinbar ein, und nur kurzfristig. Ob der Wille im Beruf oder im Sport forciert ist (S. 35), an der Überspannung ändert sich nichts.

Immer wieder hört man die Ansicht, Sport sei die einfachste Entspannungsübung. Denn physische Anstrengung sei psychische Entspannung. In dieser allgemeinen Form ist das also nicht richtig. Solange der Sport kein Leistungssport mit ständiger Selbstüberwindung, mit ständigem Selbstzwang ist, solange er mehr spielerischen Charakter hat, z.B. ein flottes, aber noch nicht verzwungenes Wandern, mag das bis zu einem gewissen Grad zutreffen. Aber auch nur dann, wenn dieser Sportler sich nicht in ausgesprochener Überspannung befindet, wie es vorhin besprochen wurde.

Der Leistungssport verlangt seiner Natur nach die ständige Bezwingung des Körpers vom bewußten Verstand und vom bewußten Willen her (vgl. das Schema vom Aufbau der menschlichen Persönlichkeit S. 69). Von ihm müssen wir scharf unterscheiden, was wir den *»eutonischen Sport«* nennen könnten. Es ist der, der *aus dem Spannungsgleichgewicht heraus* betrieben wird, bei dessen Ausübung der Mensch im Ausgleich, im Lot ist. Bei ihm steht der gewisse Genuß an der körperlichen Bewegung ganz im Vordergrund. Es ist die natürliche Freude an Sport und Spiel. Nicht umsonst werden diese beiden oft in einem Atemzug genannt.

Ein einfaches Beispiel: die Schulklasse hat Sportstunde, und zwar 100-m-Lauf. Zuerst wird auf Zeit gelaufen: Leistungssport. Alle laufen mit verzerrten Gesichtszügen und am Rande der Verkrampfung befindlicher Muskulatur (Wadenkrampf!) durchs Ziel. Für fast alle Schüler ist es ein hartes Muß. Dann wird aus Freude am Laufen, aus Freude an der Bewegung gelaufen: Jeder soll so flott laufen, wie es ihm gerade noch Spaß macht; es wird keine Zeit genommen. Kein Muskel darf über Gebühr angestrengt, keinerlei Gesichtszug darf verzerrt werden. Darüber wacht ein Teil der Schüler. Jetzt laufen so gut wie alle mit großem Spaß, ja begeistert. Und sie laufen, jeder auf seine Art, ganz natürlich und harmonisch! Sie laufen aus dem Spannungsgleichgewicht, das der gesunde Jugendliche haben sollte. Ein ganz anderes Bild: Es ist eutonisches Laufen!

Zweites Beispiel: Der Gewichtheber, wie wir ihn zuweilen im Fernsehen aus nächster Nähe beobachten können. Der eine nimmt das Gewicht mit verbissenem Gesicht sofort auf und stemmt es hoch; seine Leistung ist begrenzt. Der andere »ist« in seinem Gewicht: Er steht einige Zeit davor, schaut es an und konzentriert sich gewissermaßen hinein. Er identifiziert sich mit dem Gewicht. Er nimmt den Bewegungsablauf, der demnächst beginnen wird, in seiner Vorstellung vorweg. Je intensiver, je konzentrierter er das tut, um so leichter und sicherer wird die Bewegung dann so ablaufen, wie er sich das wünscht. Jetzt läßt er seine Hände unbewußt oder bewußt gleichsam in die Tragstange hineinwachsen, sie werden sozusagen eins mit ihr. Seine Füße läßt er in den Boden hineinwachsen, sie verwurzeln in ihm und geben ihm den festen, sicheren Stand. Aus dieser Konzentration heraus handelt *es* plötzlich *in ihm:* In völliger Ruhe und doch mit ungeheurer Kraft nimmt »er« das Gewicht auf und stemmt es hoch – zur besten Leistung. Er hebt es eutonisch oder meditativ, wie wir es nennen wollen: Er *ist im* Gewicht, *in* der Bewegung mit hundert Prozent seines Wesens.

Der erste ist verkrampft. Der zweite ist bei aller Anstrengung in seinen Bewegungen elegant-harmonisch, er ist im Ausgleich, im Lot, im Hara.

Wie hieß doch der alte Zen-Grundsatz? Tue, was du tust!

3. Atmung und Atemtechnik

Dieses Kapitel soll sich nicht im üblichen Sinn mit Atemtechnik beschäftigen. Darüber gibt es schon viele, fast zu viele Lehrmeinungen, Praktiken und Bücher. Es will nur die wesentlichen Punkte zu diesem weitgespannten Thema anleuchten. Denn auch bei angeblich Berufenen herrscht oft Unklarheit, und es werden oft in der Öffentlichkeit Ansichten vertreten und Techniken empfohlen, die am Ende vielen Menschen mehr schaden als nützen.

Voraus *einige simple Grundtatsachen:*

- Jeder von uns macht Tag für Tag 15 000–30 000 Atemzüge. Ein und aus, aus und ein. Selbst kleine Fehler müssen sich da in der Wirkung »hochpotenzieren« und im Lauf von Wochen, Monaten, Jahren schwere Folgen nach sich ziehen.
- Eine schlechte Körperhaltung mit verspannter Bauchmuskulatur, behindertem Zwerchfell oder eingefallenen Schultern mit verengtem Bauch- oder Brustraum – oft alles zugleich – behindert 25 000mal am Tag die Atmung: welche Auswirkungen!
- Normalerweise sollte man nur durch die Nase ein- und ausatmen. Grund: Vorwärmen der Atemluft besonders im Winter, Vorreinigen der Luft und Anregung der Durchblutung von Nasennebenhöhlen und vorderen Gehirnpartien.
- Es gilt besonders, auf das Gefühl der Anstrengung beim Atmen zu achten. Liegt kein äußerer Grund dafür vor, z. B. körperliche Belastung, dann zeigen aufkommendes Druckgefühl, einsetzende Kurzatmigkeit u. dgl. sofort an, daß beim Atmen etwas falsch gemacht wurde. Jeder erfahrene Redner kennt diesen Zusammenhang aus eigener Erfahrung.
- Atem»übungen« haben am Ende nur einen Sinn, wenn sie darauf abzielen, den ganz natürlichen Atem in ganz natürlicher Form zuzulassen bzw. wiederherzustellen. Aber eigentlich ist diese Feststellung schon ein Widerspruch in sich selbst. Denn sowie man bewußt übt, greift man immer in irgendeiner Form in das ganz natürliche Geschehen ein. (»Atemübungen« in diesem Sinn liegen selbstverständlich nicht vor, wenn wir einem Impuls unseres Körpers folgend z.B. spontan einige tiefe Atemzüge machen.)

Erste und wichtigste Feststellung: *Der Atem muß ganz natürlich fließen,* ungesteuert von Verstand und Willen. Darüber wurde auf S. 186 schon Genaueres ausgeführt. Lesen Sie es am besten nochmals nach. Dann paßt er sich von allein den natürlichen Bedürfnissen des Körpers an, je nach der augenblicklichen Situation. Bei Bewegung wird er rascher und tiefer, in der Ruhe wird er langsamer und flacher. So weitgehend, daß man manchmal den Eindruck haben könnte, er wolle ganz stehenbleiben. Dies geschieht zum Beispiel in der richtigen Meditation, denn dann hat der Körper offensichtlich nur einen geringen Sauerstoffbedarf, und es vermindert sich entsprechend – wie Messungen einwandfrei zeigen – der gesamte Stoffwechsel im Körper. Daher auch das Gefühl der Erfrischung nach der Meditation und das geringere Schlafbedürfnis. – Auf der anderen Seite gibt es Yoga-Praktiken, die die Beruhigung des ganzen Organismus durch bewußt gesteuertes Atmen anstreben und auch erreichen. Das Training braucht relativ lange Zeit und ist auf lange Sicht wic alles bewußte Atmen durchaus nicht ohne Gefahr für die Gesundheit. Man sollte hier sehr kritisch sein.

Die auch heute noch vielfach gelehrte *Hoch- oder Brustatmung* ist gewiß falsch. Sie ist vom bewußten Ich »gemacht« und stärkt die Kopflastigkeit. Sie hat immer etwas Verzwungenes an sich, weil sie beachtliche Muskelanstrengung erfordert. Im Gegensatz dazu nutzt die *Zwerchfell- oder Bauchatmung* die natürlichste Erweiterungsmöglichkeit der Lunge nach unten hin in die Weichteile des Unterleibs. Bei ihr gibt es nichts Verzwungenes, da braucht man keine forcierten Muskelbewegungen. Bei ihr, und nur bei ihr, kann man sich ganz »lassen«. Also den ganz natürlichen Atem einfach geschehen lassen, ohne jeden Eingriff. Im Zusammenhang mit der Meditationshilfe des Shikantaza wurde das schon im einzelnen dargelegt. Es ist gerade auch für den vorliegenden Zusammenhang besonders wichtig (Seite 189).

Von der allergrößten Bedeutung ist das richtige Ausatmen:

– Physiologisch: Zuerst muß die Lunge in den Abermillionen von Lungenbläschen gereinigt sein von der Schlacke des Organismus (meist Kohlenstoff genannt, genauer Kohlendioxyd), bevor sie das wieder aufnehmen kann, wovon der Mensch in erster Linie lebt: den Sauerstoff. Deshalb sollte jede Atemübung mit dem *Aus*atmen beginnen.

– Und psychologisch: Im *Einatmen* nimmt man etwas in sich auf, und das stärkt das Ich. An dem fehlt es uns westlichen Menschen im allgemeinen nicht. Die Weisheit der Sprache sagt so schön: »Wir pumpen uns auf«, »Das ist ein aufgeblasener Mensch!« – Im *Ausatmen* gibt man etwas von sich, man gibt sich gleichsam her, man »läßt sich«.

Einatmen ist aufladen und spannen, Ausatmen ist befreien und lösen. Hat man das aus dem Atemerlebnis heraus einmal verstanden, dann weiß man: Bewußtes Einatmen, Konzentration darauf stärkt die Spannung in uns und schwächt den Lösungsfaktor. Bewußtes Ausatmen, Konzentration darauf macht uns gelöster, freier und schwächt den Wirkungsfaktor der Spannung in uns.

Deshalb sollten wir westliche Menschen, vor allem die in ihrem Beruf besonders Belasteten, die wir uns im allgemeinen mehr auf der Seite der Spannung bis Überspannung befinden, uns erst recht mehr auf das Ausatmen einstellen: Wir sollten mehr im ausgehenden Atem sein. Der Körper saugt dann, wenn er sich mit der hinausgehenden Atemluft von seiner Schlacke befreit hat, von ganz allein das jeweilig benötigte Maß an Einatemluft in sich hinein. Dem sollten wir von uns aus auch nicht die kleinste Menge an Atemluft bewußt hinzutun. Und umgekehrt: Wer, wie etwa Jugendliche nach längerem Drogengebrauch, die Kraft seines Organismus aufgelöst hat und an Spannkraft gewinnen will, der soll sich auf das Einatmen einstellen. (Aber – das versteht sich – nur bis zur Wiedergewinnung des gesunden Spannungsausgleichs.) Es wird ihm helfen, die Kräfte seines Organismus wieder zu binden und dadurch an Festigkeit, Aktivität und Widerstandskraft zu gewinnen. Schon nach wenigen Tagen wird er die Anfänge davon verspüren, und nach wenigen Wochen wird er sie mit Händen greifen können. Den vollen Nutzen kann er freilich nur dann haben, wenn er sich mit allen Möglichkeiten um das Zurückfinden in seine Mitte bemüht – nicht nur mit dem Atmen.

Eine notwendige Bemerkung zum vielzitierten Yoga-Atmen, das heute bei uns in schriftlicher und mündlicher Form vielfach gelehrt wird. Der Yoga kommt bekanntlich aus Indien zu uns, einem Land mit durchweg anderem Menschentum. Ist der durchschnittliche westliche Mensch eher gespannt (Yang), dann der durchschnittliche Inder und östliche Mensch überhaupt eher gelöst (Yin). Anders ausgedrückt: Der westliche Mensch ist eher »kopflastig« und in seinem ICH verhaftet, der indische eher ein Gefühlsmensch und dem ES hingegeben. Hier gespannte Aktivität und zuviel davon, dort lockere und entspannte Wesensart, eher passives Geschehenlassen, Gelöstheit bis Weichheit.

Yoga weiß seit Tausenden von Jahren, daß es dem – selbstverständlich indischen! – Menschen zu helfen gilt, seine Kraft zu spannen. Daher im indischen Yoga die Betonung des Einatmens und vor allem das Anhalten der Luft im eingeatmeten Zustand. Was dort in Indien ein Segen ist, dort Jahrtausende bewährt, wird bei uns zum Gift, wenn es unkritisch übernommen wird. Inder sind sich ebenso wie hier lebende Menschen über diese Wesensverschiedenheit sehr oft nicht klar und predigen deshalb hier eine für den durchschnittlichen westlichen Menschen grundfalsche Atemtechnik. Sie sehen, wie uns auch hier das universale Prinzip von Yang und Yin sofort zur richtigen Erkenntnis führt.

Und nun zur Praxis dieser für uns falschen Atemtechnik des Yoga. Beobachten Sie einmal eine Gruppe von Menschen, die unter Anleitung die typische Yoga-Atmung mit Luftanhalten übt: Sie sehen sofort das Unnatürlich-Verzwungene, ja die Verkrampfung bei nahezu sämtlichen Übenden. Das sollte diesem Lehrer doch wahrhaftig zu denken geben! Ein Glück, daß die große Mehrzahl diese – unbewußt als durch und durch gemacht empfundene – Übung dann zu Hause aufgibt, so daß sie bloße Episode bleibt.

Eine praktische »negative« Übung zu allen bisher aufgeführten Punkten, die leider auch heute noch von manchem Sportlehrer ständig gemacht wird: Stellen Sie sich aufrecht hin, befolgen Sie die Weisung: »Tief einatmen, Brust raus, Schultern zurück, Luft kurz anhalten!« Machen Sie das nur wenige Male hintereinander. Ergebnis: Sie werden bald Sternchen vor den Augen sehen, die im Ansatz grundfalsche Anstrengung verspüren und so klug sein, sofort aufzuhören. Kommentar überflüssig.

Eine allgemeine Erfahrung: *Jeder, der mit bewußten Atemübungen beginnt, verspürt eine belebende Anfangswirkung* in seinem Körper, nach welcher Methode er auch immer übt. Das wird von allen Seiten und vielen Atemspezialisten bestätigt. Der Grund liegt zum einen in der ungewohnten Sauerstoffüberschüttung des Körpers und zum andern sicher auch darin, daß sich der Betreffende meist erstmals mit sich selbst mehr oder minder intensiv beschäftigt. Bei falscher Atemtechnik stellen sich dann erst später die Schäden heraus, z. B. eine Wirbelsäulenverkrümmung (oft das Ergebnis einseitiger Hochatmung; hat man das Glück und findet man den richtigen Atemtherapeuten, kann man sie durch gezielte Übungen später wieder »wegatmen«) oder andere gefährliche Entwicklungen.

Am Schluß sei nochmals ganz klar gesagt: Das Atmen ist ein so diffiziles, feines und doch den gesamten Körper erfassendes Geschehen in uns, daß man *am besten überhaupt nicht bewußt hineinwirken* sollte. Auch nicht wenige Atemfachleute sind nach jahrelanger Erfahrung zu diesem Ergebnis gekommen. Gerade der langjährig Übende weiß, wie unendlich schwer es ist, bewußt und zugleich natürlich zu atmen. Wie ein alter Zen-Meister einmal sagte: »Seit dreißig Jahren bemühe ich mich, meinem Atem bewußt zuzuschauen, ohne ihn zu stören.« Einen deutlicheren Hinweis könnten wir kaum finden!

Nicht: *Ich* atme, sondern: *Es* muß atmen. Lassen Sie den Atem ganz einfach kommen! Dann ist das vielumstrittene schwierige Problem des richtigen Atemrhythmus von allein gelöst. Dann existiert auch das vielerörterte Problem der richtigen Abfolge von Bauch-, Brust-, Lungenspitzen- und Rückenatmung nicht mehr. Beide Probleme sind auf die natürlichste und einzig richtige Art gelöst. Gerade die Eutonie ist eine hervorragende Hilfe, dem Atem wieder zu seinem ursprünglichen freien Rhythmus zu verhelfen, und zwar ohne besondere Bemühung darum. Das zeigt sich immer wieder bei Eutonieübungen im Liegen, wenn sich schon nach wenigen Minuten die Bauchdecken in wunderschönem natürlichem Rhythmus zu heben und zu senken beginnen. Eine Freude für jeden Beobachter, der um die Hintergründe weiß!

4. Yoga

Über die Yoga-Meditation wurde das Wesentliche bereits auf S. 210ff. ausgeführt. So bleibt hier noch eine Bemerkung zum Hatha-Yoga, d.h. der Technik der Körperbeherrschung mittels Körperhaltungen. Sie ist nicht der eigentliche Sinn des Yoga. Jedoch hat diese Technik unter der Anleitung eines erfahrenen und verantwortungsbewußten Lehrers schon vielen Menschen geholfen, mit allerlei Schwierigkeiten fertigzuwerden und insgesamt an Gesundheit und Leistungsfähigkeit zum Teil erheblich zu gewinnen. Sie beruht auf vielhundertjährigen Erfahrungen, die mittlerweile zum großen Teil auch durch die westliche Medizin bestätigt wurden. Hier müssen beim interessierten Leser zumindest die Grundkenntnisse darüber vorausgesetzt werden.

Es ist ein absolutes *Grundgesetz des richtig angewendeten Hatha-Yoga,* einer jeden Übung, die den Körper in irgendeiner Weise einseitig belastet, sofort eine Gegenübung folgen zu lassen. Sie hebt die Einseitigkeit wieder auf, in der Regel dadurch, daß die jeweiligen Antagonisten, die zuvor z.B. stark gedehnt wurden, sich jetzt ebenso stark zusammenziehen. (Leider wird dieses Grundgesetz von weniger erfahrenen Lehrkräften des öfteren nicht beachtet.) Dadurch ist sichergestellt, daß sich Spannung und Lösung im Muskelsystem des Organismus die Waage halten.

Von der mehr seelischen Seite her ist das dadurch gewährleistet, daß man sich bei der richtigen Ausführung der streng vorgeschriebenen Körperhaltung *ganz versenken soll in die Lösung der Muskelspannung*, die durch die starke Dehnung der belasteten Körperpartie entsteht. Nebenbei bemerkt: Schon darin liegt ja ein starker Konzentrationseffekt. Im hier besprochenen Zusammenhang ist das von großer Bedeutung, denn es zeigt sich, wie auf der einen Seite im Sammeln der Energie auf die aktive Beherrschung der Dehnungsschmerzen eine starke Spannung der Lebenskraft vorliegt und wie sie zugleich auf der anderen wieder gelöst ist in dem Sichhingeben an das schmerzhafte Geschehen, in seinem passiven Erdulden. Bei richtig ausgeführten Yoga-Übungen herrscht also ein gesundes Gleichgewicht von Spannung und Lösung. Natürlich hängt es ganz von der Art der Ausführung der einzelnen Übungen ab. Bei schlechter Ausführung kann leicht eine Seite die Oberhand bekommen. Der erfahrene Lehrer wird es aber sofort bemerken und abzustellen wissen. Später wird es der hinreichend selbstkritische und erfahrene Schüler selbst tun können.

Zur Yoga-Atemtechnik wurde im Zusammenhang des letzten Kapitels über die Atmung bereits Stellung genommen.

Die beiden Verfasser haben nach der Einführung durch eine hervorragende Lehrerin elf Jahre lang aktiv Yoga betrieben. Von kürzeren Pausen abgesehen, tagtäglich, und beide haben diesen Übungen viel zu verdanken. Aber dann stellten sie nach Kennenlernen der Eutonie bald fest, daß diese Methode sie bei weniger Aufwand und zugleich rascher zu dem Ziel führte, das sich in hohem Maß mit dem Yoga deckt: dem Menschen in seiner Ganzheit zur optimalen leibseelischen Verfassung zu verhelfen. Dazu kommt, daß die Eutonie den Geübten geradezu dazu auffordert, die nach außen unauffälligen Übungen auch im Alltag in äußerster Kürze fortzusetzen und ihre Wirkung dadurch stark zu intensivieren. Etwas, was bei Yoga trotz aller seiner segensreichen Ergebnisse seiner Natur nach in dieser Form gar nicht möglich ist.

5. Autogenes Training

In diesem Kapitel soll das Autogene Training, die »konzentrative Selbstentspannung« nach Professor J.H. Schultz, aus der Sicht der Lehre vom Spannungszustand unserer Lebens- oder Vitalkraft betrachtet werden. Das Autogene Training wurde von Schultz aus Hypnose-Erlebnissen heraus entwickelt. Über Ruhe-, Schwere- und Wärmeübungen, die auf die Muskel- und Blutgefäßentspannung abzielen, geht es in der Unterstufe weiter zu Herzruhe-, Atem-, Leibentspannungs- und Kopfübungen. Geschickt werden in diese Übungen therapeutisch wirksame formelhafte Vorsatzbildungen eingebaut, Formeln, die in kurzer, positiver und möglichst rhythmischer Weise Fehlhaltungen des Übenden korrigieren helfen. Mehr soll hier über die Technik und das Wesen des Autogenen Trainings nicht gesagt werden. Sie müssen als bekannt vorausgesetzt werden.

Fest steht, daß das Autogene Training heute die wohl meistbefolgte Entspannungsmethode ist. Kaum eine Volkshochschule, die auf sich hält, die nicht Kurse in Autogenem Training abhält; sogar die Krankenkassen gehen neuerdings dazu über, ihren Mitgliedern solche Kurse anzubieten. Das sagt bereits, daß das Autogene Training sehr wirksam ist. Es hat den Vorteil, daß es leicht und relativ rasch zu erlernen ist, daß es überall praktiziert werden kann, daß es keiner religiösen oder weltanschaulichen Umstellung bedarf und daß die Auswirkungen bereits nach wenigen Übungsstunden vom Übenden selbst zu verspüren sind. Über den bereits nach relativ kurzem Üben erworbenen Reflex (er wurde schon Seite 64 behandelt) und über die sogenannte »Generalisierungstendenz« wird der ganze Körper bei systematischem Üben in die Auswirkung mit einbezogen. Das heißt: Selbst wenn zum Beispiel nur am rechten Arm oder an beiden Armen gleichzeitig »Schwere« geübt wird, wird der ganze Körper, sozusagen automatisch, »schwer«. Die suggestiven Formeln, verbunden mit der Tatsache des erworbenen Reflexes und der Generalisierungstendenz machen die Wirksamkeit des Autogenen Trainings aus.

Sie soll hier in keiner Weise geschmälert werden. Das Autogene Training hat sicherlich schon sehr vielen Menschen geholfen. Jedoch sollte es, da der Übende ja in einen suggestiv herbeigeführten schlaf- bzw. tranceähnlichen Zustand verfällt, *nicht ohne ärztliche Kontrolle geübt werden*. Es können, durch die Veranlagung des Übenden oder durch falsch angewendete Technik bedingt, lebenswichtige Funktionen im Körper negativ beeinflußt werden und zu höchst unerwünschten Reaktionen führen. Dies ist ein ganz erheblicher Nachteil des Autogenen Trainings, der auch von allen mit Hypnose und Autohypnose vertrauten Ärzten immer wieder herausgestellt wird. Schultz selbst, wie viele seiner Nachfolger, hat immer wieder darauf hingewiesen, daß Autogenes Training der Kontrolle eines auf diesem Gebiet erfahrenen Arztes bedarf. Schultz: »Kein Nichtarzt darf Hypnose oder Autogenes Training vermitteln!« Hier liegt es heute im argen. Seit das Bedürfnis breiter Volksschichten wachgeworden ist, etwas für die »Entspannung« zu tun, auf der anderen Seite aber gar nicht genügend Ärzte da bzw. dafür ausgebildet sind, Autogenes Training zu vermitteln, klafft hier eine Lücke. Sie wird von allzu vielen zwar willigen, aber oft nicht genügend ausgebildeten Laien geschlossen.

Die nachteiligen Folgen falschen Übens können aber in der Tat beträchtlich sein. Dr. Klaus Thomas, langjähriger Mitarbeiter von Schultz, der 30 Jahre lang alle Mitteilungen über gesundheitliche Beschwerden während des Autogenen Trainings oder danach gesammelt hat, schreibt dazu: Gefahren und Schäden bei der Vermittlung von Fremd- oder Selbsthypnose (Autogenes Training) durch Laien einschließlich von Hypnoseübungen, die als »Meditation« bezeichnet werden:

1. Vorwiegend auf *körperlichem* Gebiet:
a) Kopfschmerzen einschließlich Migräne
b) Schwindel
c) Ohnmachten
d) Kreislaufkollaps
e) Erbrechen
f) Ödeme (nach ungenügendem »Zurücknehmen«)
g) Lähmungen
h) Auslösung psychosomatischer Beschwerden, besonders Asthmaanfälle, Magenkrämpfe, »Herzanfälle«, pectanginöse Beschwerden usw.

2. Vorwiegend auf *psychiatrischem* Gebiet:
a) Auslösung schizophrener Zustandsbilder mit Halluzinationen (bei unvollständigem Zurücknehmen von Bildern),
mit Wahnbildungen,
mit (hysterischen) Dämmerzuständen,
mit anderen Bewußtseinsstörungen,
mit Verwirrungserscheinungen und
mit Erregungszuständen.
b) Auslösung depressiver Zustandsbilder
als reaktive Depressionen oder
als depressive Reaktionen auf hypnotisch freigelegte Erinnerung oder
Affekteinbrüche.
c) Auslösung epileptoider Zustandsbilder
mit Anfallserscheinungen verschiedener Art und Dauer.

3. Vorwiegend auf *psychotherapeutisch-psychologischem* Gebiet:

a) Angstzustände als ungerichtete aufsteigende Affekte bis zu panikartiger Stärke
b) Furcht vor schreckenerregenden Symbolgestalten (im spontanen oder provozierten hypnotischen Bilderleben)
c) Fortdauer oder plötzliches Auftreten von (ungenügend zurückgenommenen) störenden Bilderlebnissen
d) Freilegung von (zuvor verdrängten) Aggressionen (cave Selbstmordneigung oder Gewalttätigkeit)
e) Fortbestehen von ungelösten Rapport- oder Übertragungsbindungen an den Hypnotiseur
f) seltenes unlauteres Ausnutzen einer künstlich geschaffenen hypnotischen Abhängigkeitsbindung.

Daß den möglichen Gefahren des Autogenen Trainings hier ein so großer Raum beigemessen wird, mag vielleicht wundern. Wir tun das ganz bewußt. Erstens deshalb, weil eben das Autogene Training heute »in« ist und sich die allermeisten Menschen, wenn sie zu üben beginnen, überhaupt nichts darunter vorstellen können. Und zweitens, weil die unbestrittene Tatsache der vielen nicht befugten Lehrer es an der Zeit sein läßt, nicht nur für, sondern in diesem Sinne der Einschränkungen auch gegen das Autogene Training ein Wort zu sagen. Wir haben hierzu Dr. Klaus Thomas als »Warner« zitiert, weil er nach unserer Meinung einer der besten Kenner des Autogenen Trainings ist, es befürwortet, selbst praktiziert und selbst Kurse gibt. Einem solchen Kenner auf diesem Sachgebiet darf man getrost die oben geschilderten eventuellen negativen Folgen abnehmen. Er ist hier sicher nicht Partei.

Wir möchten jedoch *aus der Sicht der Spannungslehre* noch weitere Überlegungen anstellen, die im Endresultat darauf abzielen, das Autogene Training nur bedingt, dann aber auf alle Fälle unter erfahrener ärztlicher Leitung, anzuraten. Gehen wir von der Skala der Spannung und Lösung der Lebenskraft aus (siehe Seite 22 bzw. 35), so ist der gesunde, der ganzheitliche Mensch nur der, der sich im Spannungsausgleich, im ständigen rhythmischen Wechselspiel von Spannung und Lösung seiner Kraft befindet. Er ist ein Mensch, der in seiner optimalen körperlichen und seelisch-geistigen Verfassung ist, der in jedem Augenblick fühlen und empfinden kann und der die Realität seines Lebens voll und ganz anerkennt.

Betrachten wir die Übungen des Autogenen Trainings von »ruhig«, »schwer« und »warm«, so müssen wir sagen, daß sie nicht auf diese Mitte, die wir meinen, hinzielen. Der ständige Eingriff in den Organismus im Sinne dieser suggestiven Formeln kann nicht ohne Folgen bleiben. Sie treten ein, auch wenn der einzelne Mensch diese Folgen zunächst gar nicht bemerkt und sie auch nicht beurteilen kann. Im Gegensatz zum Beispiel zur Eutonie, die den Tonus im gesamten Organismus hebt, wird er durch systematisches Autogenes Training ständig gesenkt. Alle Reaktionen werden gedämpft, eher dumpf und träge.

Das kann selbst jemand, der sich nicht viel mit diesen Dingen auseinandersetzt, an der Spannungsskala mit einem Blick ablesen. Wer viel »ruhig« und »schwer« übt, *wird* ruhig und schwer. Er arbeitet immer in Richtung YIN, d. h. zur Lösung hin. Das mag für den Anfänger, der vielleicht sehr nervös und verspannt ist, ein geradezu köstliches Gefühl sein. Kommt er aber hin zu seiner Mitte und übt in diesem Sinne weiter, so verkehrt sich dieses anfängliche Hochgefühl bald ins Gegenteil.

Betrachten wir das von vier charakterologischen Grundeigenschaften aus: Systematisches Autogenes Training beeinflußt:

- die Gefühlserregbarkeit in Richtung Stumpfheit oder Dumpfheit (vgl. S. 257),
- das Temperament zum Schwerfälligen, Schwerbeweglichen, Trägen,
- die Äußerungsfähigkeit in Richtung Verminderung und Hemmung und
- die Stimmungslage zum Schweren und Schwermütigen hin.

Je intensiver die Übungen und je dafür ungünstiger die persönliche Ausgangsposition, um so nachhaltiger müssen diese nachteiligen Wirkungen sein.

Zur Erhärtung dieser Anschauung wollen wir Professor Dr. med. Joachim-Ernst Meyer, Direktor der Psychiatrischen Universitätsklinik Göttingen, zu Worte kommen lassen, der wissenschaftlich *die konzentrative Entspannung nach Elsa Gindler* untersucht hat. Diese Übungen haben mit der Eutonie, die im dritten Teil dieses Buches behandelt wird, sehr viel gemeinsam. Professor Meyer vergleicht das Verhalten des Achillessehnenreflexes vor und in der Entspannung mit dem Verhalten desselben Reflexes beim Autogenen Training (Untersuchung von Kotowski). Der in Auszügen nachfolgend geschriebene Untersuchungsbericht mag für einen medizinischen Laien nicht ganz leicht zu lesen sein. Die Lektüre lohnt sich trotzdem.

»Konzentriert der Übende seine Zuwendung auf eine Extremität, so kommt es... bei der Methode Gindler bzw. Eutonie zu einer *deutlichen Steigerung des Eigenreflexes*. Das Elektromyogramm zeigt aber nicht nur eine Verstärkung des Reflexes, sondern läßt auch erkennen, daß unter der Zuwendung eine ›Tonisierung‹, d.h. eine überschwellige Aktivierung der Motoneurone des Rückenmarks (Hintergrundaktivität) eintreten kann. Die Grundaktivität im Soleus geht in diesem Fall der Reflexsteigerung im Gastrocnemius voraus. Eine solche Aktivierung der Eigenreflexe ist z.B. als Willkürbahnung oder als Wirkung einer propriorezeptiven Selbststeuerung der Muskeltraktion, z.B. durch den Jendrassikschen Handgriff, bekannt. Daß der gleiche Effekt allein durch die Zuwendung ohne ›motorische Intention‹ möglich ist, dürfte auch von allgemeiner Bedeutung für unsere Vorstellung vom biologischen Zweck der Reflexe sein.

Dieses Ergebnis steht in Widerspruch zu den Befunden von Kotowski, der – ebenfalls am Achillessehnenreflex – eine *Abschwächung bzw. Aufhebung des Reflexes im Autogenen Training* (beim Schwere- und Wärmeerlebnis) fand. Auch Jacobson und Carlson wiesen in der ›progressive relaxation‹ eine Reflexabschwächung nach. Die Reflexminderung in der flachen Barbiturat-Narkose führte Struppler auf eine Abnahme der Aktivität der Gamma-Motoneurone zurück.

Die Reflexsteigerung in den Entspannungsübungen nach Elsa Gindler demonstriert mit überraschender Deutlichkeit, daß es sich nicht um eine passive Haltung, d.h. um eine muskuläre Entspannung wie beim Autogenen Training handelt, sondern gerade um gesteigerte Aktionsbereitschaft durch Intensivierung des Körperraumbildes.«

Um diese *»gesteigerte Aktionsbereitschaft« geht es uns hier.* Es ist zwar richtig, daß der durchschnittliche Mensch heute überwiegend verspannt und verkrampft ist, sich also auf der Seite der Überspannung befindet. Er muß durch entsprechende Übungen seine Verhärtungen und Verspannungen lösen, um seine Mitte zu finden. Die Frage ist jedoch, ob er dazu den Organismus durch ständige Suggestionen mit ihren Folgen so beeinflussen muß, daß er zwar unbestritten gelöst, aber gleichzeitig auch passiv gemacht wird, so daß er sich von seiner natürlichen Aktionsbereitschaft wegentwickelt. Das ist nachgewiesen durch die Abschwächung bzw. Aufhebung des Achillessehnenreflexes bei Schwere- bzw. Wärmeerlebnissen. Es ist auch unbestritten, daß man sich im Autogenen Training vom Empfinden, Fühlen, Wahrnehmen und Beobachten wegentfernt. Das ist ja zum Teil sogar das erklärte Ziel. Bei den angeführten Übungen von Elsa Gindler und den damit eng verwandten oder darauf aufgebauten Eutonieübungen ist das absolut nicht der Fall, ganz im Gegenteil! Hier ist der Mensch immer ganz offen für Eindrücke und Erfahrungen, er ist »erfahrbereit« (Gindler). Im Autogenen Training geht es um Ruhe, Schwere und Wärme: Der Übende gibt sich diesen Vorstellungen ganz bewußt hin und erlebt dann im Regelfall auch ihre Realisierung an sich selbst. Aber erst in der Folge. Er nimmt also in der Übung das Ergebnis vorweg. Das ist keine Hier-und-Jetzt-Situation.

Das Autogene Training ist ein »zudeckendes Verfahren«. Es geht nicht um die Realität dessen, der übt. Er arbeitet nichts auf. Im Gegenteil: Der Mensch kann *mehr und mehr schmerzlos in seinen Fehlhaltungen körperlicher oder seelisch-geistiger Art verharren.* Autogenes Training ist keine wirkliche Arbeit an sich selbst. Vielleicht liegt hier die Antwort auf die Frage, warum es in den letzten Jahren einen solchen Siegeszug antreten konnte. Der durchschnittliche Mensch will vielleicht gar nicht wirklich an sich arbeiten. Es genügt ihm, in mehr oder weniger einlullender Weise *Ruhe* zu verspüren, dem Streß, dem er ausgesetzt ist, zu entfliehen. Mehr will er nicht. Wer also Ruhe, Ruhe um jeden Preis, will, kann Autogenes Training üben. Er muß sich nur darüber im klaren sein, daß er dafür mit Verlust an Sensibilität, an äußerem und innerem Fühlen-können, an Erfahrungsbereitschaft, bezahlen muß. Er entfernt sich durch suggestive Formeln aus der Realität seines Lebens, mit dem er nicht fertig zu werden glaubt, und flüchtet sich in die »Irrealität« seiner angeübten Ruhe, seiner schmerzlosen Fehlhaltung. Schließlich *ist* er ruhig, sicherlich. Aber der Preis, den er dafür bezahlen muß, ist hoch.

Es ist interessant zu beobachten, daß Menschen, die längere Zeit intensiv und systematisch Autogenes Training geübt haben, im allgemeinen für Eutonie verbaut sind. Sie können sich zum Beispiel nicht mehr auf den Boden legen und dabei fühlend-spürend-beobachtend ihren Körper erforschen, auf seine Reaktionen lauschen. Sie schlafen einfach ein. Das gesammelte Wachsein, die gelöste Gespanntheit, die auch in der Zen-Meditation im Mittelpunkt allen Übens steht, ist ihnen verlorengegangen.

Daß Hypnose und Autohypnose bei entsprechenden Krankheitsbildern ihren Platz haben, soll hier in keiner Weise bestritten werden. Hier geht es lediglich um »normale« Menschen, die – um den »struggle for life« besser ertragen zu können – nach einer entspannenden Methode suchen. In diesem Sinne möge das Gesagte verstanden werden.

Es wurde hier auch ganz bewußt darauf verzichtet, auf die *Oberstufe des Autogenen Trainings* einzugehen. Das wäre an dieser Stelle fehl am Platz. Denn sie soll nicht wie die Unterstufe durch physische Entspannung ein psychisches Entspannt-Sein erreichen. Sie hat vielmehr das Ziel der Selbstverwirklichung: Farberlebnisse, Wahrnehmen konkreter Gegenstände, abstrakte Vorstellungsinhalte, Bilder jeder Art, der »Weg auf den Meeresgrund« oder »Auf die Bergeshöhe« lösen einander ab. Auch hier wird (meist) auf den Übungen der Unterstufe aufgebaut. Uns geht es hier nicht um die Oberstufe des Autogenen Trainings aus zwei Gründen: Weil sie von relativ wenigen Menschen, die Autogenes Training üben, jemals erreicht wird. Und weil sie in ihren Auswirkungen eher in die bildhaften Meditationsarten bzw. in das katathyme Bilderleben (darüber sogleich) einzureihen ist. Das dort Gesagte trifft mehr oder weniger auch hierfür zu.

Abschließend sei noch darauf hingewiesen, daß einer der beiden Verfasser dieses Buches 1951 Professor Schultz persönlich kennenlernen und längere Gespräche mit ihm führen konnte. Er wunderte sich damals über *die außerordentliche Behutsamkeit*, in der Schultz sein Autogenes Training einem kleinen Kreis von in der Wirtschaft tätigen Menschen vermittelte. Bewußt beschränkte sich dieser auf die Darstellung der »harmlosen« Kutschbockstellung und warnte ausdrücklich sogar vor selbständigen Wärme- und Schwereübungen.

6. Katathymes Bilderleben

Das katathyme Bilderleben (gr. kata = herab, Thymos = Seele), auch *Symboldrama* genannt, könnte mit einer Modifikation des Autogenen Trainings in der Oberstufe verglichen werden. Es wurde von dem Göttinger Professor an der Psychiatrischen Universitätsklinik, Hanscarl Leuner, seit 1948 entwickelt. In dieser Methode geht es darum, den Übenden in *einer Art gelenkten Tagtraum* dazu zu bringen, daß er träumen lernt und laufend über diese seine Träume berichtet. Dabei wird er vom Therapeuten in bestimmter Weise angeregt und gelenkt. Über Bilder wie zum Beispiel Wiese, Bach, Berg, Haus, Wald, Höhle wird der Übende durch seine ihm eigene Fähigkeit der Imagination, der Phantasie immer wieder neu mit sich konfrontiert und »tritt sich selbst in einem eigenartigen, subtilen dialektischen Prozeß gegenüber. Das Grundprinzip des Symboldramas beruht auf der ursprünglichen Fähigkeit des Menschen, seinen seelischen Zustand, d.h. vorbewußte und unbewußte emotionale Regungen und Affekte, in autosymbolischen Selbstdarstellungen zu erleben« (Leuner). Natürlich ist diese Fähigkeit nicht bei allen Menschen gleich stark ausgeprägt. Der eine hat sie mehr, der andere weniger. Die Art und die Schwere einer Krankheit, einer Neurose, Hemmungen, Verdrängungsbereitschaft, Intellektualität, all das spielt dabei eine Rolle. Jedoch glaubt Leuner, mit Hilfe seiner Methode »beinahe jedem Patienten die Tore zum Bildbewußtsein öffnen und ihn durch die Fülle der möglichen Imaginationen mit oft nahezu experimenteller Sicherheit« leiten zu können.

Im katathymen Bilderleben wird also *tief in das Unterbewußte eines Menschen eingegriffen* und dort entsprechend aufgearbeitet.

Das sagt bereits aus, daß diese Technik in das Feld der kleinen Psychotherapie gehört, wie das Leuner übrigens selbst betont. Er wendet sich deshalb auch in erster Linie an Ärzte, Psychotherapeuten, Psychiater, die das nötige Rüstzeug mitbringen, in dieser Weise mit den Patienten zu arbeiten. Selbst zur Vermittlung der Unterstufe des katathymen Bilderlebens setzt Leuner wohlüberlegt gute Kenntnisse in medizinischer Psychologie und Tiefenpsychologie, Kenntnisse in der Aufnahme einer tiefenpsychologischen Anamnese und der Problematik von Übertragung und Gegenübertragung sowie der tiefenpsychologischen Symbolik voraus. Außerdem erwartet Leuner vom Therapeuten, daß er mit dem katathymen Bilderleben selbst Erfahrungen gesammelt hat, daß er es also an sich selbst in einem von ihm bzw. von seinen Mitarbeitern geleiteten Kurs praktiziert. Leuner geht also sehr behutsam und verantwortungsbewußt vor.

Unter diesen Voraussetzungen ist das katathyme Bilderleben sicher eine sehr gute Methode, einmal vorhandene innere Verletzungen, oft aus Kindertagen, nachzuerleben und damit aufzuarbeiten, Verdrängungen aller Art ins Bewußte zu holen. Über die bei solch intensiver Arbeit allenfalls auftretenden Gefahren braucht hier nicht gesprochen zu werden, da – wie gesagt – Leuner bei der Ausbildung der Menschen, die mit dem katathymen Bilderleben arbeiten wollen, strenge Maßstäbe ansetzt. Das Symboldrama etwa »handgestrickt« zu Hause alleine üben zu wollen, scheitert schon daran, daß der so verkehrt Übende niemand hat, dem er seine Träume berichten kann. Vor solchen Alleingängen etwa auch in einer unerfahrenen Gruppe, ohne entsprechend ausgebildeten Therapeuten, kann nur gewarnt werden. Es wird nämlich heute gelegentlich das gut klingende Schlagwort katathymes Bilderleben oder Symboldrama von unberufenen Gruppenleitern verschiedener Prägung aufgenommen, offensichtlich mit der Absicht, es ohne die notwendigen Voraussetzungen mit Gruppenteilnehmern zu praktizieren. Das ist unverantwortlich. Die Gefahren, die dabei auftauchen, decken sich in hohem Maße mit den Gefahren einer falsch betriebenen Meditation bzw. mit den Gefahren nicht ärztlich kontrollierten Autogenen Trainings. Deshalb wird an dieser Stelle auf Seite 222 und 234 verwiesen.

7. Primärtherapie (Urschrei-Methode)

Es geht hier nicht darum, in den Streit der Psychoanalytiker einzugreifen, der, seit Arthur Janovs Buch »Der Urschrei« 1973 auch in deutscher Übersetzung erschienen ist, die streitenden Fachleute in zwei gegensätzliche, fast feindliche Lager scheidet. Auf der einen Seite stehen die nach der klassischen Analyse arbeitenden Therapeuten, die Encounter-(Begegnungs-)Gruppen jeder Art, vorneweg natürlich die Urschrei-Therapie, als ein modernes Sodom und Gomorrha betrachten. Sie halten auch nicht damit hinter dem Berg, daß Leiter solcher Gruppen, liegen sie erst einmal auf der »Couch«, sich als äußerst unausgewogene Persönlichkeiten herausstellen. Auf der anderen Seite stehen jene Psychotherapeuten, die die klassische Analyse allenfalls als überholt und sozusagen hinterwäldlerisch abtun. Sie treten ihrerseits mit Beweisen an, wie gestört solche nach der klassischen Methode arbeitenden Therapeuten wirken, wenn sie erst einmal wagen, in eine solche Erfahrungsgruppe zu gehen.

Janovs Primärtherapie ist faszinierend. Sie kann hier im einzelnen nicht behandelt werden. Nur soviel: Janov geht davon aus, daß der neurotische Mensch – wer ist das heute nicht in irgendeiner Form? – in der Kindheit seine primären Bedürfnisse nicht befriedigen konnte. *Diese »Urschmerzen« als die Summe aller erfahrenen Schmerzen und seelischen Verletzungen* und Verstümmelungen gilt es noch einmal zu durchleben. Der Schmerz (beginnend mit den Geburtsschmerzen), der z. B. in früher Kindheit einfach nicht ertragen wurde, weil er zu groß war, muß erlitten werden, muß nach-vollzogen werden. Sonst gibt es keine Heilung.

Heilung wovon? Bestimmt nicht nur von schwerer seelischer Krankheit. Arthur Janov wendet sich in erster Linie an das fast unübersehbare Heer von Menschen, die in irgendeiner Form an etwas Unbestimmtem leiden, die irgendwie »am Leben vorbeileben« oder die das Gefühl haben, daß das Leben ohne sie stattfindet. Sie sind nicht real. Sie haben sich von der Realität, von den realen Konfliktsituationen ihres Lebens, mit denen sie nicht fertig zu werden glauben, in die Irrealität geflüchtet. Von der sie allerdings kaum jemals erkennen, daß sie irreal ist. Janov will sie durch seine Primärtherapie zu realen Menschen machen, das heißt, sie machen sich selbst dazu. Dadurch, daß sie jetzt die Schmerzen, die sie – vielleicht in früher Kindheit – nicht ertragen konnten, durchleiden und sich von all diesen Urschmerzen *durch den sogenannten »Urschrei«,* einer für den Zuschauer geradezu kathartischen Szene, *befreien.* Ein für allemal. Diese, nur den unbeteiligten Zuschauer barbarisch anmutende Janovsche Holzhammermethode ist nicht nur faszinierend, sie ist auch geradezu sensationell wirksam. Wenn man Janov Glauben schenken darf, so zeigen »mehr als 600 Patienten, die zum großen Teil vorher oft jahrelang vergeblich eine traditionelle Therapie oder Analyse gemacht hatten, inzwischen eine totale Heilung ihrer Neurose einschließlich psychosomatischer Symptome, wie permanente Kopfschmerzen, Magenkrämpfe, Atembeschwerden, Kreislaufstörungen usw. Sie berichten von einem völlig neuen Lebensgefühl«.

Betrachten wir unvoreingenommen die Janovsche Primärtherapie *von der Seite der Spannungslehre Yin-Yang aus.* Seine Methode zielt darauf ab, den Menschen aus seiner Verkrampftheit, aus seiner Überspannung, die sich körperlich/seelisch-geistig bemerkbar macht, herauszulösen und hinzuführen in sein leib-seelisches Gleichgewicht. Denn, so meint Janov: »*Urschmerzen sind ungelöste primäre Bedürfnisse.* (Ver-)Spannung ist die Empfindung dieser vom Bewußtsein abgetrennten Bedürfnisse. (Ver-)Spannung wirkt in der Seele als Inkonsequenz, Verirrtheit und Gedächtnisschwäche und im Körper als verkrampfte Muskulatur und Störungen der viszeralen Prozesse. (Ver-)Spannung ist das Merkmal der Neurose. Sie treibt den Menschen zu ihrer Lösung. Doch kann es keine Lösung geben, ehe die Urschmerzen nicht verspürt, das heißt bewußt empfunden worden sind.« (Zum besseren Verständnis haben die Autoren vor das Wort »Spannung« immer die Vorsilbe »Ver-« gesetzt. Janov meint hier nicht die gesunde natürliche Spannung, die jeder Mensch braucht, um leben zu können, sondern er meint jene Überspannung und Verkrampfung, die negative Seite der gesunden Spannung, das »Über-Yang«.)

Insofern gehen die Autoren dieses Buches mit Janov völlig einig. Allerdings tut sich die Frage auf, ob eine solche relativ gesehen immer noch *aufwendige Therapie von fast einem Jahr Dauer* (die je nach der Schwere der Störung kürzer oder länger sein kann) unbedingt notwendig ist. Denn leider ist es mit einem einzigen Urschrei nicht getan. Wir sind der festen Überzeugung, daß durch Zen-Meditation und durch Eutonie, zwei »Techniken«, die den Menschen in sein ureigenes Spannungsgleichgewicht hinführen können, dieselben befreienden Wirkungen – und viele darüber hinaus – erreicht werden. Nur: Sowohl die Zen-Meditation als auch die Eutonie gehen langsam, behutsam, Schrittchen für Schrittchen, vor. Nichts wird überstürzt. Man braucht keinen Therapeuten. Man arbeitet langsam, jedoch konsequent an sich, sozusagen organisch. Ein solcher Mensch braucht keine Primärtherapie, keinen Urschrei. Er verspürt seine Urschmerzen auch so. Dagegen wirkt Janovs Methode gewaltsam, fast barbarisch.

Übrigens gibt es zwischen dem Beginn eines strengen Sesshin im japanischen Zen-Stil (Zazen-Übungswoche mit Stillschweigen) und dem Beginn der Primärtherapie *verblüffende Parallelen.* Hier wie dort rüstet man sich sozusagen zum Kampf: Man geht in die Einsamkeit, in die Stille: kein Telefon, keine Zeitung, kein Radio, kein Fernsehen, kein Buch, kein Alkohol, kein Gerede – nichts soll diesen inneren Prozeß der Erkenntnis und vielleicht der Läuterung stören. Es ist gleichsam so, als ob der Mensch mit einer letzten immensen Kraftanstrengung in sein innerstes tiefstes Wesen durchstoßen und dort Einsichten erreichen will. Auch die Wirkungen sind sich ähnlich: Beide, der postprimäre Patient (der die Urschrei-Therapie durchgemacht hat) und der Mensch, der längere Zeit Zazen übt, sind *real.* Das heißt: sie nehmen die Dinge an, wie sie sind. Das ist weit mehr, als man gemeinhin von einem Menschen erhoffen kann!

Allerdings: Genau an diesem Punkt stellen wir uns die Frage, *ob Janovs postprimäre Patienten so bleiben.* Sie haben sich ihre Urschmerzen bewußt gemacht, sie durchlitten, sind real geworden, leben also nicht mehr in ihrer neurotischen Überspannung. Aber wie lange? Das Leben ist nicht statisch-starr. Es bringt jeden Tag neue Probleme, neue Verspannung, neue körperliche und seelisch-geistige Tiefs mit sich. Wird die Kraft des Janovschen postprimären Patienten ausreichen, sich dem zu stellen?

Wer dagegen den Weg von Zazen und Eutonie gewählt hat, weiß von vornherein: Es gibt kein endgültiges Ziel. Das Üben hört nie auf. Den Einsichten über uns selbst sind keine Grenzen gesetzt, der Erfahrung durch Übung auch nicht.

Noch eine eindeutige Warnung: Die Autoren haben in Sensitivity-Trainings Elemente aus Janovs Urschrei-Therapie feststellen können. Da wird in einem einwöchigen Training zum Beispiel ein Teilnehmer vom Trainer aufgefordert: »Sag das doch deiner Mutter, ruf nach ihr! Ruf Mami, Mami!« usw. Tatsächlich ging dieser Teilnehmer – wir konnten das mehrfach beobachten – in seiner Vorstellung zurück in seine frühe Kindheit. Er erlebte sich als Kind in irgendeiner Situation, die für ihn damals sehr schmerzvoll, wenn nicht sogar entsetzlich war. Ströme von Tränen, Schreie usw. lösten einander ab. Wir halten ein solches Vorgehen vom Trainer für unverantwortlich. Nach acht Tagen ist das Training vorbei. Es ist unmöglich, in dieser kurzen Zeit diese Urschmerzen durchzuleiden, befreit zu werden. Der Teilnehmer geht nach Hause. Er *muß* nach Hause gehen, ob er will oder nicht. Und er ist nun so »aufgerissen«, daß er das, was in ihm bloßgelegt wurde, weder allein zudecken noch allein aufarbeiten kann.

Vor einer solchen »Anwendung« der Janovschen Therapie bzw. Teilen daraus kann nicht genug gewarnt werden. Janov selbst spricht immer wieder davon, daß jeder Therapeut, der mit dem Primärverfahren arbeiten will, dieses selbst an sich durchgemacht haben muß. Dann nämlich wird er es bestimmt nicht mehr in ein normales Sensitivity-Training sozusagen als interessante Beilage »einstreuen«! Schon studieren verschiedene unserer Therapeuten in Amerika an Ort und Stelle die Primärtherapie. Was sie dann mit ihrem neuen Wissen tun, bleibt abzuwarten. Fest steht, daß Janovs Therapie, wie überhaupt jede Arbeit am Menschen, ihre Zeit braucht. Mit einer Woche ist das nicht aufzuarbeiten, was über viele Jahre hinweg »erfolgreich« in die dunklen Ecken unseres Unbewußten hineingefegt wurde. Körper und Seele geben ihre Fehlhaltungen nur widerwillig und unter Schmerzen auf. Das bestätigt auch die Janovsche Therapie von neuem.

Noch ein Wort der grundsätzlichen Kritik: Der wenig schöne

Geburtsvorgang ist offensichtlich nötig, um dem ins Leben tretenden Menschen die innere Spannung mitzugeben, die er für die Lebensbewältigung braucht (siehe Fußnote auf Seite 92!). Warum ihn also so negativ sehen?

8. Biofeedback

Dieser Begriff wird auch bei uns immer bekannter. 1973 erschien das Buch »Biofeedback« der beiden amerikanischen Psychologen Marvin Karlins und Lewis M. Andrews in deutscher Übersetzung. Seit März 1974 werden in deutschen Seminaren verschiedenartige Biofeedback-Trainings abgehalten, um diese Technik interessierten Ausbildungsleitern und vom Streß geplagten Unternehmern und Führungskräften vorzustellen.

Nach den eben zitierten Psychologen ist das Biofeedback »eine besondere Art von Feedback – *Feedback von verschiedenen Körperteilen* – dem Gehirn, dem Herzen, dem Kreislaufsystem, den verschiedenen Muskelgruppen und so weiter. Das Biofeedback-Training ermöglicht uns, uns in unsere Körperfunktionen einzublenden und sie eventuell zu kontrollieren. Ohne ein solches Training wären die meisten von uns niemals in der Lage, ein Feedback aus unserer Innenwelt zu erhalten, ein Feedback, das absolut notwendig ist, wenn wir alle Aspekte unseres Verhaltens meistern wollen. Ohne es sind wir nicht besser dran als der Wurfpfeilspieler, dem die Augen verbunden sind, unfähig, die Resultate unserer Erforschung des Innenraumes zu beobachten. Bei einer typischen Biofeedback-Trainingssitzung bekommt eine Versuchsperson dieses Feedback durch die Kontrolle eines Gerätes, das eines oder mehrere ihrer Körpersignale verstärken und sie in leicht beobachtbare Signale umwandeln kann: in ein aufleuchtendes Licht, in die Bewegung einer Nadel, einen gleichbleibenden Ton und in das Kritzeln einer Schreibfeder. Sobald jemand seinen Herzschlag ›sehen‹ oder seine Gehirnzellen ›hören‹ kann, hat er die nötige Information, um mit deren Kontrolle zu beginnen.«

Das Biofeedback ist also *eine Technik der Selbstkontrolle,* die darauf basiert, den Übenden seine *inneren Vorgänge über Appa-*

ratę sehen und hören zu lassen. Das Erfühlen dieser Vorgänge steht nicht im Vordergrund. Es ist allenfalls die Folge. Das Einbeziehen der Technik bei diesem Training kommt allerdings dem heutigen Menschen, der die Welt der Technik hoch und in Ehren hält, sehr entgegen. Endlich braucht er sich nicht auf sich selbst zu verlassen. Endlich kann er seine inneren Vorgänge durch handliche Geräte sichtbar machen!

Die Frage tut sich auf: Braucht man diese Apparate, das EEG-Gerät (Elektroencephalograph) und das EMG-Gerät (Elektromyograph) überhaupt? Wir meinen: nein. Um sich inne zu sein, um seine inneren Vorgänge zu erfühlen, wahrzunehmen, zu beobachten, zu registrieren braucht es keinerlei Apparatur. Man braucht dazu etwas anderes: eine intakte, voll entwickelte Sensibilität, die allerdings heute bei den meisten Menschen unterentwickelt, degeneriert ist. Sie aufzuwecken ist eine andere Sache. Schon Moshé Feldenkrais spricht davon, daß »das Innesein ein neues Zeitalter in der Evolution der Menschheit« bewirken kann. Dieser Meinung schließen wir uns an. Ob dazu allerdings Apparate, welcher Art auch immer, nötig sind, ist eine andere Frage.

Freilich kommt diese Technik, wir sagten es schon, dem durchschnittlichen heutigen Menschen mehr als entgegen. Sie zieht ihn geradezu an. Das meinen auch Karlins und Andrews, die freimütig bekennen, daß es »keine Biofeedback-Monitoren brauche, um mit dem eigentlichen Selbst in Berührung zu kommen«. Allerdings glauben sie, daß drei Faktoren dieses an sich normale Innesein dem durchschnittlichen (amerikanischen) Menschen fast unmöglich machen: die Einstellung, daß das, was in seinem Körper vor sich geht, irgendwie ignoriert werden müsse; der Lärm, der ein Hineinhorchen in den Körper, der Ruhe und Konzentration schier unmöglich mache; der Zeitdruck, unter dem heute fast jeder steht.

Wir möchten diese drei Gründe noch durch die Angst ergänzen, die der durchschnittliche Mensch vor dem Unbekannten in ihm, vor seinem »Schatten« hat, dem er zu begegnen fürchtet, wenn er »in sich geht«. C. G. Jung sagt hierüber so treffend: »Durch die Erhellung des Unbewußten nämlich gerät man zunächst in die Sphäre des chaotischen persönlichen Unbewußten, in welchem sich alles findet, was man gerne vergißt und was man unter allen Umständen weder sich selber noch einem anderen eingestehen und überhaupt nicht für wahr haben möchte.« Insofern könnte man die Apparaturen des Biofeedback akzeptieren als eine Krücke für den Menschen, die er vorübergehend braucht, um diese seine Voreingenommenheiten oder gar Ängste zu überspielen. Brauchen im eigentlichen Sinne tut er sie nicht. Jeder kann sich inne sein ohne Hilfe von außen. Denn Innesein ist an sich das Natürlichste überhaupt. Daß wir es verlernt haben, daß wir dazu die Hilfe von Geräten nötig zu haben glauben, das mag uns zu denken geben. Ob uns die Geräte zum wirklichen Innesein verhelfen, das ist eine Frage für sich. Das kann wohl bezweifelt werden.

Ganz abgesehen davon: Nur mit den guten finanziell aufwendigen EEG-Geräten für das Labor (Kosten ab ca. 30000,– DM) können unter anderem Alpha- und Theta-Gehirnwellen aufgenommen werden. Neuerdings werden für den Hausgebrauch auch kleine handliche Geräte hergestellt (Kosten knapp unter 1000,– DM), die in erster Linie nur Alpha-Wellen aufzeichnen, und zwar hörbar mittels akustischen Signalen. Alpha-Wellen (8 bis 13 Zyklen pro Sekunde) sind Wellen, die im Zustand der Ruhe, der Entspannung vorkommen. Will also einer Ruhe verspüren, abschalten können vom Streß, so gilt es, möglichst viele Alpha-Gehirnwellen »zu produzieren«. Während Theta-Gehirnwellen (4 bis 7 Zyklen pro Sekunde) vor allem bei Tätigkeit des Unbewußten auftreten, ein »aufregender Rhythmus, da er sowohl mit kreativen Halluzinationen als auch gelegentlich mit Angst in Verbindung gebracht wird«. Es geht hier also, schlicht gesagt, auf der einen Seite um Ruhe, Ausgeglichenheit, Entspannung und auf der anderen um Kreativität und Ausschöpfung ungenutzter Potenzen. Die bisher nicht erwähnten Beta-Wellen sind die schnellsten Gehirnwellen mit 14 bis 40 Zyklen pro Sekunde, sie treten im normalen Wachzustand bei Aktivität des Organismus auf. Die Delta-Wellen kennzeichnen den Schlaf mit $1/2$ bis 3 Zyklen/Sekunde.

Das EMG-Gerät, das sich auf die medizinische Anwendung des Biofeedback bezieht, kann *sowieso nur unter Aufsicht eines Arztes* benützt werden. Hier steht das intensive Zusammenspiel, das gemeinsame Vorgehen von Patient, Arzt und Technik gegen die Krankheit im Vordergrund. Hier auf eigene Faust, sozusagen handgestrickt, vorzugehen, wäre sinn- und verantwortungslos. Zwar verspricht »Biofeedback, uns zu einer ganzheitlichen Medizin zurückzuführen, in der der Patient mehr Verantwortung für und Macht über seine eigene Gesundheit erlangen wird; in der er nicht länger als ein defektes Organ behandelt wird, sondern als eine Person in einer Umgebung, mit einem Lebensstil und mit Gewohnheiten, die sich auf seinen eigenen Körper auswirken. Biofeedback legt die Betonung wieder auf das Training, nicht so sehr auf die ›Wunderpille‹ oder die Chirurgie, und läßt erkennen, daß die Psyche selbst trainiert werden kann, die meisten Dinge ohne bewußtseinsverändernde Drogen zu vollbringen« (Gay Luce und Erik Peper). Aber die Anwendung eines solchen EMG-Gerätes unter ärztlicher Aufsicht bzw. Leitung scheitert in Deutschland, zumindest heute noch, daran, daß es kaum dafür ausgebildete Ärzte gibt. In einigen Jahren mag es da anders aussehen.

Es bleibt also für den durchschnittlichen interessierten Laien, für den Menschen, der »zu sich selbst finden will«, nur die Ausnutzung des EEG-Gerätes, mit dem die Aufzeichnung von Alpha- (und gegebenenfalls von Theta-)Wellen möglich ist. Wir stellen allen Ernstes die Frage, ob er sich diesem Training zu unterziehen hat, wenn er ernsthaft auf die Suche nach seinem Selbst gehen will.

Genau darum geht es uns hier. Das Biofeedback mag seine unbestrittenen Vorteile haben für den, der sich nicht darum kümmert, was hinter den Dingen steht. Der sich, grob gesagt, z. B. damit zufrieden gibt, sein Leben in äußerer und innerer Ruhe zu verbringen. Denn: »Das Wesentlichste, das durch Übung in der willentlichen Kontrolle der inneren Zustände vielleicht erleichtert werden kann, ist die Errichtung eines Ruhepols im Innern des Menschen« (Elmer Green und Dale Walters). Es ist bezeichnend, daß sich viele *Biofeedback-Forscher an der Zen-Meditation orientieren.* Sie erstreben im Grunde eben ihre Ergebnisse, nur bei vermindertem Aufwand – mittels der erwähnten Apparatur.

Denn die Errichtung eines Ruhepols im Innern des Menschen ist vor allem in der Meditation möglich. (Aber es geht ihr primär nie darum!) Nach den Untersuchungen der beiden japanischen Wissenschaftler Akira Kasamatsu und Tomia Hirai an der Universität in Tokio, die zahlreiche Zen-Meditierende zum Mittelpunkt hatte, tritt der Übende in tiefer Meditation vom Alpha-Stadium hinüber ins Theta-Stadium. Hiermit werden die Ruhe der Zen-Anhänger und ihre gleichzeitige meist ungewöhnliche schöpferische Kraft begründet. Diese positiven Auswirkungen der Zen-Meditation möchte man nun schneller erreichen. Der amerikanische Biofeedback-Forscher Kamiya sagt dazu: »Ich denke, daß es möglich sein wird, das einzigartige neurophysiologische Merkmal der Meditation ausfindig zu machen, indem man – außer Alpha – auch andere Kanäle untersucht. Sobald wir das vollständige physiologische Muster haben, das die Meditation kennzeichnet, gibt es keinen Hinderungsgrund, daß Menschen ihren Weg dahin über Biofeedback-Training verkürzen.« Oder Eleonor Criswell, Direktor des Humanistic Psychology Institute: »Es heißt, daß die Amerikaner Apparate brauchen, um etwas tun zu können; wenn also Amerika sich nur mittels der Apparate die Meditation gestatten kann, dann lohnen sie sich.«

Es mag durchaus sein, daß in absehbarer Zeit die Biofeedback-Forschung in der Lage sein wird, *die in der Zen-Meditation auftauchenden Gehirnwellen zu kontrollieren bzw. zu erzeugen.* Das wird jedoch einen Zen-Anhänger nicht im mindesten beeindrucken. Er weiß, daß es sich hier nur um eine relativ oberflächliche Betrachtung der Dinge handeln kann. Im Zazen sind diese positiven Auswirkungen ja nie das Ziel, allenfalls ein Nebenprodukt. Denn, so sagen die Zen-Meister: »Du sollst dir das Zen nicht unter die Nase halten.« Das heißt nichts anderes, als daß es hier nicht um Wohlergehen, nicht um den Genuß von Ruhe, von Losgelöstheit, um das Ausschöpfen von Kreativität usw. geht. Es geht um anderes. Wer Zazen übt im Hinblick auf diese seine wohltuenden Wirkungen, bleibt auf der ersten »gewöhnlichen« Stufe des Zen, Bonpu-Zen genannt, stehen. Dem Zen-Anhänger geht es nicht um Alpha-, Theta- oder sonstige Gehirnströme. Es geht ihm letztlich um das Integrieren seines ICHS mit dem ES. Es geht ihm um das Erkennen seines SELBST, um das Schauen seines tiefsten inneren Wesens, mit dem er in das Wesen aller Dinge eindringen kann. Das ist etwas ganz anderes.

Biofeedback ist auch etwas anderes als Eutonie, was am Innesein deutlich wird. Beide Techniken gehen völlig verschieden vor. Beim Biofeedback werden die inneren Vorgänge über Apparate deutlich sichtbar bzw. hörbar gemacht und sollen nun willentlich kontrolliert bzw. gesteuert werden. Bei der Eutonie dagegen wendet sich das Bewußtsein im Hautkontakt und im Erkennen der inneren Räume dem Körper zu. Der Übende wird sich seines Körpers inne, indem er ihn fühlt, wahrnimmt, beobachtet. Der Übende kontrolliert nicht, steuert nicht, macht nichts. Sondern »es« steuert und kontrolliert sich von allein in ihm. »Es« ordnet sich in ihm. Die positiven Auswirkungen der Eutonie »geschehen« ganz einfach. Der Wille ist überhaupt nicht in Aktion.

Zusammenfassend kann gesagt werden, daß Biofeedback-Geräte auf zwei verschiedene Arten verwendet werden können:
1. Zum äußeren Darstellen und damit zum leichten Erkennen der inneren Vorgänge. Auf diese Weise kann jede beliebige Entspannungstechnik auf ihre Wirkung hin beobachtet werden. Es geht hier also lediglich um den technischen Gebrauch der Biofeedback-Geräte zum Zweck der Kontrolle.
2. Im Sinn des eigentlichen Biofeedback-Trainings, bei dem durch bewußte Willenssteuerung Alpha-Wellen erzeugt werden sollen. Dazu dienen Beruhigungstechniken. Von den Biofeedback-Trainern wird in erster Linie die Unterstufe des Autogenen Trainings nach Professor Schultz empfohlen und angewendet. Im Gegensatz zur Anwendung gemäß Ziffer 1 bleibt der Übende hier ständig am Gerät und orientiert sich ganz nach dessen Anzeige.

Bei diesem Biofeedback-Training wird die Ruhe um ihrer selbst willen angestrebt und bewirkt. Insofern könnte es geradezu ein durch Apparaturen gesteuertes Autogenes Training genannt werden. Jedenfalls läuft die derzeitige Praxis ganz darauf hinaus. Die Ganzheit des Menschen im Sinn der Spannungslehre, die in diesem Buch dargestellt ist, spielt dabei keine Rolle. Daher sind auch alle Gefahren der einseitigen Ruhestellung gegeben, genauso wie beim Autogenen Training. Siehe Seite 234!

Im übrigen wird von den Biofeedback-Trainern ausdrücklich davor gewarnt, ein Training der Theta-Gehirnwellen durchzuführen. Denn sie sind in ihrer Hintergründigkeit und in ihren Auswirkungen noch nicht hinreichend erforscht. Demgegenüber steht fest, daß der Zen-Meditierende nach etwa 20 Minuten vom Alpha- ins Theta-Stadium eintritt. Darüber wurde vor kurzem schon gesprochen.

Zum Schluß seien einige Fragen erlaubt, die bewußt etwas provozierend formuliert sind. Was ist bei der vieltausendjährigen Entwicklung der hochentwickelten Lebewesen und speziell des Menschen der Regulator gewesen? Waren es Apparate, die vom Menschen zu einem ganz bestimmten Zweck konstruiert wurden, oder waren es die »Steuermechanismen« der Natur, die das Leben in seiner Gesamtheit erfaßten? Was soll die einseitige Steuerung von bestimmten Lebensvorgängen mit dem bewußten Willen: Kann man sich von diesem willkürlichen Eingriff in die biologischen Vorgänge im Organismus auf lange Sicht wirklich nur positive Wirkungen erwarten? Was wissen wir, was sich sonst noch alles in unserer leibseelischen Ganzheit tut? In das genauso eingegriffen wird wie in das wahrscheinlich Wenige, was wir jetzt schon wissen! War es bis zum heutigen Tag nicht immer so, daß das unorganische partielle Hineinwirken in die in sich geschlossenen Lebensprozesse am Ende mehr geschadet als genützt hat? Und muß das nicht so lange der Fall sein, als wir nicht den gesamten Lebensprozeß in allen seinen Aspekten fest im Griff haben? Wissen wir heute etwa schon, was das Leben überhaupt ist? Wie weit sind wir doch davon noch entfernt!

Das Biofeedback-Training will dem heutigen Menschen die natürlichen inneren Signale seines Körpers, die er im Streß seines Lebens wahrzunehmen verlernt hat, durch künstliche Signale ersetzen. Und es tut das in der Tat. Soll das wirklich ein Fortschritt sein, der ihm zur Persönlichkeitsfindung verhelfen kann? Soll er dadurch tatsächlich instand gesetzt werden, zu sich selbst zu finden, wie das behauptet wird? Kann man da, wenn man sich das biologisch gesunde Gefühl bewahrt hat, allenfalls – scharf formuliert – nicht bloß von einem Fortschritt in der Degeneration des Menschen sprechen?

9. Sensitivity Training und Gruppendynamik

Wie der Name sagt, ist die Gruppendynamik ursprünglich gerichtet auf das Erfassen der dynamischen Prozesse, die in einer Gruppe ablaufen. Dabei werden Erkenntnisse über Voraussetzungen und Gesetzmäßigkeiten des Lernens in Gruppen gewonnen. Die Gruppendynamik ist insofern ein Lern- oder ein Lehrkonzept. Dann meint man mit dem Begriff, vor allem von der Sozialpsychologie her, auch speziell die Beschäftigung mit Kleingruppen: Die Gesetzmäßigkeiten, nach denen die Prozesse in der Gruppe verlaufen, sollen erforscht bzw. verwertet werden. Hierher gehört das Sensitivity Training, das als geschlossene Trainingsgruppe von acht bis zwölf Personen über rund eine Woche läuft. Der Zweck ist die Sensibilisierung der Persönlichkeit im Gruppenerlebnis.

Die Teilnehmer beschäftigen sich nur mit sich selbst. Durch Einhaltung bestimmter Spielregeln und durch eine gewisse seelische Zermürbung werden sie zu absolut ungeschminkten Äußerungen über die anderen und zur weitgehend ungehemmten Darstellung ihres eigenen Problems gebracht. Dabei erleben sie sich nur von Mensch zu Mensch innerhalb der Gruppe und steigern dadurch ihr Einfühlungsvermögen. Sie erleben sich in ihrer Wirkung auf andere und kommen dadurch oft zu wesentlichen Erkenntnissen, die ihre Wirkungsmöglichkeiten erweitern und ihre Kommunikation mit anderen Menschen verbessern können. Es gibt heute viele Spielarten, die die berufenen und unberufenen Übungsleiter oder »Trainer« nach ihren persönlichen Ansichten und Erfahrungen gestalten. Etwas scharf formuliert: So viele Trainer, so viele spezielle Techniken. Die Unterscheidung der analytischen von der sozialpsychologischen Gruppendynamik kann wertvolle Hilfe leisten. Hier kann die Problematik nur angerissen werden. Bei interessierten Lesern sind sicher Detailkenntnisse vorhanden.

Die beiden Verfasser haben persönlich eine Reihe solcher Trainings besucht und haben viele Berichte von Einzelpersonen, Unternehmen und Organisationen darüber bekommen. Die Erfahrungen lassen sich folgendermaßen zusammenfassen.

a) Es gibt viele positive Stimmen über wertvolle Ergebnisse. Trotzdem einige Feststellungen über *negative Auswirkungen:* Verschiedentlich sind einzelne Teilnehmer eines solchen vorwiegend analytischen Trainings hinterher monatelang arbeitsunfähig und müssen in psychotherapeutische bzw. psychiatrische Behandlung. Manche absolvieren anschließend gleich eine psychoanalytische Behandlung bei ihrem Trainer. Vereinzelt wurden auch Selbstmorde berichtet. Den Verfassern ist eine Firma von internationalem Rang bekannt, die wegen solcher Erfahrungen in ihrem eigenen Haus keine Mitarbeiter mehr zu derartigen Trainings schickt.

Mediziner warnen gewiß nicht zu Unrecht, daß Neurotiker oder neurotisch gefährdete Menschen beim Gruppentraining beachtlichen Schaden nehmen können. Weil die »heimlichen Neurotiker« hinterher entschieden übler daran sind als zuvor, weil seelisch nicht gesunde Menschen völlig »durchdrehen« können. Deshalb sollen ja auch nur »normale« daran teilnehmen (laut schriftlicher Verpflichtung nur auf eigene Gefahr). Frage: Wer ist heute schon »normal«? Wer kann das so ohne weiteres von sich behaupten? Jeder Mensch hat doch seine persönlichen Probleme, seine Verklemmungen und Verdrängungen, seine Komplexe. Bei diesem hochorganisierten und komplizierten Wesen kann das ja gar nicht anders sein. Jeder zimmert sich eben sein – wenn auch schiefes – Gerüst zurecht, um seine Persönlichkeit zusammenzuhalten und um mit ihr oft gut, oft mehr schlecht als recht, aber immerhin: in seiner Welt bestehen zu können. Ohne dieses mehr oder minder kräftige Gerüst wäre er verloren.

Dieses Gerüst wird offensichtlich bei den Arten des Sensitivity Trainings zerschlagen, die allzu rasch und allzu schonungslos in die psychologische Tiefe greifen und die hier verwurzelten unbewältigten Konflikte aufrollen: sie aktivieren, zum vollen Erleben bringen, bewußtmachen mit dem Ergebnis der mehr oder weniger schweren Gefährdung, ja Zerrüttung der Persönlichkeit. Frage: Wozu soll das gut sein, wem soll das helfen? Gar nicht so wenig Teilnehmer sind dann statt der Gruppendynamik reif für die Gruppentherapie, die ursprünglich ja auch der Ausgangspunkt dafür war.

b) *Auch die Sensibilisierung muß ihre Grenzen haben,* was manche eingefleischte Gruppendynamiker augenscheinlich noch nie bedacht haben. Ihr Drang zur »Sensibilisierung« von Trainingsteilnehmern ist unbegrenzt. Das führt dann auch zu immer weiterem Aufreißen der Persönlichkeit. Erinnern Sie sich bitte an die verschiedenen Spannungszuständlichkeiten, wie sie sich aus charakterologischen Gründen zwingend ergeben (Seite 22 bzw. 35). Der gleiche grundsätzliche Aufbau begegnet uns hier bezüglich der Ansprechbarkeit oder Erregbarkeit der Gefühle, die analog ebenfalls vier prinzipielle Zuständlichkeiten oder Ausprägungen haben muß:

ANSPRECHBARKEIT DES GEFÜHLS

Geringe Ansprechbarkeit		*Hohe Ansprechbarkeit*	
–	+	+	–
Stumpfheit	*Gleichmut*	*Sensibilität*	*Übersensibilität*
dumpf	ruhig	aufgeschlossen	störbar
apathisch	gelassen	empfänglich	irritierbar
dickfellig	insichruhend	eindrucksfähig	fahrig
gleichgültig	harmonisch	empfindsam	empfindlich

Die gesunde Mitte:
ausgeglichen sensibel-gleichmütig
Ruhe bei aller Aufgeschlossenheit

Beachten Sie bitte: Hier steht ausschließlich die Gefühlsansprechbarkeit, also die rezeptorische, aufnehmende Seite des Menschen zur Debatte, nicht die des aktiven Handelns, die motorische oder tätige, die dann die Reaktion auf Eindrücke wiedergibt. – Wer dieses Buch aufmerksam gelesen hat, für den ist es eine zwingende Selbstverständlichkeit, daß die »Wahrheit«, das was einzig und allein angestrebt werden sollte, immer nur die Mitte sein kann. Wobei auch hier von der individuell gegebenen Situation ausgegangen werden muß. Welch denkbaren Fall wir immer im Auge haben: Auch die Sensibilisierung hat ihre Grenzen.

Beim sowieso Sensiblen sind ihr sogar enge Grenzen zu ziehen, er sollte sich überhaupt nicht weiter sensibilisieren. Wie viele seelische Zusammenbrüche bei gruppendynamischen Trainings haben ihre Ursache nur darin, daß das nicht beachtet wird! Dem hochgradig Sensiblen kann diese Technik bei kritikloser Anwendung im Grunde doch nichts anderes als nur schaden. Sie kann ihm gar nichts nützen. Wie einfach und psychologisch zwangsläufig ist doch dieser Zusammenhang, wenn man ihn nur sehen würde! Es erfordert dann schon sehr viel Erfahrung, sehr viel Verständnis und Einfühlungsvermögen in die spezielle Wesensart von Trainingsteilnehmern, wenn sich der Trainer auf *die* Teilgebiete der menschlichen Seele soll einstellen können, wo bei allgemeiner Aufgeschlossenheit nur eine geringe Ansprechbarkeit vorhanden ist. In einem solchen speziellen Bereich kann die weitere Sensibilisierung durchaus ihren Sinn haben.

c) Von großer Bedeutung ist ferner auch hier die *Frage nach der Vitalkraft des einzelnen Teilnehmers.* Der vitalstarke Mensch kann viel von dem vertragen, was den vitalschwachen um seine Fassung bringt. Das Gerüst der Persönlichkeit, das ihr für die Praxis des Lebens ausreichenden Halt bietet, von dem oben gesprochen wurde, ist bei antriebsstarken Naturen sehr viel stabiler, bei antriebsschwachen kann es in wenigen Tagen zertrümmert sein. Für den Vitalschwachen ist ein solches Training, in dem zu viel aufgerissen wird, ein wahres Unglück: Er geht zermürbt, niedergeschlagen, niedergeschmettert nach Hause oder er ist – berufsuntüchtig! – gar reif für die seelische Behandlung, die selten unter sechs Monaten abgeht, aber noch viel länger dauern kann. Was soll ihm das also nützen?

Und der Vitalstarke? Er kann es verkraften, in seinen Gefühlen ständig zu »baden«. Wie es von ihm ja zumeist verlangt wird. Er findet in der Kraft zur immer erneuten Forcierung seiner Persönlichkeit das Korsett, das ihm Halt gibt. Oft auf dem Weg der Überkompensation. Aber im Untergrund erträgt er ständig großen seelischen Schmerz. Was er bei diesem Verfahren allenfalls gewinnt, steht in keinem Verhältnis zu dem, was er dafür »bezahlen« muß.

d) *Zum Problem des Trainers:* Von einem einzigen ist uns bekannt geworden, daß sein oberster Grundsatz lautet: Man darf nichts aufreißen, was man nachher nicht wieder zudecken kann; denn es wäre verantwortungslos. Das ist – leider – eine rühmliche Ausnahme. Bei nicht wenigen Trainern muß man zur Erkenntnis kommen, daß sie aufreißen um des Aufreißens willen. Vermutlich weil sie glauben, dadurch ihre Kurse effektiver zu machen. Frage: Ist das zu verantworten? Das ist in der Tat verantwortungslose analytische Gruppendynamik im Gegensatz zur verantwortungsvollen sozialpsychologischen, bei der es nur um den sinnvollen Lernprozeß und um nichts anderes geht.

Ein zweites Trainerproblem: Ein noch so klares theoretisches Konzept nützt wenig, wenn der Gruppen-»therapeut« – der er faktisch ist – es nicht gelernt hat, seine eigenen Emotionen zu beherrschen: die Empfindungen und Wahrnehmungen und seine Reaktionen darauf. Mit anderen Worten, wenn er sich nicht selbst im Spannungsausgleich befindet. Begibt er sich in das persönliche Spannungsfeld der Teilnehmer mit hinein, ist es um seine Position geschehen: Denn er steht nicht mehr über der Sache. Auch das kann immer wieder beobachtet werden.

e) Das Sensitivity Training ist wohl bei den meisten Trainern *ein Instrument der Anpassung,* nicht der individuellen Persönlichkeitsentfaltung. Denn der einzelne muß sich in die Gruppe »einfügen«. Tanzt er aus der Reihe und macht das nicht mit, was »alle« machen, wenn er also seiner Individualität Raum gibt, ist er rasch der Außenseiter. Und man zeigt es ihm durch die allgemeine Ablehnung. Erst dann wird er wohlgelitten, wenn er wieder im Sinn der Gruppe mitspielt, d. h. seine Individualität aufgibt. Wenn nur das Empfinden des einzelnen für die Zusammenhänge innerhalb der Gruppe durch das Sensitivity Training geweckt werden soll, dann hat es insoweit seinen guten Sinn. Der einzelne lernt, sich den anderen Gruppenmitgliedern anzupassen. Wenn aber zuweilen gesagt wird, es diene der freien Entfaltung der Persönlichkeit, so ist das für die meisten Trainings falsch. Die wirklich starke Persönlichkeit von individueller Prägung wird dadurch nicht freier, im Gegenteil!

Es ist auffallend, daß ein immerhin beachtlicher Prozentsatz von Teilnehmern *zum wiederholten Mal das Sensitivity Training aufsucht.* Solche Teilnehmer kommen immer wieder zum gleichen oder auch zu einem anderen Trainer. Sie brauchen das Erlebnis augenscheinlich öfters von neuem. Warum? Weil ihnen das vergangene einiges oder vieles gegeben hat und sie sich noch mehr versprechen? Zum Teil ist es sicher so.

Zum guten Teil sind es aber ausgesprochen schwierige Charaktere, die immer wieder von neuem kommen: Sie brauchen das wiederholte Erlebnis. Ähnlich wie eine bestimmte Art von Meditationsbeflissenen flüchten sie damit aus der Wirklichkeit ihres Lebens. Sie genießen es unbewußt, in ihren schmerzvollen Gefühlen »wühlen« und sich wenigstens für diese Zeit grenzenlos mit sich selbst beschäftigen zu dürfen. Wie beglückend für sie, daß sie es sogar sollen! Daß sie damit der Welt, in der sie nun einmal leben, und daß sie damit am Ende auch sich selbst nur ausweichen, das wird ihnen allerdings nicht klar. Haben sie dann auf lange Sicht eine wirkliche Hilfe davon?

Nun sei noch eine Bemerkung zu der Frage erlaubt, *warum wir heute diese Hilfe für unser Seelenleben überhaupt brauchen.* Die Menschen haben sicherlich zu allen Zeiten ihre besonderen Probleme gehabt und hatten sich mit ihnen herumzuschlagen. Aber etwas ist heute ganz anders als früher. Der heutige Mensch kann sich seine Problematik durch die psychologischen Erkenntnisse und Angebote unserer Zeit bewußtmachen, und: er kann darin – hart gesagt – liebevoll herumrühren. Er hat nämlich die Zeit und die Kapazität dazu. Früher wäre das dem durchschnittlichen Menschen unmöglich gewesen, denn der brauchte seine – nach dem Gesetz von der begrenzten Energie nur beschränkt vorhandene – Lebenskraft voll und ganz, vom frühen Morgen bis in die Nacht hinein, für die Befriedigung seiner unmittelbaren Lebensbedürfnisse. Und in der zum großen Teil doch schweren körperlichen Arbeit konnte er zudem einen beachtlichen Teil seiner leib-seelischen Spannungen auf harmlose Art abreagieren. Diesen Gesichtspunkt sollte man nicht ganz vergessen, wenn sich manche Menschen heute so furchtbar ernst nehmen und sich gleichsam für den Nabel der Welt halten.

Nachdem nun soviel Kritisches zu Gruppendynamik und Sensitivity Training gesagt wurde, erscheint es abschließend unerläßlich, nochmals zu sagen: Einer großen Zahl von Menschen ist mit dieser verantwortungsvollen sozialpsychologischen Methode schon viel *Einsicht in die Gründe und Motive des eigenen und fremden Verhaltens* vermittelt worden. Nur sollte man sich der Grenzen und Gefahren auch dieser Methode entschieden mehr bewußt sein. Dann könnte manches menschliche Unglück verhindert und manche Fehlbemühung erspart werden.

Wenn gerade psychoanalytisch geschulte gruppendynamische Lehrer gern behaupten, ihre Methode würde im Gegensatz zur Meditation die inneren Probleme und Konflikte eines Menschen aufdecken und nicht bloß verdrängen, und es würde schon mit der Aufarbeitung begonnen, so ist das in dieser Form gewiß nicht richtig. Zum Teil wurde dazu auf den Seiten 161 ff. schon Stellung genommen. Fest steht, daß zum einen die große Gefahr des Aufreißens von Persönlichkeitskonflikten, die man selber nicht wieder zudecken kann, bei der richtig betriebenen gegenstandslosen Meditation wie Zazen und bei der Eutonie nicht besteht. Und daß zum andern die inneren Spannungen bei diesen Techniken zwar nicht voll ausgelebt werden, wie es versuchsweise im Sensitivity Training geschieht und in der Primärtherapie (Urschreimethode) voll angestrebt wird. Aber sie werden beherrscht. Man muß auch bei ihnen durch den Schmerz hindurch und muß ihn nochmals erleben, um von ihm befreit zu werden. Aber Schritt für Schritt, und nicht in der gewaltsamen Form, die für die Persönlichkeit so belastend und gefährlich ist.

10. Aus verschiedenen Elementen gemischte Techniken

Nun muß zum Schluß noch hingewiesen werden auf besondere Angebote, die seit einigen Jahren in steigendem Maß der Öffentlichkeit bzw. interessierten Kreisen unterbreitet werden. Es handelt sich um meist mehrtägige bis mehrwöchige geschlossene Seminare oder um Veranstaltungsreihen, die in irgendeiner Form unter dem weiten Titel »Persönlichkeits- oder Bewußtseinstraining« ausgeschrieben sind. Die genaue Betrachtung des Programms und Berichte von Teilnehmern zeigen, daß es sich hier durchweg um Kurse handelt, in denen die verschiedenartigsten Techniken miteinander vermischt sind. Was als neu oder besondere Methode angeboten wird, entpuppt sich in der Regel als ein Programm, das je nach den persönlichen Erfahrungen und Vorlieben des Kursleiters bzw. Veranstalters aus verschiedenen Elementen der Techniken gemischt ist, die in den vorangegangenen Kapiteln dieses Buches behandelt sind.

Diese Kurse werden nicht selten relativ positiv beurteilt. Sie können den Teilnehmern in der Tat einen kräftigen inneren Auftrieb geben. Kein Wunder, wenn die sozusagen publikumswirksamsten Elemente aus den verschiedenen Quellen in geschickter Weise miteinander kombiniert werden und die Erfahrung des Kursleiters das Ganze wirkungsvoll steuert. Fast immer sind wesentliche Momente eingebaut aus dem Autogenen Training, das heute »in« ist, aus dem katathymen Bilderleben und im Kern bildhafter Meditation, oft aus dem Yoga, zumeist verbunden mit gewissen Atemtechniken. Häufig wird die belebende Wirkung irgendeiner körperlich-sportlichen Betätigung verwertet. Selbstverständlich darf heute die Gruppendynamik (Sensitivity-Training in irgendeiner Form) nicht fehlen, die in dem betreffenden Kreis rasch persönliche Äußerungshemmungen abbaut und das Persönlichkeitsgefühl entsprechend steigert. Wenn man dann noch die vom Biofeedback entwickelten »Selbstkontrollgeräte« erleben und an ihren visuellen oder akustischen Signalen »den Fortschritt der eigenen Entwicklung« ablesen kann, dann ist das die »modernste« und deshalb wirkungsvollste Methode!

Das, was bei allen wohlbegründeten Techniken der Arbeit an sich selbst an vordergründig zunächst weniger erfreulichen Begleiterscheinungen da ist, wird zumeist vermieden, um die Teilnehmer »nicht unnötig zu belasten« und so weniger positiv zu stimmen. Dieses Eindrucks kann man sich als sachkundiger Betrachter kaum erwehren. Nun ist es bei der echten Arbeit an sich selbst, bei der innere Schwierigkeiten und Konflikte wirklich angegangen und langsam aber sicher aufgearbeitet werden, gar nicht anders möglich, als gewisse seelische und auch körperliche Schmerzen zu durchleiden. Das sollte jedem aufmerksamen Leser dieses Buches auch klar geworden sein. Es ist eine Binsenweisheit für jeden, der ernsthaft mit dem Ziel einer langfristig wirksamen Hilfestellung mit den Menschen und an ihnen arbeitet.

Und was bleibt langfristig hängen, welche Werte vermitteln diese Kurse den Teilnehmern auf lange Sicht, wenn sie tagaus, tagein wieder in ihrem grauen Alltag leben und arbeiten? Zumeist verrauscht der innere Auftrieb solcher Tage im Trott der gewohnten Umgebung bald wieder. Sie bleiben eine schöne, den Alltag vielleicht wunderschön durchbrechende Episode, die – das liegt in ihrer Natur und trifft die Wünsche des Veranstalters – nach Wiederholung verlangt. Von persönlicher Tiefenwirkung, die die Persönlichkeit des Menschen im Kern trifft: sie von Grund auf bereichert und ihr gerade im Alltag von morgens bis abends echte Hilfe und die Stärkung des Gleichmuts geben kann – davon bleibt in den meisten Fällen wenig oder so gut wie nichts.

Es geht bei jeder Arbeit am Menschen letzten Endes immer um die Lebenskraft. Es läßt sich mit ihr schön und weniger schön spielen. Aber jedes Spielen mit dieser Quelle unseres Seins ist nicht ungefährlich. Das sollte man nie vergessen. Vor allem sollte man ihre Gesetzlichkeiten kennen, denen wir alle unterworfen sind, von der in aller Einfachheit ausgedrückt die wichtigsten in den Fragen stecken: Wieviel Lebenskraft ist da, und in welchem Spannungszustand befindet sie sich? Wie wird er durch welche »Techniken« auch immer verändert? Gott sei's geklagt: Für viele Veranstalter existieren diese so wesentlichen Schlüsselfragen überhaupt nicht. Um so mehr sollte sie jeder Mensch vor sich sehen, bevor er sich auf den schwierigen Weg begibt, an seiner Persönlichkeit zu arbeiten. Und damit ist auch gesagt: Bevor er sich entscheidet, welcher Technik, welchem Kurs und welchem Lehrer er sich anvertrauen möchte.

Der persönliche Einsatz des einzelnen

»Das Herz hat eine Vernunft, die der Verstand nicht kennt.«
(Pascal)
»Jede Kraft, die nicht gesammelt ist, ist unvollkommen.«
(Meister Eckehart)

1. Zusammenfassung des Wichtigsten

Der Mensch ist zum Sklaven der von ihm selbst gemachten Weltordnung geworden. Das allgegenwärtige Ordnungsprinzip des Geistes hat bald alles und jedes im Leben dieser Welt erfaßt und in seine seelenlose Rationalität hineingezwungen. Das Leben selbst wird »gemacht« und organisiert. Die Bedürfnisse des lebendigen Lebens, unsere unbewußten Gefühlsbedürfnisse bleiben zutiefst unbefriedigt. Sie leiden an den ständigen Vergewaltigungen durch den Verstand. Wir sind »kopflastig« geworden. Unser Kopfbewußtsein, das ICH, beherrscht weitgehend unser Lebensgefühl, unser Spürbewußtsein, unser Lebensbewußtsein, das ES. Ja, es hat sich das ES geradezu versklavt.

Wer Mensch im eigentlichen, im vollen Sinn der in uns schlummernden Möglichkeiten werden will, muß sich zunächst *freimachen von seiner Kopflastigkeit.* Der Verstand darf das Gefühl, das kleine ICH darf das ES nicht beherrschen und versklaven, beide müssen innig miteinander verbunden werden. Sie müssen sich wechselseitig durchdringen und weitgehend zur Einheit werden. Dann lebt das Kopfbewußtsein das Leben, das ihm die Gefühlsunterschichten vermitteln, in einem ganz anderen Sinn echt mit. ICH und ES verbinden sich zum SELBST oder zum großen, zum wahren ICH. Anders ausgedrückt: Der Geist im engeren Sinn, der der Kern des kleinen ICH ist, geht auf im großen ICH, dem SELBST, dem Geist im weiteren Sinn: Der ganze Mensch wird durchlebt und durchgeistet. Jetzt hat die Persönlichkeit aus ihrer ganzen, ihrer geschlossenen Kraft heraus ganz andere Wirkungs- und Entfaltungsmöglichkeiten. Es ist eine höhere Stufe des Menschseins.

Wie können wir dahin kommen? Nur *durch die Befreiung des geknechteten ES und durch die Einordnung des überheblichen ICH in das Ganze.* Die Methoden der Eutonie lassen unsere Sinne, die uns die Welt vermitteln, und unsere Gefühle, die uns die Erlebnisse schenken, wieder zurückfinden zu ihrer ursprünglichen Lebendigkeit. Sie ist zumeist tief verschüttet. Die Wirkung wird um so nachhaltiger, als sie von den animalischen, vitalen Wurzeln unseres Wesens ausgeht. Mit dieser Befreiung des ES, mit diesem Wachsen unseres »Spürbewußtseins« muß das ICH an Übergewicht verlieren. Und Zazen, die Meditation im Zen-Stil, arbeitet in der gleichen Richtung: nämlich beim übermäßig gespannten Menschen die Konzentration des Bewußtseins im kleinen ICH aufzulockern und schließlich zu lösen, seine ICH-Verhaftung aufzuheben. Beide Techniken – Eutonie und Zazen – wollen *die Mitte,* d.h. den gesunden Ausgleich, die Balance zwischen Spannung und Lösung, sie wollen den Spannungsausgleich. Die Eutonie ist dabei gleichsam der Wegbereiter für die Meditation. Sie bereitet Leib und Seele des Übenden auf für die Meditation und intensiviert deren Wirkungen in auffallender Form. Beide Techniken verhelfen dem Menschen, wiederum in seine Mitte zu finden, sich gleichsam auf den tragenden Grund, auf das feste Fundament seiner Persönlichkeit stellen zu können. Hier und nur hier kann der Mensch »sich« »lassen«, d.h. die echte Gelassenheit haben und zeigen, die wohl jedermann ersehnt und erstrebt. Dann steht er über den Dingen und ist Herr seiner selbst. Dann kann er aus der Fülle seiner Kraft schöpfen.

Beide Techniken haben bei ihrer Anwendung über eine längere Zeit hinweg *eine starke Wirkung.* Denn sie greifen tief ins Unbewußte ein. Schon die Vernachlässigung und Verdrängung des Fühlens beim modernen Menschen führt zu unnötiger Verengung seines Erlebens und seines Bewußtseins. Deshalb muß die Steigerung seiner Fühlfähigkeit, die Sensibilisierung seines ganzen Wesens eine beachtliche Erweiterung seiner Persönlichkeit mit sich bringen. Entscheidend ist nur, daß die Übungen ihren Gesetzmäßigkeiten entsprechend verlaufen.

Das Wesentliche bei Eutonie und Zazen: Der Übende ist immer, in jedem Augenblick, verhaftet im Hier und Jetzt. Er faßt seine Kraft immer zusammen auf *einen* Punkt. Er ist ein real eingestellter Mensch, der sich ganz *in* dieser Welt befindet. Der das Leben nimmt, so wie es ist. Da gibt es keine Abwendung von dieser Welt und kein Sichverlieren in noch so »schönen« Gefühlszuständen. Deshalb hat der Übende auch den Mut, »in die dunkle Ecke seines Wesens zu schauen« und »diese Dunkelheit zu durchschreiten« (wie C. G. Jung sagt). In der Tat kommt der Übende langsam, Schritt für Schritt, in seine Tiefenschichten hinein, setzt sich mit allen seinen – auch längst vergessenen – Eindrücken auseinander und arbeitet seine inneren Probleme und Konflikte langsam und organisch auf. Besser gesagt: Es arbeitet in ihm in dieser Richtung. Das steigende Rückerinnerungsvermögen und die effektive Bewältigung von früher belastenden Konflikten, wie sie bei ständig Übenden festgestellt wird, beweisen es deutlich.

Der große *Vorzug* ist die Veränderung in kleinen Schritten. Es bricht nicht plötzlich etwas auf, was sich dann nicht mehr beherrschen läßt. Was für eine gewaltige Hilfe das für den betroffenen Menschen ist, wird jedem sofort klar, der weiß, daß sich die menschliche Seele die Vernachlässigung, ja die bewußte oder unbewußte Verdrängung von akuten Lebensproblemen nicht ohne Schaden gefallen läßt. Ferner steckt weder in den Methoden der Eutonie noch im Zazen irgendein suggestives Moment, wenn wir den Begriff der Suggestion so verstehen, daß wir in der Vorstellung ein Ergebnis vorwegnehmen (wie z.B. im Autogenen Training). Deshalb gibt es hier auch keine selbsthypnotische Wirkung unkontrollierbarer Art mit allen ihren Gefährdungen und Schäden. Selbstverständlich sind auch diese beiden Techniken nicht ohne gewisse *Gefahren.* Auf sie wurde unmißverständlich hingewiesen. Sie sind jedoch im Vergleich zu denen von anderen persönlichkeitsbildenden Methoden recht bescheiden und verhältnismäßig einfach zu beherrschen. Womit nichts gesagt sein soll gegen diese anderen Techniken, die in ihrem richtig verstandenen Einsatzbereich ohne Zweifel ihren Wert haben. Man muß nur ihre Grenzen und Gefahren kennen und beherzigen.

Überall hört man heute in der westlichen Welt *das Schlagwort von der Entspannung.* Da, wo so viele über-spannt sind, ist es verständlich, daß man sein Heil in der »Ent«-spannung sucht. Zuweilen kann man den Eindruck gewinnen, daß die Entspannung um ihrer selbst willen betrieben wird, daß sie ein Wert an sich sei. »Relax«, »Entspanne dich«, heißt die Parole, und schon scheint alles gut zu sein. Dabei sind sich nur die wenigsten darüber klar, was Entspannung – soll sie die gewünschte Wirkung haben – wirklich bedeutet. Und daß doch immer nur der höchstindividuelle Spannungszustand des einzelnen Ausgangspunkt und zugleich Ziel der Bemühungen sein kann. Das Ziel ist für den Denkenden in jedem Fall ganz eindeutig: Soll der Mensch gesund sein, muß er sich im Spannungsgleichgewicht befinden, d.h. im Ausgleich der beiden Wirkungsfaktoren von Spannung und Lösung seiner Lebenskraft, die seinen Spannungszustand bestimmen. Dann kann er da, wo es nötig ist, gespannt sein bis zum äußersten, und andererseits voll gelöst, unbekümmert-natürlich, dem Augenblick hingegeben.

2. Der Standort des einzelnen

Wichtig für den Menschen, der sich um die richtige Arbeit an sich selbst bemüht, ist zunächst einmal festzustellen: Wo ist mein Standort, *wo befinde ich mich im Rahmen der Spannungsskala?* Das einigermaßen genau festzustellen mag in manchem Einzelfall ohne die Hilfe eines auf diesem Gebiet erfahrenen Menschen nicht leicht sein. Vor allem, wenn man sich bewußt oder unbewußt einer angenehmen Selbsttäuschung hingeben sollte. Sie haben jedoch eine Reihe von einfachen Möglichkeiten zur Verfügung, Ihren individuellen Spannungszustand oft rasch zu erkennen:

- Fällt Ihnen das Ausspannen, das Abschalten von Ihrem üblichen Aufgabenkreis schwer? Je mehr es so sein sollte, um so mehr befinden Sie sich auf der Minusseite der Spannung (Seite 35).
- Spüren Sie immer wieder einmal Spannung in sich, so daß sie Ihnen bewußt wird? Wenn ja, ist das Überspannung, denn die normale, gesunde Spannung fühlt man nicht als etwas Besonderes. Spüren Sie die Spannung ständig oder häufig, dann sind Sie gewiß schon in der gestauten Spannkraft, in der Verspannung. Ist es nur gelegentlich der Fall, wird Ihnen die nächste Frage weiterhelfen.
- Können Sie auf der einen Seite hochgradig konzentriert, also hochgespannt sein und auf der anderen alles total vergessen, also völlig entspannen? Wobei gelegentliche Ausnahmen in besonderen Fällen nicht schwerwiegen, sie »bestätigen die Regel«. Dabei ist auch die Gewöhnung an die besondere Art der Konzentration wichtig: Zum Beispiel kann die höchste Konzentration eines ungeübten Redners auf eine nur einstündige

Rede bis zu ihrer Auflösung vielleicht einen ganzen Tag brauchen, während der auf seinem besonderen Gebiet hochtrainierte Redner sechs Stunden lang reden und sich in einer halben Stunde regenerieren kann. Es muß also immer an das Verhältnis von Spannung und Lösung gedacht werden.

- Wie beurteilen andere, unverbildete Menschen, die Ihnen ehrlich ihre Ansicht sagen, Ihre Bewegungsweise? Schwungvoll-leicht-gelöst und gleichzeitig doch verhalten-fest-gespannt oder verspannt-gezwungen, wenn auch nur in einzelnen Körperpartien, oder weich-lasch, also das Gegenteil von straff?
- Fünf weitere, hier unmittelbar wichtige Fragen finden Sie auf Seite 40 und dazu die Anregung zu einer ganzen Reihe von weiteren, die Sie mühelos aus der Übersicht, Seite 35, und den beiden folgenden Übersichten über das Verhältnis von Spannung und Lösung entnehmen können. Ihre Wiederholung an dieser Stelle ist unnötig.
- Versuchen Sie zu klären, wo, d.h. auf welchem Interessengebiet, Sie eindeutig oder eher gespannt und wo Sie eindeutig oder eher gelöst sind. Sie werden daraus möglicherweise auch einen wertvollen Hinweis auf die Echtheit Ihrer Interessenlagerung bekommen. Freilich mag dazu schon ein erfahrener Berater notwendig sein: ein charakterkundlich beschlagener Psychologe oder ein Mensch von viel Einfühlungsvermögen und einem hinreichenden Überblick über die Vielfalt der menschlichen Interessen oder Motive.

3. Was ist zu tun?

Habe ich meinen Standort einigermaßen treffsicher ermittelt, tut sich die entscheidende Frage auf: *Was soll ich nun in meinem besonderen Fall tun,* welcher Technik soll ich mich zuwenden? Wer dieses Buch aufmerksam gelesen hat, wird kaum Schwierigkeiten haben, die richtige Antwort für sich zu finden. Natürlich ist in ganz besonderen Fällen der Ratschlag eines über der Sache stehenden erfahrenen Menschen außerordentlich wertvoll und vielleicht durch nichts zu ersetzen.

Das einzig Wichtige: Es ist immer leichter, über eine Sache etwas mehr oder weniger Interessantes zu lesen und darüber klug zu reden, als etwas zu tun. Aber *auf das Tun kommt es einzig und allein an.* Also auf das praktische Üben, darauf, sich im eigentlichen Sinn persönlich zu engagieren. Im Zweifelsfall üben Sie das, wozu Sie gerade mehr Lust haben. Haben Sie einmal einen Ausbildungskurs besucht, dann blättern Sie in Ihren Notizen. Sie werden sofort eine Anregung finden, die Sie auf der Stelle aufgreifen können. Aber: Achten Sie vor allem in der Anfangsphase, in der Einarbeitungszeit, auf den richtigen Aufbau der einzelnen Übungen und auf die anfänglich wünschenswerte Übungsfolge, damit Sie nicht auf eine falsche Fährte kommen und auch tatsächlich das Optimum an Wirkung erreichen. Zu diesem Zweck sind die einzelnen Übungen mit dem ganzen Drum und Dran an auftauchenden Fragen ja auch so genau beschrieben worden. Das detaillierte Inhaltsverzeichnis gibt Ihnen dazu alle erforderlichen Angaben, die Sie noch leicht ergänzen können.

Beschränken Sie sich nicht auf die schulmäßigen Übungen, sondern *tragen Sie das meditative Tun in Ihren Alltag* (s. Seite 155 und 179)! Denken Sie immer an die viele Jahrhunderte alte Zen-Weisheit:

TUE, WAS DU TUST.

Sie werden rasch die Kraft in sich verspüren, die Ihnen gerade daraus erwächst. Ohne irgendeinen extra Zeitaufwand. Alles wird Ihnen leichter werden. Nicht umsonst lautet einer der wichtigsten Arbeitsgrundsätze für Führungskräfte: Immer nur eine Sache auf einmal machen, diese aber ganz, auch wenn sie im Augenblick Ihre Zeit kostet. Und eine alte Volksweisheit, die in unserer hektischen Zeit vergessen zu werden scheint, besagt: Niemand kann zwei Herren dienen. Niemand kann zwei Dinge gleichzeitig tun. Wer es versucht, macht keines richtig und verliert eine Menge Kraft dabei (vgl. Seite 162). Tragen Sie also Eutonie und Meditation in Ihren Alltag, es lohnt sich hundertfältig. Worauf es dabei ankommt, das können Sie den beiden Kapiteln über die praktische Seite entnehmen. Sie können eutonisch gehen, sitzen und stehen, Sie können eutonisch jede Arbeit im Beruf und zu Hause verrichten. Es ist immer meditatives Tun, das Sie sowohl am Körper als auch an Seele und Geist weiterbringt. Weniger die reine Übungszeit als das Bemühen, Ihren Alltag als ständige Übung zu sehen, bringt Sie weiter.

Um diesen wohl wichtigsten aller Punkte so deutlich wie nur möglich zu machen, hier noch *einige ganz konkrete Beispiele aus dem täglichen Leben:*

- Wenn Sie morgens aufstehen, dann tun Sie es bewußt: Fühlen Sie Ihre Füße am Boden. Seien Sie mit Ihren Gedanken ganz dabei, wenn Sie sich auf die Füße stellen, damit Sie dann den ganzen Tag über »mit beiden Beinen im Leben stehen« können. Ebenso, wenn Sie nun den üblichen Gang zur Toilette und zu den gewohnten Morgenverrichtungen antreten. »Tue, was du tust!«
- Diese gewohnten Morgenverrichtungen bringen die meisten Menschen eben so gewohnheitsmäßig hinter sich, ohne mit ihren Gedanken dabeizusein. Die Gedanken sind schon im Büro, beim Frühstück, im Haushalt, bei den Kindern oder sonstwo. Und schon ist man wieder innerlich zerrissen, kaum daß der Tag begonnen hat. Wenn Sie sich z. B. morgens rasieren, dann achten Sie bitte zu allererst auf den richtigen Stand (Seite 127). Sehen Sie dabei Ihr Bild von einem Spiegelrand auf den anderen zuwandern, dann wissen Sie sofort, daß Sie »keinen festen Standpunkt« haben: Sie können ihn sofort, immer wieder, korrigieren. (Es wird mit der Zeit weniger und weniger nötig sein!) Wenn Sie mit Ihrem Elektrorasierer auf der linken Wange angekommen sind und sich plötzlich fragen: »War ich eigentlich schon richtig an meiner kritischen Stelle mit dem verwachsenen Wirbel da rechts, oder bin ich nur so darüber hinweggefahren?«, dann wissen Sie, daß Sie nicht getan haben, was Sie taten. Sie waren nicht bewußt in jeder Bewegung, Sie waren mit Ihrem Denken woanders! Sie können es sofort, immer wieder, korrigieren, und das wird mit der Zeit immer weniger nötig sein. – Und wer als Frau die verschiedenen Handgriffe der üblichen Morgentoilette macht, hat sinngemäß das gleiche Problem. Es sieht keinen Deut anders aus: »Tue, was du tust!«
- Wenn Sie frühstücken, zu Mittag oder Abend essen, dann essen

Sie bitte *nur* und denken nicht gleichzeitig an irgend etwas anderes: ein schönes Erlebnis, eine berufliche Sorge, einen nichterfüllten Wunsch, eine bevorstehende Besprechung, das gestrige Fernsehstück. Jetzt wird gegessen und nichts anderes getan. Seien Sie also ganz dabei: bei jedem Bissen, beim Kauen, beim Schlucken usw. Mindestens immer dann, wenn Sie allein essen, im Büro oder auf einer Reise, können Sie das ohne Schwierigkeit tun. (Wenn Sie in Gesellschaft mit anderen etwas zu sich nehmen, wird es natürlich nicht so leicht zu machen sein.) Gerade dieses tägliche mehrmalige »Sammeln des Geistes auf einen Punkt« in dieser Art des Essens wird Ihnen bald zur wertvollen Gewohnheit. Davon abgesehen, daß Ihnen das Essen viel besser bekommen muß, als wenn Sie es gedankenlos in sich hineinessen oder gar -schlingen.

– Bei der Arbeit am Schreibtisch oder im Haushalt, soweit Sie sitzen, zuerst immer an den richtigen Sitz denken (Seiten 114/115). Was immer Sie tun, ob eine wichtige oder unwichtige, eine gern oder ungern gemachte Tätigkeit: Tun Sie ganz, was Sie tun. Seien Sie mit Ihrem Bewußtsein in jedem Handgriff, in jeder Bewegung – und nur da. Keinerlei innere Zerrissenheit oder Zerstreutheit der Kräfte zulassen.
– Ein typisches Beispiel: Sie sitzen in eine wichtige Arbeit vertieft an Ihrem Schreibtisch und freuen sich über die ausnahmsweise ungestörte fruchtbare Stunde. Da schreckt Sie das Rasseln des Telefons auf: Ihre Sekretärin hat trotz anderslautender Weisung ein Gespräch durchgeschaltet. Was geschieht jetzt üblicherweise? Man nimmt den Hörer ab, voll Unmut über die Störung, da man gerade eine schwierige Formulierung im Kopf, aber noch nicht auf dem Papier hatte, ist halb bei dem bearbeiteten Vorgang, um den guten Gedanken nicht zu verlieren und halb beim Telefongespräch, d.h. bei dem Menschen am anderen Ende des Drahtes. Ergebnis: Bei der typischen Zerrissenheit ist nachher der gute Gedanke weg, und das Telefongespräch endet auch nicht nach Wunsch. Unnötige, manchmal schon peinliche Rückfragen werden nötig. Zurück bleiben Mißgestimmtheit und Enttäuschung. – »Tue, was du tust!« – Notieren Sie beim störenden Läuten des Telefons rasch noch

das Stichwort des guten Gedankens. Er ist jetzt gesichert. Und dann heben Sie den Hörer ab und sind hundertprozentig beim Gespräch. Der andere spürt sofort, ob Sie nur halb oder ganz bei der Sache sind. Entsprechend endet die Unterredung. Dann notieren Sie in Ruhe die paar Stichworte für die spätere Erledigung dieser Sache. Bis jetzt waren Sie ganz beim Telefonieren. Und jetzt schalten Sie geistig ganz zurück zur unterbrochenen Arbeit, nehmen das notierte Stichwort über den weiteren Vorgang auf und sind jetzt wieder hundertprozentig bei dieser Arbeit. Und was bleibt jetzt zurück? Der ganze Mensch mit seiner ganzen Kraft!

– Ist Ihnen das auch schon passiert: Sie gehen am Sonntag mit Ihrer Frau spazieren. Ihre Gedanken sind mindestens zwischendurch immer wieder einmal bei einem beruflichen Problem. Da hören Sie Ihre Frau sagen: »Du schaust schon wieder so gläsern in die Ferne. Sitzt du wieder in deinem Büro?« – »Tue, was du tust!« – Wenn Sie in Ihrem Büro sind, dann voll und ganz! Und wenn Sie mit Ihrer Frau spazierengehen, dann voll und ganz und nicht nur halb!
– Ein anderes typisches Beispiel: Sie spielen mit Ihren Kindern oder lesen ihnen ein Märchen oder eine für Kinder spannende, für Sie selbst langweilige Jugendgeschichte vor. Dabei denken Sie immer von neuem an den Tisch da drüben, wo eine wichtige und eilige Sache auf Sie wartet. Also sind Sie weder beim einen noch beim anderen. – »Tue, was du tust!« – Wenn Sie sich mit Ihren Kindern beschäftigen, dann tun Sie es bitte ganz. Oder tun Sie es gar nicht. Die Kinder merken rasch, ob ihr Vater oder ihre Mutter ganz oder nur halb bei ihnen sind. Dann seien Sie also ganz bei Ihren Kindern, vielleicht etwas weniger lange, aber hundertprozentig, um im Anschluß ganz bei der geistigen Arbeit zu sein! – Wenn die Kinder dann stören, genügt der einfache Hinweis: »Du siehst, *jetzt* bin ich bei dieser Sache hier, und zwar ganz, da kann ich nicht gleichzeitig bei dir sein. Gedulde dich ein wenig, dann werde ich zu dir kommen, und dann werde ich auch ganz bei dir sein.«
– Zuletzt noch ein Wort zum Autofahren: *Entweder* ich fahre Auto, *oder* ich unterhalte mich mit dem Beifahrer oder höre

Radio! Wie viele Unfälle passieren Tag für Tag nur deshalb, weil ein Fahrer gleichzeitig beides tut, und das heißt: keines von beidem richtig tut. Stichwort: »Tue, was du tust!«

Wenn Sie sich nur einige Zeit konsequent von morgens bis abends bemühen, sich an dieses Stichwort zu halten, dann werden Sie bald merken, was es Ihnen bringt: Wie Sie aus der üblichen Zerrissenheit, dem Hin- und Hergezogensein, herauskommen; wie Ihnen innere Ruhe und echtes Gleichgewicht zuwachsen; wie Sie an Stabilität gewinnen, gerade in kritischen Augenblicken. Eine zuvor ungeahnte Geschlossenheit Ihrer Persönlichkeit wird der Lohn der Mühe sein. Eine Geschlossenheit, die nicht nur Sie selbst in hundert Situationen verspüren. Eine Geschlossenheit, die auch Ihrer Umgebung bald bewußt werden wird. Und ganz andere Wirkungsmöglichkeiten in jeglicher Hinsicht und in einer menschlich ungleich tiefergreifenden Dimension werden sich Ihnen auftun! – Soweit dieser in seiner Bedeutung kaum zu überschätzende Lehrsatz der Lebensführung: »Tue, was du tust!«

Zurück zu unseren grundsätzlichen Betrachtungen am Ende dieses Buches: Was ist zu tun? Je mehr Sie in dem eben beschriebenen Sinn Ihren Alltag als ständige Übung sehen, um so rascher werden Sie die anfängliche »offizielle« Übungszeit von 20 bis 30 Minuten am Tag reduzieren können. *Lassen Sie sich dabei durch vermeintlich tote Phasen nicht irremachen!* Auch wenn nichts zu geschehen scheint, geschieht in Wahrheit im Verborgenen doch viel. »Tote« Phasen sind wichtig: In ihnen bereitet sich der Sprung vor, den Sie dann eines Tages machen. Es ist eben ein langer Weg, bis man das abbaut, was sich in vielen Jahren an Verspannungen aufgebaut hat bzw. bis man die Kraft, die sich in Jahren zu sehr gelöst hat, wieder sammelt und spannt. Die Eutonie verkürzt nach allen unseren Erfahrungen diesen Weg auf ein Viertel bis ein Drittel der Strecke, die bei reiner Zen-Meditation nötig wäre. Wer aber den Mut hat, sich auf diesen »langen« Weg zu begeben, wird rasch die Etappen merken, die er hinter sich läßt. Weil er die Fortschritte nur zu deutlich an sich verspürt und weil ihm daraus die Kraft zufließt, den Weg ständig weiterzugehen.

Wenn man sich jahrzehntelang mit dem so schwierigen Problem der Persönlichkeitsausbildung herumgeschlagen hat, dann weiß man, welche – für den Laien zunächst ungeahnte – Möglichkeiten zur *Gesundung und Entfaltung der individuellen Persönlichkeit* uns hier geboten werden. Schon seit Jahrtausenden nützen die Menschen in Asien die Erkenntnisse der Spannungslehre und die Meditation für sich aus, zu ihrem höchsten Gewinn. Sie wissen warum. Ist unsere Einstellung von der ihren in mancher Hinsicht auch recht verschieden, so können wir doch viel davon lernen – gerade in der Lage, in der wir uns heute befinden. Vielleicht ist es nicht zuviel gesagt, wenn man geradezu vom Aufbrechen einer neuen Denkweise über die Situation des heutigen Menschen spricht. Denn er hat auch im Zeitalter der Massen eine echte Chance, sein Leben wirklich zu leben und – nicht bloß »gelebt zu werden«.

Der große amerikanische Psychologe William James schrieb vor bald hundert Jahren: »Verglichen mit dem, was wir sein sollten und sein könnten, sind wir alle nur halbwach. Nur von einem kleinen Teil der in uns liegenden Möglichkeiten machen wir Gebrauch.« Hier liegt die Hilfe vor uns, den Zustand der vollen Wachheit zu erreichen und diese unsere schlummernden Kräfte und Fähigkeiten für unser tägliches Leben zu erschließen.

Dieses Buch ist kein Buch über Ethik oder Moral. Als aufmerksamem Leser wird Ihnen indessen nicht entgangen sein, wie wir immer wieder in enge Nachbarschaft dazu gerieten. Das ist kein Zufall. Mit den die Tiefe der Persönlichkeit erfassenden Hilfsmitteln in die einzig gesunde Spannungsbalance kommen zu wollen verlangt *ethisch einwandfreie Haltung und absolut sauberes, faires Denken.* Wiederkehrende Spannungen zwischen den vielfältigen menschlichen Regungen und der großartigen Gelassenheit des ausgewogenen Menschen sind bei der Natur des homo sapiens und des homo faber fast selbstverständlich. Wie könnten wir in ihnen bestehen, wie könnten wir unsere zwischenmenschlichen Beziehungen fruchtbar gestalten, wie könnten wir unsere Persönlichkeit zu höherer innerer und äußerer Wirksamkeit bringen ohne die ständige aufrichtige Bemühung um das unbestechlich saubere Denken und das durch und durch faire Handeln? Es wäre doch wahrhaftig ein Widerspruch in sich selbst, und all unser Mühen müßte am Ende vergeblich bleiben.

Abschließend sei gesagt: *Wir leben in dieser Welt.* Mit allen ihren Licht- und Schattenseiten; mit ihren Problemen und Schwierigkeiten müssen wir fertig werden. Weder eine ins Uferlose gehende Beschäftigung mit uns selbst noch eine ins Uferlose gehende Meditation kann uns dabei helfen. Wer sich da hineinflüchtet, weicht seiner Welt und sich selbst doch nur aus. Es wird ihm zur Entschuldigung dafür, daß er an seinen Problemen in Wahrheit vorbeiläuft. Wir müssen das Hier und Jetzt unserer Welt bestehen. Das können wir voll und ganz nur dann, wenn wir uns im echten Spannungsausgleich befinden, wenn wir im Lot, in unserer Mitte sind: im rechten Augenblick voll hochgespannter Aktivität und dann wieder voll entspannt und innerlich ganz frei sein! Dann können wir uns dieser unserer Welt getrost stellen.

Epiktet, Sklave am Hof des römischen Kaisers Nero und dann als Freigelassener berühmt gewordener Philosoph, sagt so treffend: »Es ist die eigene Schuld des Menschen, wenn er nicht glücklich ist.« So viele Menschen sind unglücklich, weil sie sich für unglücklich halten. Und weil sie meinen, das Glück müsse von außen kommen, und immer nur darauf warten. Wer könnte ihnen helfen, wenn nicht sie selbst?

Die beiden Verfasser dieses Buches geben Kurse nach den hier dargelegten Grundsätzen für Anfänger und für Fortgeschrittene. Genaueres ist zu erfragen bei: Dr. A. und M.-L. Stangl, D-6121 Rothenberg/Odenwald.

Erklärung von Fremdbegriffen,

die mehrfach gebraucht werden, soweit sie nicht als Stichwort im Inhaltsverzeichnis erscheinen:

Bonpu-Zen:
»Gewöhnliches Zen«, das nicht auf Satori hinzielt, sondern lediglich auf die psychosomatischen Wirkungen des Zazen.

Buddhawesen oder Buddhanatur:
Sie ist prinzipiell in jedem Wesen angelegt als Inbegriff der Vollkommenheit, die durch Geisteshaltung und Lebensführung entwickelt werden muß. Zazen ist ein wesentliches Hilfsmittel dazu.

Hara:
Wörtlich »Bauch, Unterleib«, im übertragenen Sinn die seelisch-geistige Mitte des Menschen. Sie wird etwa 3 cm unterhalb des Nabels lokalisiert und als körperlich-seelischer Schwerpunkt des Menschen betrachtet (in alten Schriften Tandem genannt).

Jôriki:
Konzentrierte Lebenskraft, konzentrierte Kraft der Gesamtpersönlichkeit, dynamische Aktivität und höchste Geistesgegenwart bei Ruhe und Gelassenheit. Grundlage ist die Sammlung des Geistes, wie sie im Zazen geübt wird.

Kenshô:
Wesensschau oder Selbstwesensschau, das Gewahrwerden des SELBST. Wird oft mit Satori gleichgesetzt, ist aber im vorwiegenden Gebrauch des Wortes eine weniger tiefe Erleuchtung. Kann dem dritten Ochsenbild zugeordnet werden.

Kinhin:
Meditatives Gehen in ganz charakteristischer Haltung von 5 bis 10 Minuten Dauer, das das Sitzen im Zazen unterbricht.

Kôan:
Ein logisch sinnloser Rätselsatz. Die intensive Versenkung in ihn, die persönliche Identifizierung mit ihm öffnet das geistige Auge für die Erkenntnis der letzten Wahrheit. Oft als Hilfsmittel für das Erreichen der Erleuchtung gebraucht.

Makyô:
Mehr oder minder tiefergreifendes seelisches Erlebnis von halluzinatorischem Charakter, das beim Zazen auftreten kann. Es zeigt im Unterbewußten vor sich gehende Umwandlungen an.

Roshi:
Vieljährig erfahrener, weiser Meister, der selbst volle Erleuchtung hatte und sie seinerseits von seinem Meister bestätigt bekam.

Satori:
Die volle Erleuchtung, die verschieden tiefe Grade haben kann, wie sie die verschiedenen Ochsenbilder schildern. Siehe auch Kenshô!

Sesshin:
5- bis 7tägiges intensives Üben des Zazen mit strengem Stillschweigen unter einem Meister. In Japan wird bis zu 14 Stunden täglich gesessen, im Westen zumeist 5 bis 8 Stunden.

Tandem:
Siehe unter Hara.

Literaturverzeichnis

Abehsera, Michel: Zen-Kochkunst, Barth, Weilheim 1972

Ägyptisches Totenbuch, Barth, Weilheim

Ajuriaguerra, J. de, et *Badarocco, Garcia:* Les thérapeutiques de relaxation en médicine psychosomatique, Presse méd. 1953

Albrecht, C.: Psychologie des mystischen Bewußtseins, Schünemann, Bremen 1951

– Das mystische Erkennen, Schünemann, Bremen 1953

Albrecht, Erika: Im ewigen Jetzt, Aurum, Freiburg 1975

Alexander, Franz: Psychosomatische Medizin, W. de Gruyter, Berlin 1951

Andreas, Peter, und *Kilian, Caspar:* Die Phantastische Wissenschaft, Econ, Düsseldorf 1973

Aurobindo, Sri: Der integrale Yoga, Rowohlt, 380, Hamburg 1957

– Stufen der Vollendung, Barth, Weilheim

– Das Abenteuer des Bewußtseins, Barth, Weilheim

Avalon, Arthur: Die Schlangenkraft. Die Entfaltung schöpferischer Kräfte im Menschen, Barth, Weilheim

– Die Girlande der Buchstaben. Studien über das Mantra-Shastra, Barth, Weilheim

– Shakti und Shakta. Lehre und Ritual der Tantra-Shastras, Barth, Weilheim

Bach, George R., und *Deutsch, Ronald M.:* Pairing, Diederichs, Düsseldorf 1972

Baden, H. J.: Das Schweigen, Bertelsmann, Gütersloh 1952

Balint, Alice: Psychoanalyse der frühen Lebensjahre, Reinhardt, München 1966

Baudouin, Ch.: Psychoanalyse des religiösen Symbols, Popp, Würzburg 1962
Berne, Eric: Spiele der Erwachsenen, Rowohlt, Hamburg 1967
Bitter, W.: Meditation in Religion und Psychotherapie, Kindler Taschenbuch, München
– Der Verlust der Seele, Herder, Freiburg 1969
– Magie und Wunder in der Heilkunde, Kindler Taschenbuch, München
Borsig, Margareta von: Leben aus der Lotosblüte, Aurum, Freiburg 1976
Boyes, Dennis: Autogenes Yoga, Barth, München
Brown, Edward Espe: Das Tassajara-Kochbuch, Aurum, Freiburg 1975
– Das Tassajara-Brotbuch, Aurum, Freiburg 1976
Bräutigam, Walter, und *Christian, Paul:* Psychosomatische Medizin, Thieme, Stuttgart 1973
Buber, Martin: Ekstatische Konfessionen, Leipzig 1923
Bucke, Richard Maurice: Die Erfahrung des kosmischen Bewußtseins, Aurum, Freiburg 1975
Buddha und seine Zeit, Vollmer, Wiesbaden

Chang, Chung-Yuan: Tao, Zen und schöpferische Kraft, Diederichs, Düsseldorf 1975
Churtis, Howard J.: Das Altern. Die biologischen Vorgänge, Fischer, Stuttgart 1968
Coster, Geraldine: Yoga und Tiefenpsychologie, Barth, München 1954
Cuttat, J. A.: Begegnung der Religionen, Johannes Verlag 1956
– Asiatische Gottheit und christlicher Gott, Johannes Verlag 1972

Dechanet, J. M.: Yoga für Christen, Räber, Luzern 1968
– Yoga in 10 Lektionen, Räber, Luzern 1968
Desoile, R.: Exploration de l'affectivité subconsciente par la méthode du rêve éveillé, D'Artrey, Paris 1938
– Psychoanalyse et rêve éveillé dirigé, Information Psychologique 8 (1962)

– La méthode du rêve éveillé, Information Psychologique 10 (1963)
Dessauer, Ph.: Die naturale Meditation, Kösel, München 1961
– Meditation im christlichen Dasein, Kösel, München 1968
Devi, Indra: Ein neues Leben durch Yoga, Goldmann Band 9006, München
Dürckheim, K. Graf: Erlebnis und Wandlung, Niehans, Zürich 1956
– Vom doppelten Ursprung des Menschen, Herderbücherei Band 480, Freiburg 1973
– Hara. Die Erdmitte des Menschen, 4. Auflage, Barth, Weilheim 1970
– Zen und wir, Barth, München 1961
– Durchbruch zum Wesen, 3. Auflage, Niehans, Zürich 1954
– Überweltliches Leben in der Welt, Barth, Weilheim 1968
– Japan und die Kultur der Stille, 5. Auflage, Barth, Weilheim 1971
– Der Ruf nach dem Meister, Barth, Weilheim 1972
– Im Zeichen der Großen Erfahrung, Scherz, München
Dumoulin, H.: Östliche Meditation und christliche Mystik, Alber, Freiburg/München 1966
– Zen. Geschichte und Gestalt, Francke, Bern 1959
– Christlicher Dialog mit Asien, Hueber 1970
Dunlop, M. V.: Meditation in everyday Life, Guildford 1956
– Into the Light of Health, Contemplative Meditations, Fellowship of Meditation, Guildford 1952
Dunne, Desmond: Yoga, Günther, Stuttgart 1961

Eastcott, Michal J.: Der Weg der Stille, Barth, Weilheim 1972
Ehrenfried, L.: Körperliche Erziehung zum seelischen Gleichgewicht, 2. Auflage, Westliche Berliner Verlagsgesellschaft 1957
– Savons-nous nous reposer? Revue Vers l'Education Nouvelle, Revue Nr. 27
– La Relaxation, Revue Hommes et Techniques, Paris 1954
Eckehart, Meister: Predigten und Schriften, Fischer, Frankfurt/Hamburg 1956
– Ein Breviarium aus seinen Schriften, Insel-Bücherei Nr. 280 (1951)

Fast, Julius: Körpersprache, Rowohlt, Hamburg 1971
Feldenkrais, Moshé: Der aufrechte Gang, Insel, Frankfurt 1968
Fisch, Guido: Akupunktur, DVA, Stuttgart 1973
Frank, Stanley: Der sexuell aktive Mann über vierzig, Goldmann Band 9019, München
Fromm, Erich: Die Kunst des Liebens, Ullstein, Frankfurt 1975
Fromm, Suzuki und *De Martino:* Zen-Buddhismus und Psychoanalyse, Rowohlt 1971
Fuchs und *Harf:* Meditieren im Alltag, Pallotti Verlag 1969

Gebser, Jean (Hrsg.): Die Welt in neuer Sicht, Barth, Weilheim
Gins, K.: Überwaches mystisches Erleben in empirischer Sicht, Archiv für Religionspsychologie, Bd. VII (1962)
– Studien zur Mystik, Zeitschrift für Menschenkunde, 25. Jg. (1962)
Govinda, Anagarika Lama: Der Weg der weißen Wolken, Barth, Weilheim
– Grundlagen tibetischer Mystik, Barth, Weilheim
Groddeck, Georg: Verdrängen und heilen, Kindler, München 1974
Guardini, Romano: Die Sinne und die religiöse Erkenntnis, Echter, Würzburg 1962
– Vorschule des Betens, Grünewald, Mainz 1948
– Christliches Bewußtsein, Kösel, München 1950
– Von heiligen Zeichen, Grünewald, Mainz 1948

Haas, W. S.: Östliches und westliches Denken, Rowohlt, Hamburg 1967
Haich, Elisabeth: Sexuelle Kraft und Yoga, Fink, Stuttgart 1966
Hammitzsch, Horst: Chao-Do der Teeweg, Barth, Weilheim
Han Shan: 150 Gedichte vom Kalten Berg, Diederichs, Düsseldorf 1974
Hanssen, O., und *Deichgräber, R.:* Leben heißt sehen, Vandenhoeck und Ruprecht, Göttingen 1968
Happich, C.: Anleitung zur Meditation, 3. Auflage, Roether, Darmstadt 1948
Harris, Thomas A.: Ich bin o.k., Du bist o.k., Rowohlt, Hamburg 1973

Hasenfuß, J.: Soziologismus und Existenzialismus als Religionsersatz, Pattloch, Aschaffenburg 1965

Hasumi, Toshimitsu: Zen in der japanischen Dichtung, Barth, Weilheim

Herbert, J.: Wege zum Hinduismus, Rascher, Zürich 1951

Herrigel, Eugen: Zen in der Kunst des Bogenschießens, Barth, Weilheim

– Der Zen-Weg, Barth, Weilheim

Herrigel, Gusty L.: Der Blumenweg, Barth, Weilheim

Hippius, Maria (Hrsg.): Transzendenz als Erfahrung, Barth, Weilheim

Hörgel, Ch.: Wesen und Weisen der Religion, Hueber, München 1969

Hofstätter, Peter R. (Hrsg.): Psychologie, Fischer, Frankfurt 1957

Hooykaas, Else Madelon, und *Schierbeck, Bert:* Zazen. Zen in der Kunst der Fotografie, Barth, Weilheim

Huang Po: Die Zen-Lehre, Barth, Weilheim

Hubbard, L. R.: Der Weg zum freien Selbst, Schikowski, Berlin 1956

Humphreys, Christmas: Zen, Teach Yourself Books, 5. Auflage, Hodder and Stoughton, London 1976

Hungerleider, Fritz, und *Hohenberger, Siegfried:* Gespräch eines Buddhisten mit einem Christen, Barth, Weilheim

Ignatius von Loyola: Geistliche Übungen, 11. Auflage, Herder, Freiburg 1951

Isbert, O. A.: Heilkraft im Yoga, Drei Eichen, München 1964

Ital, Gerta: Der Meister, die Mönche und ich, 2. Auflage, Barth, Weilheim 1968

– Auf dem Weg zu Satori, Barth, Weilheim 1971

Iyengar, B. K. S.: Licht auf Yoga, Barth, Weilheim 1969

Jacobs, H.: Indische Weisheit und westliche Psychotherapie, Lehmann, München 1965

Jae Hwa Kwon: Zen-Kunst der Selbstverteidigung, Barth, München

Jakobs, Dore: Die menschliche Bewegung, Henn, Ratingen

James, William: The Principles of Psychology, London 1890
Janov, Arthur: Der Urschrei, Fischer, Frankfurt 1973
– Anatomie der Neurose, Fischer, Frankfurt
Johnston, William: Silent Music. The Science of Meditation, 2. Auflage, Collins, London 1975
Jung, C. G.: Bewußtes und Unbewußtes, Fischer Taschenbuch Verlag, Frankfurt 1972
– Psychologie und Erziehung, Zürich 1946

Kammer, Reinhard: Die Kunst der Bergdämonen. Zen-Lehre und Konfuzianismus, Barth, Weilheim
– Die Kunst, das Schwert zu führen, Barth, München
Kapleau, Philip: Die drei Pfeiler des Zen, Rascher, Zürich 1969*
Karlins, Marvin, und *Andrews, Lewis M.:* Biofeedback, DVA, Stuttgart 1973
Kaufmann, Harry: Die Erforschung menschlichen Verhaltens, Fischer, Stuttgart 1970
Kerneiz, C.: Der Karma Yoga, Barth, München 1950
– Hatha-Yoga, Barth, München 1952
– Yoga für den Westen, Barth, München 1951
Klages, Ludwig: Die Grundlagen der Charakterkunde, 7. u. 8. Auflage, Barth, Leipzig 1936
– Vorschule der Charakterkunde, 3. Auflage, Barth, Leipzig 1942
– Vom Wesen des Rhythmus, 2. Auflage, Gropengiesser, Zürich 1944
– Handschrift und Charakter, 19. u. 20. Auflage, Barth, Leipzig 1941
Kleinsorge, Hellmuth: Selbstentspannung, Fischer, Stuttgart 1972
Koestler, A.: Von Heiligen und Automaten, Scherz, Bern 1961
Kofler, Leo: Die Kunst des Atmens, 20. Auflage, Bärenreiter, Kassel 1951
Kretschmer, E.: Körperbau und Charakter, 15. Auflage, Berlin 1942

* Die im vorliegenden Buch aufgeführten Zitate des Yasutani Roshi sind diesem Werk entnommen.

Kretschmer, W.: Die meditativen Verfahren in der Psychotherapie, Z. Psychother. med. Psychol. 1 (1951)
Krishna, Gopi: Kundalini, Barth, Weilheim
Krishna, Gopi, und *Weizsäcker, Carl Friedrich von:* Biologische Basis religiöser Erfahrung, Barth, Weilheim
Krutoff, Leo: Nie zu alt, um jung zu sein, Goldmann Band 9026, München
Kwon, Jae Hwa: Zen-Kunst der Selbstverteidigung, Barth, Weilheim

Langen, D.: Die gestufte Aktivhypnose, 2. Auflage, Thieme, Stuttgart 1967
– Die Bedeutung von Entspannung und Versenkung für den modernen Menschen, »Wege zum Menschen«, 14. Jg., Göttingen
Laotse: Tao te king, Barth, Weilheim
Lassalle, Enomiya: Zen-Weg zur Erleuchtung, Herder, Wien 1960
– Zen-Meditation für Christen, Barth, Weilheim
– Meditation als Weg zur Gotteserfahrung, Bachem, Köln 1972
– Zen-Buddhismus, Bachem, Köln 1966
Leibig, A.: Heilung durch Entspannung, Heilmeyer, München 1961
Lersch, Philipp: Der Aufbau des Charakters, 2. Auflage, Barth, Leipzig 1942
– Vom Wesen der Geschlechter, München/Basel 1950
Leuner, Hanscarl: Katathymes Bilderleben, Thieme, Stuttgart 1970
– Die Bedeutung der experimentellen Psychose für die psychiatrische Forschung, Spectrum V, 2
Levi, Eliphas: Der Schlüssel zu den großen Mysterien, Barth, Weilheim
Lindemann, Hannes: Autogenes Training, Bertelsmann Ratgeber, München 1973
Lindenberg, W.: Die Menschheit betet, Reinhardt, München 1956
Löbsack, Theo: Die unheimlichen Möglichkeiten oder Die manipulierte Seele, Econ, Düsseldorf 1967

Lorenz, Konrad: Das sogenannte Böse, Borotha-Schoeler, Wien 1963
Loretz, O.: Das Jesusgebet der Ostkirche, Tyrolia 1971
Lotz, E.: Der Weg nach innen, Furche, Berlin 1933
Lotz, J. B.: Meditation im Alltag, 3. Auflage, Knecht, Frankfurt 1963
Lowen, Alexander: Bioenergetik, Scherz, München 1976
Luban-Plozza, Boris: Der ganzheitliche Mensch, Goldmann Band 9001, München 1972
– Der nervöse Mensch, Goldmann Band 9023, München 1970
Lysebeth, André van: Yoga, Bertelsmann Ratgeberverlag, Gütersloh 1970
– Pranayama, Barth, Weilheim

Mangoldt, Ursula von: Meditation und Kontemplation aus christlicher Tradition, Barth, Weilheim
– (Hrsg.): Yoga – heute, Barth, Weilheim
– (Hrsg.): Höhlen – Klöster – Ashrams, Barth, Weilheim
– (Hrsg.): Kleines Wörterbuch zum Verständnis asiatischer Weltanschauung, Barth, Weilheim
Marquardt, Hanne: Reflexzonenarbeit am Fuß, Haug, Heidelberg
Maslow, Abraham H.: Psychologie des Seins, Kindler, München
Massa, W. (Hrsg.): Kontemplative Meditation. Die Wolke des Nichtwissens, 3. Auflage, Grünewald, Mainz 1977
Melzer, F.: Innerung, Stauda, Kassel 1968
– Konzentration, Ev. Verlagswerk, Stuttgart 1955
– Anleitung zur Meditation, Ev. Verlagswerk, Stuttgart 1959
– Meditation in Ost und West, Ev. Verlagswerk, Stuttgart 1957
Merton, Th.: Verheißung der Stille, Räber
Meyer, J. E.: Konzentrative Entspannungsübungen nach Elsa Gindler und ihre Grundlagen, Z. Psychother. med. Psychol. 11 (1961)
Mildenberger, Michael: Hinduismus – Buddhismus – Islam in Deutschland, Ev. Zentralstelle für Weltanschauungsfragen VII/73, Information Nr. 53
Mildenberger, Michael, und *Schöll, Albrecht:* Zauberformel TM, Aussaat, Wuppertal 1977

Mitscherlich, Alexander: Krankheit als Konflikt. Studien zur psychosomatischen Medizin, edition Suhrkamp, Frankfurt 1967
– Versuch, die Welt besser zu bestehen, Suhrkamp, Frankfurt 1970
Miyuki, Mokusen: Kreisen des Lichtes, Barth, Weilheim
Monod, Jacques: Zufall und Notwendigkeit, Piper, München 1971
Montagu, Ashley: Körperkontakt, Klett, Stuttgart 1974
Morris, Desmond: Der nackte Affe, Droemer Knaur, München 1968
– Liebe geht durch die Haut, Droemer Knaur, München 1972
Moser, Tilmann: Lehrjahre auf der Couch, Suhrkamp, Frankfurt 1974
Mukerji, D. G.: Das Antlitz des Schweigens, Barth, München 1957
Mukerji, G. S., und *Spiegelhoff, W.:* Yoga und unsere Medizin, 3. Auflage, Hippokrates, Stuttgart
Mulford, Prentice: Unfug des Lebens und des Sterbens, Stuttgarter Hausbücherei 1955
Müller-Elmau, Bernhard: Kräfte aus der Stille, Econ, Düsseldorf 1977
Mumonkan: Die Schranke ohne Tor, Grünewald, Mainz 1975

Naudou, Jean: Buddha, Somogy, Paris
Nyanaponika: Satipatthana, Christiani, Konstanz 1950
– Der einzige Weg, Christiani, Konstanz 1956
– Geistestraining durch Achtsamkeit, Christiani, Konstanz 1970

O'Brien, Käte: Therese von Avila, Kerle, Heidelberg 1954
Ohsawa, G.: Zen. Makrobiotik, Thiele, Hamburg
Ostrander, Sheila, und *Schroeder, Lynn:* PSI, 7. Auflage, Scherz 1973
Ouspensky, P. D.: Vom inneren Wachstum des Menschen, Barth, Weilheim 1965
– Auf der Suche nach dem Wunderbaren, Barth, Weilheim
– Ein neues Modell des Universums, Barth, Weilheim
– Tertium Organum, Barth, Weilheim

Packard, Vance: Die sexuelle Verwirrung, Econ, Düsseldorf 1969

Palos, Stephan: Atem und Meditation, Barth, Weilheim

Pascal, B.: Über die Religionen, Schneider, Heidelberg 1954

Pawlow, I.: Die bedingten Reflexe, Akademie-Verlag, Berlin 1953

Percheron, Maurice: Buddha, Rowohlt, Hamburg 1958

Perls, Frederick S.: Gestalttherapie in Aktion, Klett, Stuttgart

Perls, Fritz: Grundlagen der Gestalt-Therapie, Pfeiffer, München

Pfister, Frida: So sollt ihr atmen! 2. Auflage, Kaupert, Freudenstadt 1955

Plattner, Gabriel: Yoga – Ein Ja zum Leben, Fischer, Frankfurt 1977

Rahner, K.: Betrachtungen zum ignatianischen Exerzitienbuch, Kösel, München 1965

– Hörer des Wortes, Herder

Ramakrishna, Sri: Leben – Gleichnis – Wort, Barth, Weilheim

Read, D. G.: Mutter werden ohne Schmerz, Hoffmann & Campe, Hamburg 1953

Reckendorf, H.: Harter Yen und grüner Tee, Droste, Düsseldorf 1971

Reich, W.: Orgasmusreflex, Muskelhaltung und Körperausdruck, in: Abh. z. personellen Sexualökonomie Nr. 5, Oslo/Kopenhagen 1937

Reiter, Udo: Meditation – Wege zum Selbst, Mosaik, München 1976

Reiter, Udo, und *Bendrath, Detlef:* Meditation – Wiederentdeckte Wege zum Heil?, Ev. Zentralstelle für Weltanschauungsfragen, Information Nr. 52, Stuttgart 1972

Reps, Paul: Ohne Worte – ohne Schweigen, Barth, München

Rieker, H. U.: Meditation, Rascher, Zürich 1962

Rosenberg, A.: Die christliche Bildmeditation, Barth, München 1955

Rossmann, Gerda: Das königliche Leben. Besinnung auf Angelus Silesius, Origo, Zürich 1956

Ryborz, Heinz: Entspannt durch Bewußtseinstraining, Econ, Düsseldorf 1973

Le Saux: Indische Weisheit und christliche Mystik, Rex 1968
Scharf, Siegfried: Die Praxis der Herzensmeditation, Aurum, Freiburg 1976
Schaya, Leo: Ursprung und Ziel des Menschen, Barth, Weilheim
Schering, E.: Die innere Schaukraft, Reinhardt, München/Basel 1953
Schettler, Gotthard: Der Mensch und seine Jahre, Medicus, Berlin 1971
Schmidbauer, Wolfgang: Sensitivitätstraining und analytische Gruppendynamik, Piper, München 1973
Schneider, K.: Zur Einführung in die Religionspsychopathologie, Tübingen 1928
Schoeck, Helmut: Kleines soziologisches Wörterbuch, Herder, Band 312/313, Freiburg 1969
Schultz, I. H.: Das autogene Training, 13. Auflage, Thieme, Stuttgart 1970
– Hypnose-Technik, Piscator, Stuttgart 1952
– Grundfragen der Neurosenlehre, Thieme, Stuttgart 1953
– Gesundheitsschäden durch Hypnose, Marhold, Leipzig 1921
Schuon, Frithjof: Das Ewige im Vergänglichen, Barth, Weilheim
Schurè, Edouard: Die großen Eingeweihten, Barth, Weilheim
Schutz, William C.: Freude, Rowohlt, Hamburg 1971
Schweitzer, A.: Das Christentum und die Weltreligionen, München 1925
Selawry, Alla: Das immerwährende Herzensgebet, Barth, Weilheim 1970
Selye, Hans: Streß-Bewältigung und Lebensgewinn, Piper, München
Selye, Hans, und *Kerner, Fred:* Streß bedroht unser Herz, Goldmann Band 9030, München
Shibayama, Zenkei: Zen in Gleichnis und Bild, Barth, München 1974
Shinfuka, Naotake: Japanische Psychotherapie und Zen-Buddhismus, Vortragsmanuskript, Lindau 1964
Singh, M.: Botschaft eines Yogi, Origo, Zürich 1956
Sivananda, Swami: Das Sonnengebet, Humata, Bern
– Erfolg im Leben und Selbstverwirklichung, Barth, Weilheim

Spath, J. M.: Yoga – Wege der Befreiung, Origo, Zürich 1951
Staehelin, Balthasar: Haben und Sein, Editio Academica, Zürich 1969
– Urvertrauen und zweite Wirklichkeit, Editio Academica, Zürich 1973
Stählin, W.: Vom Sinn des Leibes, 2. Auflage, Steinkopf, Stuttgart 1934
– Anruf und Besinnung, Claudius, München 1963
Stangl, Anton: Die Sprache des Körpers, Econ, Düsseldorf 1977
Stangl, Marie-Luise: Jede Minute sinnvoll leben, Econ, Düsseldorf 1976
– Schönheitspflege für alle Tage, Bertelsmann, Gütersloh 1967
Steiner, R.: Wie erlangt man Erkenntnisse der höheren Welten, 2. Auflage, Dornach 1963
Stokvis, Berthold, und *Wiesenhütter, Eckart:* Der Mensch in der Entspannung, 3. Auflage, Hippokrates, Stuttgart 1971
Sträter, P.: Der Geist der ignatianischen Exerzitien, Herder, Freiburg
Strauss-Kloebe, Sigrid: Kosmische Bedingtheit der Psyche, Barth, Weilheim
Stürmer, Ernst: Zen – Zauber oder Zucht? Herder, Wien 1973
Sudbrack, J.: Meditation: Theorie und Praxis, Echter, Würzburg 1971
Suzuki, D. T.: Die große Befreiung, 5. Auflage, Rascher, Zürich 1969
– Zen und die Kultur Japans, rororo, Hamburg 1958
– Der westliche und der östliche Weg, Ullstein Band 299, Berlin 1960
– Erfülltes Leben aus Zen, Barth, Weilheim 1973

The Cloud of Unknowing, Verfasser unbekannt, Penguin Books 1973
Thomas, Klaus: Meditation, Steinkopf und Thieme, Stuttgart 1973
– Praxis der Selbsthypnose des Autogenen Trainings, 3. Auflage, Thieme, Stuttgart 1970
– Die künstlich gesteuerte Seele, Enke, Stuttgart 1970

– Träume – selbst verstehen, Thieme, Stuttgart 1972
– Selbstanalyse, Thieme, Stuttgart 1972
Thomas, Klaus, und *Feger, H.:* Einführung in die Psychologie, Akademische Verlagsgesellschaft, Frankfurt 1972
Das Tibetanische Totenbuch, Hrsg. Evans-Wentz, Walter, Olten 1971
Tilman, Klemens: Die Führung zur Meditation, 2. Auflage, Benziger, Zürich 1972
– Die Führung der Kinder zur Meditation, Echter, Würzburg 1959
– Staunen und Erfahren als Wege zu Gott, Benziger, Zürich 1968
Tirala, L. G.: Heilatmung bei Blutdruck-, Herz- und Kreislaufkrankheiten, Umschau, Frankfurt 1949
Tucci, Giuseppe: Geheimnis des Mandala, Barth, Weilheim

Uchiyama, Kosho Roshi: Weg zum Selbst. Zen-Wirklichkeit, Barth, Weilheim 1973
– Zen für Küche und Leben, Aurum, Freiburg 1976

Vester, Frederic: Phänomen Streß, DVA, Stuttgart
Viallet, F. A.: Zen – Weg zum anderen, Barth, Weilheim 1972
– Einladung zum Zen, Walter, Olten
Vivekananda, S.: Hinduismus, Rascher, Zürich 1935
– Raja-Yoga, Rascher, Zürich 1951
– Karma-Yoga und Bhakti-Yoga, Rascher, Zürich 1953
Volin, Michael, und *Phelan, Nancy:* Yoga gegen Rückenschmerzen, Goldmann Band 2362, München
Volk, G.: Entspannung, Sammlung, Meditation, Grünewald, Mainz 1970

Wadulla, Annamaria: Yoga für die Praxis, Barth, Weilheim
Waldemar, Charles: Jung und gesund durcl Yoga, Goldmann Band 619, München
– Yoga, Moewig, München
Wallace: Physiologische Wirkungen der transzendentalen Meditation, SIMS-Schriftenversand, Stuttgart

Watts, Alan W.: Kosmologie der Freude, Melzer, Darmstadt
– Zen-Buddhismus, rororo, Hamburg 1961
Weil, Andrew: Das erweiterte Bewußtsein, DVA, Stuttgart
Wendt, Ingeborg: Zen, Japan und der Westen, List, München 1961
Wiesenhütter, Eckart: Blick nach drüben, Furche, Bielefeld 1974
Wilms, E.: Die Körperbildleiden, das Leiden der chronisch Kranken, Zürich
Wilson, J.: First Steps in Meditation for Young People, James Clark, London 1957
Wunderli, Jürg: Moderne Psychosomatik, Goldmann, München 1970
– Licht aus dem Osten? Arche, Zürich 1974
Würthner, H.: Die Macht der Entspannung, Hyperion, Freiburg 1955

Yesudian, Selvarajan: Hatha-Yoga, Drei Eichen, München 1971
Yesudian, Selvarajan, und *Haich, Elisabeth:* Yoga, Fankhauser, Thielle 1951
– Sport und Yoga, Fankhauser, Thielle 1949
– Yoga in den zwei Welten, Fankhauser, Thielle 1951
Yogananda, Paramahansa: Autobiographie eines Yogi, Barth, Weilheim
– Meditationen zur Selbstverwirklichung, 3. Auflage, Barth, Weilheim 1971
– Religion als Wissenschaft, Barth, Weilheim
– Wissenschaftliche Heilmeditation, Barth, Weilheim
Yogendra, Shri: Yoga, The Yoga Institute, Santa Cruz, Bombay 1956
Yukteswar, Sri Swami: Die Heilige Wissenschaft, Barth, Weilheim

Zaehner, R. C.: Mystik, religiös und profan, Klett, Stuttgart 1957
Zahn, J.: Einführung in die christliche Mystik, Schöningh, Paderborn

Marie-Luise Stangl

Die Welt der Chakren

Praktische Übungen zur Seins-Erfahrung

112 Seiten, broschiert

Die Lehre von den Chakren ist die Lehre von den menschlichen Kraftzentren, in denen der Mensch die Schwingungen seiner Lebensenergie aufnimmt. Die Arbeit mit diesem Buch soll helfen, bewußter zu leben, das Denken und Fühlen im Hier und Jetzt zu zentrieren, sich zu entspannen. Zuversicht, Vertrauen, Frieden und Liebe zu sich selbst und anderen zu finden.

★

Dr. Anton Stangl

Der Energiesensor

Energieschwingungen im Lebensalltag aufspüren und deuten

128 Seiten, 15 Abbildungen, broschiert

Anton Stangl hat ein Gerät entwickelt, das hervorragend geeignet ist, Energieschwingungen aufzuspüren, und das jeder leicht nachbauen kann. Im Buch werden Handhabung, die praktische Arbeit mit dem Energiesensor sowie die verschiedenen Anwendungsbereiche beschrieben.

ECON Taschenbuch Verlag

Postfach 30 03 21 · 4000 Düsseldorf 30

Herbert V. Guenther

Tantra als Lebensanschauung

– Seinserfahrung durch die Einheit von Körper und Geist –

236 Seiten, 4 Abbildungen, broschiert

Das Ziel des buddhistischen Tantrismus ist die Selbstverwirklichung des Menschen. Da der Mensch durch seine körperliche und seine geistige Natur bedingt ist, strebt die tantrische Philosophie ein harmonisches Zusammenwirken beider Komponenten an.
Während für den westlichen Menschen die leibliche und geistige Natur einen unüberbrückbaren Gegensatz bildet, hat der Mensch in der Anschauung des Ostens nicht nur einen Körper, sondern er ist Körper. Durch die Liebe steigt der Mensch über verschiedene Stufen der Begegnung zur höchsten Erkenntnis des Seins auf.

★

Giuseppe Tucci

Geheimnis des Mandala

– Der asiatische Weg zur Meditation –

144 Seiten, 4 Abbildungen, broschiert

Ein Mandala ist eine abstrakte oder bildhafte Darstellung, die als Meditationshilfe dient. Es handelt sich um symbolische Darstellungen der kosmischen Evolution und zugleich der psychischen Kräfte.
Dieses Buch bietet in wesentlichen Zügen einen Überblick über Theorie und Praxis dieser Psychokosmogramme. G. Tucci beschreibt das Spiel der im Universum und in uns wirkenden Kräfte, und zeigt einen Weg zu einer ganzheitlichen Betrachtung des Bewußtseins.

ECON Taschenbuch Verlag

Postfach 30 03 21 · 4000 Düsseldorf 30

Anton Stangl

Die vergessene Welt der Gefühle

168 Seiten, broschiert

In diesem Buch wendet sich der bekannte Sachbuchautor Dr. Anton Stangl gegen den Feind im Kopf, gegen die einseitige Überschätzung des Intellekts und seiner ständigen Vergewaltigung der menschlichen Gefühls- und Erlebnisschichten. Der Mensch wird in erster Linie von seinen Erlebnissen und Gefühlen geleitet, er ist ein beseeltes Wesen. Deshalb handelt dieses Buch primär von der Seele, von der vergessenen Welt der Gefühle in ihrem Reichtum und ihrer Vielfältigkeit.

★

Marie-Luise Stangl

Wege in die Stille

– Haikus –

128 Seiten, zahlreiche Zeichnungen, broschiert

Das japanische Haiku ist eine kurze Gedichtform; ein Haiku umfaßt drei Zeilen und ist streng gegliedert. In dieser Dichte soll etwas Wesentliches über Natur und Mensch ausgesagt werden. Haikus sind Meditationen. Zumeist gibt es nur Übersetzungen japanischer Haikus; in dieser Originalausgabe sind zahlreiche Haikus von Marie-Luise Stangl gesammelt und mit meditativen Zeichnungen illustriert.

Helmut Barz

Selbstverwirklichung

86 Seiten, broschiert

Dieses Buch gibt eine Antwort auf eine Frage, die sich jeder stellt: Was ist Selbstverwirklichung?
Selbstverwirklichung ist zu einem Modewort geworden und wird von vielen als egoistisches Ausleben eigener Wünsche verstanden. Der Präsident des C.-G.-Jung-Instituts in Zürich Helmut Barz zeigt, daß Selbstverwirklichung gerade das Gegenteil von Egozentrik ist. Er lenkt den Blick zurück auf das, was in der Analytischen Psychologie C. G. Jungs mit Selbstverwirklichung, mit Selbsterkenntnis und Individuation gemeint ist.

★

Helmut Barz

Vom Wesen der Seele

160 Seiten, broschiert

Die Fragen nach der Existenz der Seele und nach dem Wesen der Seele sind alte Fragen, die aber immer wieder neu gestellt werden. Helmut Barz beantwortet diese Fragen mit den Grundbegriffen der Jungschen Psychologie, das Buch ist deshalb zugleich als eine Einführung in die Analytische Psychologie von Carl Gustav Jung anzusehen.

Margrit Erni

Grenzen erfahren

176 Seiten broschiert

Margrit Erni beschreibt die Grenzen, denen wir ausgesetzt sind, Grenzen unserer Fähigkeiten, Möglichkeiten unserer Wirksamkeit und Empfänglichkeit. Die Autorin versteht es, den Umgang mit den Grenzen als Umgang mit dem Leben selbst darzustellen. Grenzen gehören zum Leben; sie erschrecken nicht nur, sondern schützen und bewahren zugleich, sie schenken Freiheit und geben Chancen zur Weiterentwicklung.

★

Margrit Erni

Sich selber finden

136 Seiten, broschiert

Die Autorin entwirft das Bild eines Menschen, der auf dem Weg zu sich selbst ist. Wer bin ich eigentlich? Was macht mein tiefstes Mensch-Sein aus? Dieses Buch hilft bei der Beantwortung dieser Fragen. Die Forderung nach eigener Selbstverwirklichung läßt sich auf Dauer für keinen Menschen beiseite schieben. Selbstverwirklichung ist ein widerspruchsvoller Prozeß, vor allem in einer Welt, in der das Selber-Sein immer schwerer wird.

Ulrich Beer

Das Partnerbuch

Hilfen für Krisen und Konflikte

224 Seiten, broschiert

Ehen werden geschlossen – auch heute. Es ist Mode geworden, schlecht über sie zu reden, aber es ist nicht aus der Mode gekommen, sie zu führen – trotz aller Probleme und Zerwürfnisse. Ulrich Beer zeigt die Möglichkeiten und Methoden auf, Spannungen und Konflikte auszuhalten und zu überwinden, und belegt seine Vorschläge mit zahlreichen Beispielen aus seiner psychologischen Praxis.

★

Ulrich Beer

Rezepte gegen die Lebensangst

Antworten auf 100 sehr persönliche Fragen

128 Seiten, broschiert

Dieses Buch enthält 111 Briefe überwiegend junger Menschen von heute mit Hilferufen aus Zuständen der Angst und Unsicherheit, der Hemmungen und Zwänge, des Mangels an Selbstvertrauen, der Depression und Kontaktschwäche an den Psychologen Ulrich Beer sowie dessen Antworten. Sie sind eine typische Auswahl von etwa 25 000 Zuschriften, die innerhalb von 15 Jahren von dem Autor in verschiedenen Zeitschriften und Zeitungen beantwortet wurden.